高职高专改革创新示范教材

汽车发动机电控系统构造与检修

广州合赢教学设备有限公司 组织编写
罗德云 主 编
朱 军 主 审

人民交通出版社

内 容 提 要

本书为高职高专汽车运用技术专业和汽车检测与维修技术专业改革创新示范教材之一，全书共六个项目，内容包括发动机电控系统概述、燃油系统构造与检修、进气系统构造与检修、点火系统、辅助控制系统构造与检修、电控诊断系统。

本书可作为高职高专汽车运用技术专业和汽车检测与维修技术专业教材，也可供汽车维修技术人员参考学习使用。

图书在版编目(CIP)数据

汽车发动机电控系统构造与检修/罗德云主编. —北京：人民交通出版社，2012.1

ISBN 978-7-114-09305-0

Ⅰ.①汽…　Ⅱ.①罗…　Ⅲ.①汽车－发动机－电子系统：控制系统－构造－高等职业教育－教材②汽车－发动机－电子系统：控制系统－车辆修理－高等职业教育－教材　Ⅳ.①U464.03②U472.43

中国版本图书馆 CIP 数据核字(2011)第 152509 号

高职高专改革创新示范教材

书　　名：汽车发动机电控系统构造与检修
著 作 者：罗德云
责任编辑：于志伟
出版发行：人民交通出版社
地　　址：(100011)北京市朝阳区安定门外外馆斜街 3 号
网　　址：http://www.ccpress.com.cn
销售电话：(010)59757973
总 经 销：人民交通出版社发行部
经　　销：各地新华书店
印　　刷：北京市密东印刷有限公司
开　　本：787×1092　1/16
印　　张：12.75
字　　数：280 千
版　　次：2012 年 1 月　第 1 版
印　　次：2020 年 7 月　第 5 次印刷
书　　号：ISBN 978-7-114-09305-0
定　　价：23.00 元

高职高专汽车运用技术专业和汽车检测与维修技术专业改革创新示范教材编委会

（排名不分先后）

前言 QIANYAN

《国家中长期教育改革和发展规划纲要(2010—2020年)》中提出:大力发展职业教育,把职业教育纳入经济社会发展和产业发展规划,把提高质量作为重点;以服务为宗旨,以就业为导向,推进教育教学改革。实行工学结合、校企合作、顶岗实习的人才培养模式;满足人民群众接受职业教育的需求,满足经济社会对高素质劳动者和技能型人才的需要。

高等职业教育的发展是国家当前教育发展的战略重点之一。我们认为,当前我国高等职业教育需要解决"三个改革"和"三个建设"两大问题。三个改革,即课程体系改革、教学模式改革和教学内容改革;三个建设,即师资队伍建设、教学设施建设、教材建设。

目前,高等职业院校汽车运用技术专业所使用的教材普遍存在以下几个方面的问题:

(1)专业定位不明确,受本科教育的影响较大,学生反映难,教师反映不好教;

(2)职业特征不明显,企业反映脱离实际,与他们的需求距离很大;

(3)教学方式落后,不适应新一轮教学改革的需要,不利于长远发展;

(4)立体化程度薄弱,教学资源质量不高,教学方式相对落后。

针对以上问题,结合人民交通出版社汽车类专业教材的出版优势,我们开发了《高等职业教育改革创新示范教材》。本套教材以"积极探索教学改革思路,提升学生职业素质"的指导思想,采用职教专家、行业一线专家、学校教师、出版社编辑、教学设备研发企业"五结合"的编写模式。教材内容的特点是:明确高等职业教育定位,准确体现职业教育特点(以工作岗位所需的知识和技能为出发点);理论内容"必需、够用";实训内容贴合工作一线实际;选图讲究,易懂易学。

该套教材将先进的教学内容、教学方法与教学手段有效地结合起来,形成课本、课件(部分课程配)和习题集(部分课程配)三位一体的立体教学模式。

本书由广州城建职业学院罗德云担任主编，天河职业技术学院陈庆新、黄宏亮、林文标担任副主编。书中项目3、4、5、6由陈庆新参与编写，项目1由黄宏亮参与编写，项目2由林文标参与编写。

限于编者的经历和水平，书中难免有不妥或错误之处，敬请广大读者批评指正，提出修改意见和建议，以便再版修订时改正。

职业教育改革创新示范教材编委会

2011年7月

目录 CONTENTS

项目一 Project 1 发动机电控系统概述

任务导入

我们想一想早期发动机的结构是怎样的？发动机是如何实现喷油的？汽油喷入到汽缸后又是如何点燃的？

学习指引

为了让学生更好地掌握发动机电控系统，首先应该知道电控系统是怎样控制的？控制方式有多少种？自动控制的功能有什么？实现自动控制又需要什么组成？

相关知识

一 自动控制系统概述

(1)自动控制的定义：自动控制是采用控制装置使被控制对象(如机器设备的运行或生产过程的进行)自动地按照给定的规律运行，使被控制对象的一个或数个物理量(如电压、电流、速度、位置、温度、流量等)能够在一定的精度范围内按照给定的规律变化。

(2)电子控制系统：采用电子设备(如电脑)作为自动控制系统的控制装置。

二 电子控制系统的基本形式

1 开环控制

在控制系统中,如果输出与输入端之间不存在反馈回路,输出量对系统的控制作用没有影响,该系统称为开环控制。开环控制的组成,如图1-1所示。

图1-1　开环控制

开环控制的特点:在控制器与被控对象之间只有正向控制作用而没有反馈控制作用。

2 闭环控制

在控制系统中,如果输出与输入之间存在反馈回路,即输出量对控制作用有直接影响的系统,称为闭环控制。闭环控制的组成,如图1-2所示。

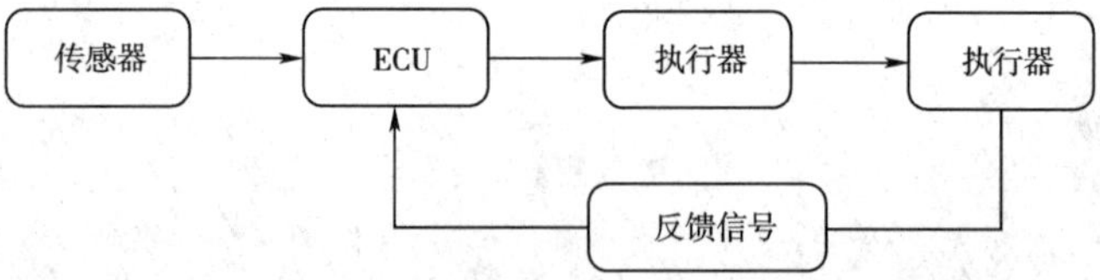

图1-2　闭环控制

闭环控制的特点:在控制器与被控对象之间,不仅存在着正向控制作用,而且存在着反馈控制作用,即系统的输出量对控制量有直接影响。

3 各部分的功能

测量元件对被控对象的被控参数进行测量;变换发送单元将被测参数变成电压(或电流)信号,并反馈给控制器;控制器将反馈回来的信号与给定值进行比较。

三 微机闭环控制

1 微机控制系统的组成

如果把闭环控制中的控制器用微机来代替,就组成了微机控制系统。

2 微机控制系统的控制过程

(1)数据采集:对被控参数的瞬时值进行检测,并输送给计算机。

(2)控制:对采集到的表征被控参数的状态量进行分析,并按已定的控制规律确定控制过程,适时地对执行机构发出控制信号。

(3)上述过程不断重复,使整个系统能够按照一定的控制指标进行工作,并对被控参数和设备本身出现的异常状态及时监督和迅速处理。

现代发动机电控系统属于微机控制系统,早期采用开环控制,现在大部分采用闭环控制。

四 发动机电控系统的功能

1 电控燃油喷射(EFI)

ECU 主要根据进气量确定基本的喷油量,再根据其他传感器(如冷却液温度传感器、节气门位置传感器)信号对喷油量进行修正,使发动机在各种运行工况下均能获得最佳浓度的混合气。电控燃油喷射主要包括喷油量、喷射正时、燃油停供和燃油泵的控制。

2 电控点火装置(ESA)

ESA 的功能是点火提前角控制。根据各相关传感器信号,判断发动机的运行工况和运行条件,选择最理想的点火提前角点燃混合气,从而改善发动机的燃烧过程。

3 怠速控制(ISC)

发动机在汽车运转、空调压缩机工作、变速器换入挡位、发电机负荷加大等不同怠速运转工况下,由 ECU 控制怠速控制阀,时刻处在最佳怠速转速下运转。

4 排放控制

排放控制项目主要有废气再循环(EGR)控制,氧传感器及三元催化转换器开环、闭环控制,二次空气喷射控制,活性炭罐电磁阀控制等。

5 进气控制

进气控制包括动力控制阀、涡流控制阀、进气惯性增压控制系统(ACIS)、可变气门正时和升程电子控制技术(VTEC)、巡航与电控节气门等。

6 增压控制

ECU 根据进气压力传感器检测的进气压力信号控制释压电磁阀,以控制排气通路切换阀,改变排气通路的走向,从而控制废气涡轮增压器开始工作或停止工作。

7 警告提示

ECU 控制各种指示和报警装置,显示有关控制系统的工作状况。当控制系统出现故障时能及时发出报警信号,如氧传感器失效、催化剂过热、油箱油温过高等。

8 自我诊断与报警

该系统利用 ECU,对电子控制系统中的各部件进行监测、诊断,根据发动机电控系统的工作情况，自行、及时地找出发动机电控系统出现的故障。

9 失效保护

当 ECU 检测到传感器或电路中出现故障时，仍然会按照 ECU 设定的程序和数据使控制系统继续工作（此时性能会有所下降）或停机。

10 微机故障备用控制系统

微机故障备用控制系统又称后备系统或后备功能。它是当 ECU 内微机控制程序出现故障时，ECU 把燃油喷射和点火正时控制在预定水平上，作为一种后备功能使车辆继续行驶。该系统只能维持基本功能，而不能保持正常的运行性能。当发动机进入后备系统工作时，又称进入“跛行”状态，还有的称其为“缓慢回家”状态。

五 电控系统的基本组成与类型

1 组成

发动机电控系统主要由三大部分组成：传感器、执行器及 ECU，如图 1-3 所示。

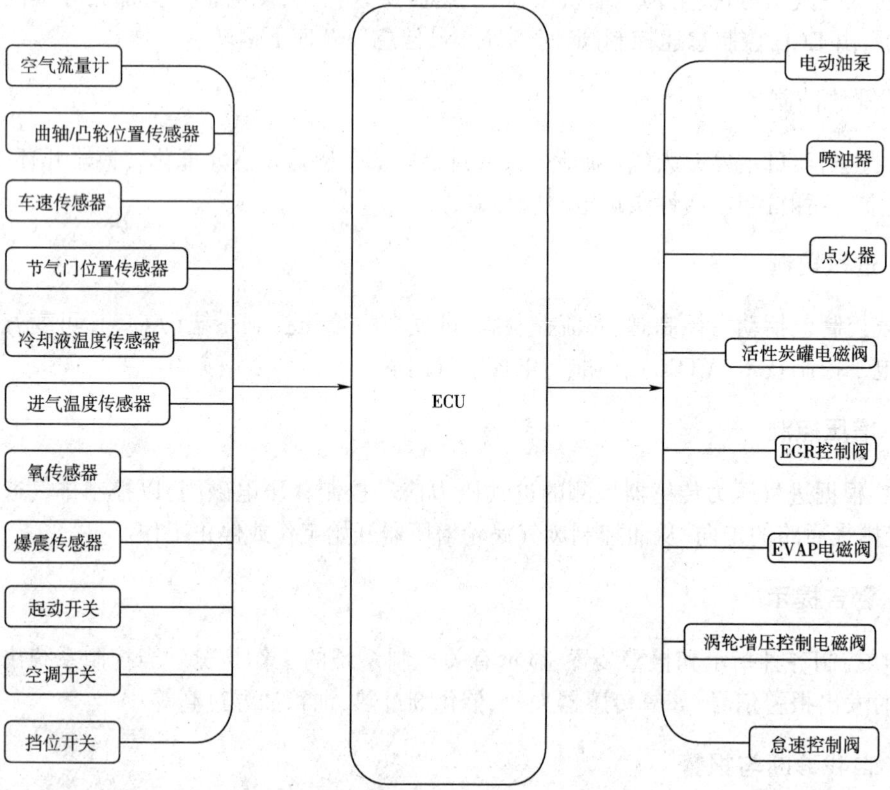

图 1-3　电控系统的基本组成

信号输入装置——各种传感器,采集控制系统的信号,并转换成电信号输送给 ECU。

电子控制单元——ECU,给各传感器提供参考电压,接受传感器信号,进行存储、计算和分析处理后向执行器发出指令。

执行元件——由 ECU 控制,执行某项控制功能的装置。

2 类型

(1)开环控制:ECU 根据传感器的信号对执行器进行控制,而控制的结果是否达到预期目标对其控制过程没有影响。

(2)闭环控制:又称反馈控制,在开环的基础上,它对控制结果进行检测,并反馈给 ECU,对原先的控制进行修正。

六 信号输入装置及输入信号

(1)空气流量计(MAF):测量发动机吸入空气量,并将信号输入 ECU,作为燃油喷射和点火控制的主控制信号。

(2)曲轴/凸轮轴位置传感器:检测曲轴/凸轮位置信号和发动机转速信号,并输入 ECU,作为燃油喷射和点火控制的主控制信号。

(3)车速传感器:控制发动机转速,实现超速断油控制,也是自动变速器的主控制信号。

(4)冷却液温度传感器:给 ECU 提供冷却液温度信号,作为燃油喷射和点火控制的修正信号。

(5)进气温度传感器:检测进气温度信号(修正信号)。

(6)节气门位置传感器:检测节气门的开度及开度变化,信号输入 ECU。

(7)氧传感器:检测排气中的氧含量,向 ECU 输入反馈信号。

(8)爆震传感器:检测汽油机是否爆震及爆震强度。

(9)起动信号:发动机起动时,给 ECU 提供一个起动信号,作为喷油量和点火提前角的修正信号。

(10)空调作用信号:当空调开关打开,空调压缩机工作,发动机负荷加大时,由空调开关向 ECU 输入信号。

(11)挡位开关信号和空挡位置开关信号:自动变速器由 P/N 挡换入其他挡时,发动机负荷增加,向 ECU 输入信号。当换入 P/N 挡时,向 ECU 提供 P/N 挡信号才能起动发动机。

七 电子控制单元(ECU)的功能

电子控制单元的功能如下:

(1)接收传感器或其他装置输入的信息;给传感器提供参考电压;将输入的信息转变为微机所能接受的信号。

(2)存储、计算、分析处理信息;计算输出值所用的程序;存储该车型的特点参数;存储运算中的数据、故障信息。

(3)运算分析。根据信息参数求出执行命令数值;将输出的信息与标准值对比,查出故障。

(4)输出执行命令。把弱信号变成强的执行命令信号;输出故障信息。

(5)自我修正功能(自适应功能)

任务实施

一　任务实施准备

(1)多媒体一体化教室。

(2)丰田威驰汽车或5A-FE发动机实验台架。

(3)移动黑板。

二　任务实施步骤

以一汽丰田威驰汽车为例,认识电控系统主要部件安装位置,如图1-4所示。

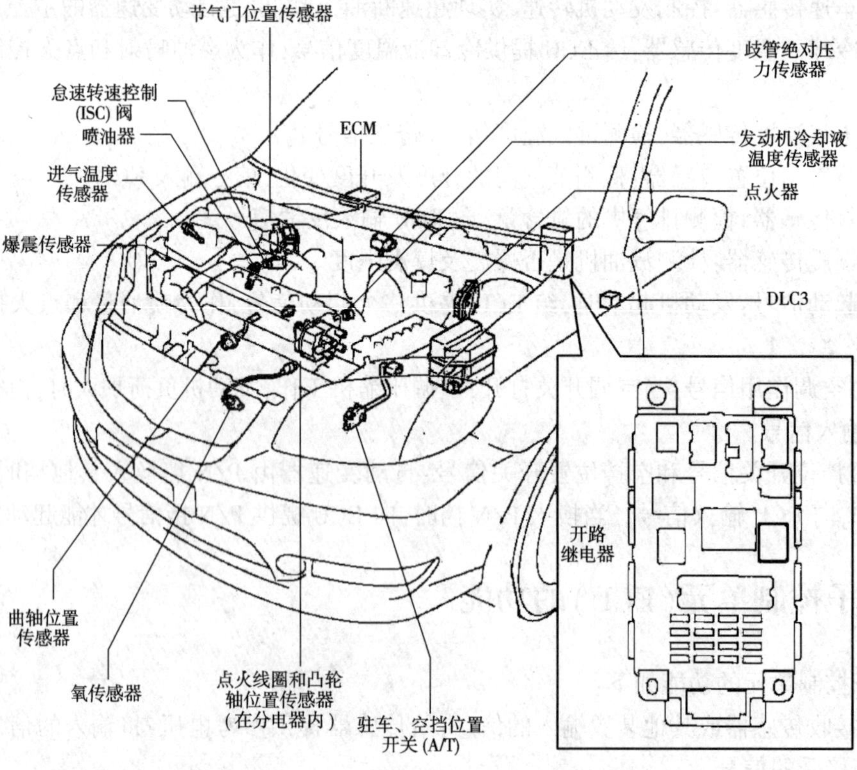

图1-4　威驰汽车电控发动机元件图

知识拓展

一 发动机电子控制单元(ECU)的构成

ECU 主要由输入回路、A/D 转换器、微机和输出回路四部分组成。

1 输入回路

从传感器来的信号,首先进入输入回路。在输入回路里,对输入信号进行预处理,一般是在去除杂波和把正弦波变为矩形波后,再转换成输入电平。

2 A/D 转换器

微机不能直接处理模拟信号,A/D 转换器是将模拟信号转换为数字信号后再输入微机。如果传感器输出的是脉冲(数字)信号,经过输入回路处理后可以直接进入微机。

3 微机

微机是发动机电控系统的核心。它能根据需要,把各种传感器送来的信号,按内存的程序对数据进行运算处理,并把处理结果送往输出回路。

微机由中央处理器、存储器和输入/输出口等部分组成。

(1)中央处理器:中央处理器常称 CPU,主要由进行算术和逻辑运算的运算器、暂时存储数据的寄存器、按照程序执行各装置之间信号传递及控制任务的控制器等构成。

(2)存储器:存储器的主要功能是存储信息资料。存储器一般分为随机存储器和只读存储器。

(3)输入/输出口:输入/输出口是 CPU 与输入装置(传感器)、输出装置(执行器)间进行信息交流的控制电路。

(4)总线:总线是一束传递信息的内部连线,在微机系统中,中央处理器、存储器与输入/输出口,通过传递信息的总线连接起来,它们之间的信息交换均要通过总线进行。总线按传递信息的类别可分为数据总线、地址总线和控制总线。

4 输出回路

将微机发出的指令,转变成控制信号来驱动执行器工作。输出回路一般起着控制信号的生成和放大等功能。

二 电子控制单元的简要工作过程

(1)发动机起动时,ECU 进入工作状态,某些程序从 ROM(只读内存)中取出,进入

CPU。这些程序可以用来控制点火时刻、燃油喷射、怠速等。

(2)通过 CPU 的控制,一个个指令逐个地进行循环执行。执行程序中所需要的发动机信息,来自各个传感器。

(3)从传感器来的信号,首先进入输入回路进行处理。如果是数字信号直接经 I/O 接口进入微机;如果是模拟信号经 A/D 转换器转换成数字信号后才经 I/O 接口进入微机。

(4)大多数信息暂时存储在 RAM(随机存储器)内,根据指令再从 RAM 送到 CPU。有时需将存储在 ROM 中的参考数据引入 CPU,使输入传感器的信息与之进行对比。

(5)对来自有关传感器的每一个信息依次取样,并与参考数据进行比较。

(6)CPU 对这些数据进行比较运算后,做出决定并发出输出指令信号,经 I/O 接口,必要的信号还要经 D/A 转换器变成模拟信号,最后经输出回路去控制执行器动作。

习题及思考题

1. 简述闭环控制的特点和基本工作过程。
2. 简述发动机电控系统的控制功能。
3. 发动机电控系统由哪几部分组成？各有什么作用？

项目二 燃油系统构造与检修

Project 2

任务一 汽油机燃油喷射系统

任务导入

发动机的工作条件是要满足油、气、电等方面工作正常。也就是发动机要有燃油、空气能进入到汽缸内并有正确的点火时刻，同时汽缸压力要达到标准，此时发动机才能工作。众所周知，燃油是被存储在燃油箱中的，如何把燃油从燃油箱中引到进气管中或汽缸中和空气按一定的比例混合，然后点火燃烧呢？

学习指引

汽车品种成百上千，不可能每一辆车的燃油喷射系统的工作原理都一样，随着技术的进步，燃油喷射系统的种类更多，在学习过程中不可能把每种燃油喷射系统都学完，所以我们要对比较普遍的燃油喷射系统进行学习。先学习燃油喷射系统的类型，要清楚如何进行分类？各自的优缺点是什么？

相关知识

汽油机燃油喷射(EFI)系统对发动机混合气的配制与早年的化油器不一样，它是以直接或间接测出的空气量信号为基础，计算出发动机燃烧必需的汽油量，通过喷油阀的开启给发动机提供适量的燃油，控制精确的空燃比。汽油机燃油喷射系统，经历了半个世纪的不断完善和发展,已经广泛应用于现代汽车发动机上。国外从20世纪70年代开始,就在汽车上大量采用汽油机燃油喷射系统。美国当前新生产的汽油机汽车,几乎全部采用燃油喷射系统;日本及西欧等国的使用也达到90%以上。汽油机燃油喷射在我国使用历史不长,但发展非常迅速,从2000年7月1日开始,我国已对生产配装化油器的187种汽车和五座以下的微型车发出禁令,汽油机燃油喷射系统的使用已呈普及之势。

一 电控燃油喷射系统的分类

燃油喷射系统在发动机上的应用可以按以下形式进行分类。

(一)按喷射系统执行机构不同分类

1 多点喷射(MPI)

每个汽缸上安装一个喷油器,直接将燃油喷入各汽缸气道的进气门前方,如图2-1所示。多点喷射又可以分为同时喷射、分组喷射、顺序喷射。

2 单点喷射(SPI)

一个喷油器供给两个以上的汽缸,喷油器安装在节气门前的区段中,燃油喷入后随空气流进入进气歧管内,如图2-2所示。

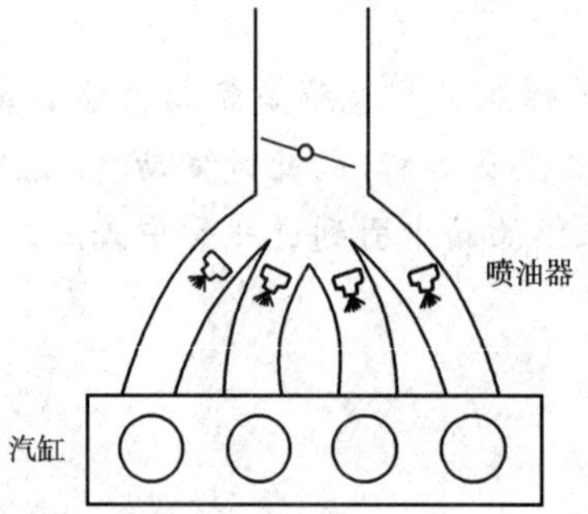

图2-1 多点喷射

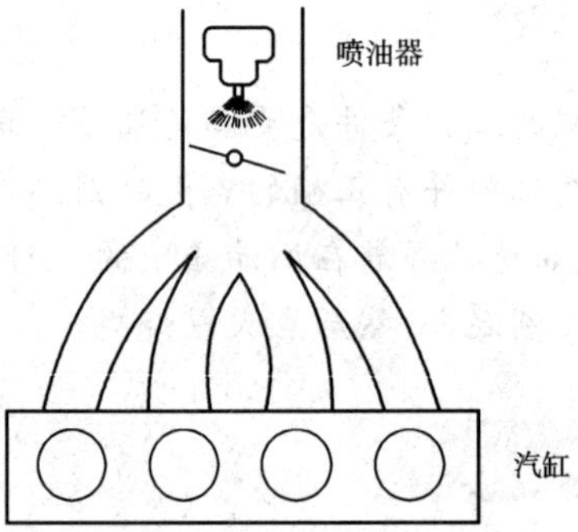

图2-2 单点喷射

(二)按喷射位置的不同分类

1 进气道喷射式

喷油器安置在进气歧管上,把燃油喷至进气道内进气门的前方。进气道喷射都采用低压喷射装置,是目前汽油喷射发动机常用的喷射方式。

2 汽缸内直接喷射式

如图2-3所示,喷油器装在汽缸盖上,把燃油直接喷入汽缸内,配合缸内组织的气体流动形成可燃混合气，容易实现分层燃烧和稀混合气燃烧，进一步改善了汽车发动机的排放性与燃油经济性。但是缸内直接喷射需要采用较高的压力（3.0～4.0MPa）的喷油装置，使制造成本有所增加，同时还要求喷出的燃油能随气流分布到整个燃烧室内，这也使在缸内布置喷油器、火花塞及组织气流方向与之匹配比较复杂。因此，这种缸内直接喷射方式目前应用还不普遍。对于二冲程发动机，使用缸内直接喷射把燃油直接喷入汽缸内是较为合理的，若喷射定时选择得当，可以避免进入新气在扫气过程中的损失，对于提高发动机的燃油经济性与减少 HC 的排放更为有效。

（三）按空气流量的测量方式分类

按空气流量的测量方式可分为速度密度控制、质量流量控制和节流速度控制等。

1 速度密度控制法（D 型 EFI 系统，如图 2-4 所示）

该系统是通过检测进气歧管的压力（真空度）和发动机的转速，推算发动机吸入的空气量，并计算燃油流量的速度密度控制方式。“D”是德文“压力”一词的第一个字母。D 型 EFI 系统是最早的、典型的多点压力感应式喷射系统。美国的通用、福特和克莱斯勒，日本的丰田、本田、铃木和大发等汽车公司，都有类似的产品。由于空气在进气管内的压力波动，该方法的测量精度稍差。

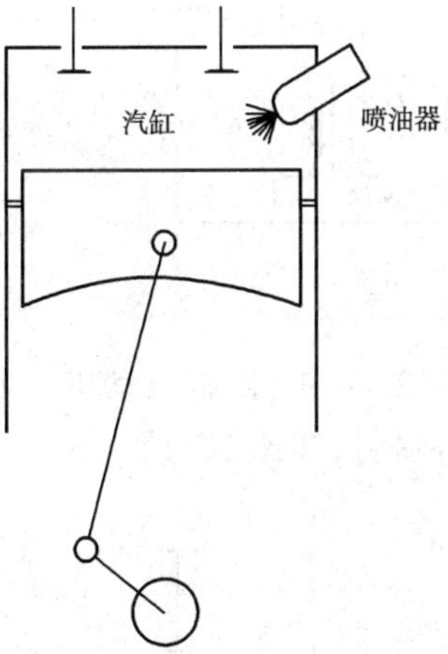

图 2-3　汽缸内直接喷射式

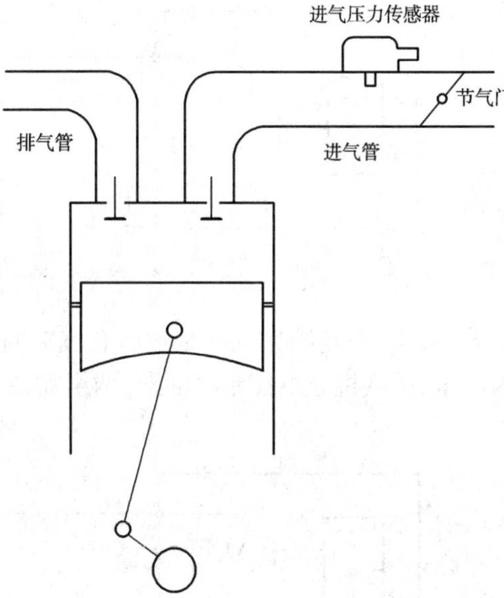

图 2-4　D 型 EFI 系统

2 质量流量控制法（L 型 EFI 系统，如图 2-5 所示）

这种方式是用空气流量计直接测量发动机吸入的空气量，其测量的准确程度高于 D 型，故可更精确地控制空燃比。“L”是德文“空气”一词的第一个字母。

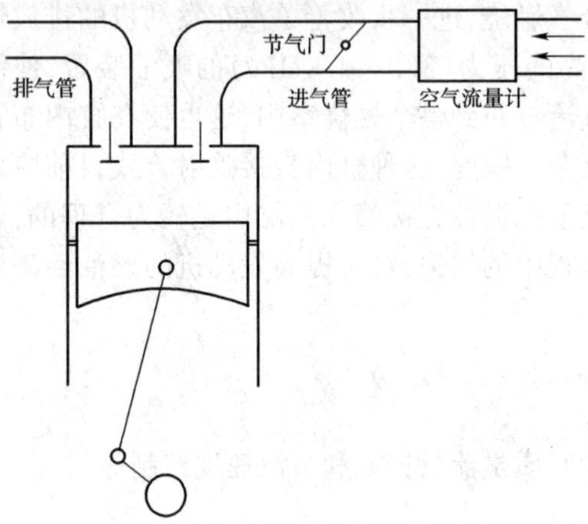

图 2-5　L 型 EFI 系统

3 节流速度控制法

节流速度控制法是利用节流阀开度和发动机转速,推算每一循环吸入发动机的空气量,根据推算出的空气量,计算汽油喷射量。由于是直接测量节流阀开度的角位移,所以过渡响应性能好。它在竞赛汽车中得到应用,有些 Mono(单点喷射)系统也采用该方式。但是,由于吸入的空气量与节流阀开度和发动机转速是复杂的函数关系,所以不容易准确测定吸入的空气量。

(四)多点间歇喷射系统的分类

根据喷油器之间的喷油时序不同,该系统可分为同时喷射、分组喷射和顺序喷射等类型。

(1)同时喷射:早期生产的间歇燃油喷射发动机多采用同时喷射,如图 2-6 所示。

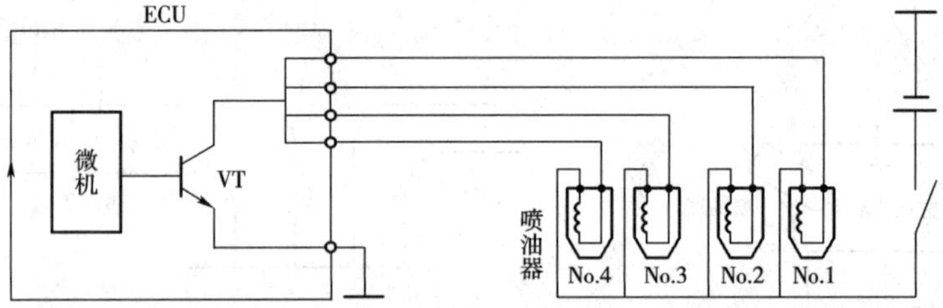

图 2-6　同时喷射

(2)分组喷射:分组喷射一般是把所有汽缸的喷油器分为 2 ~4 组,四缸发动机一般把喷油器分为两组,由微机分组控制喷油器,两组喷油器轮流交替喷射,如图 2-7 所示。

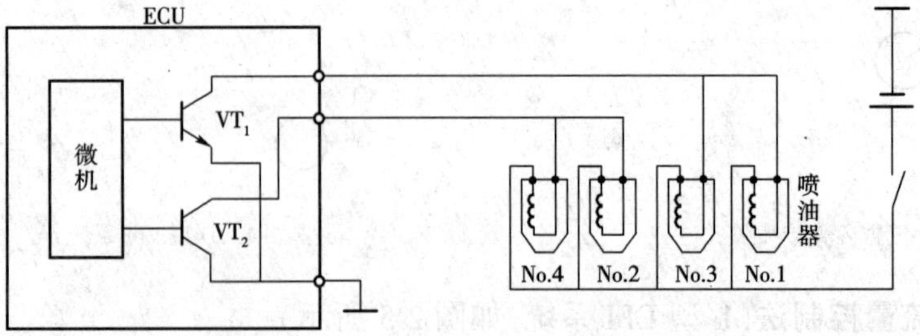

图 2-7　分组喷射

(3)顺序喷射:顺序喷射又称独立喷射,如图 2-8 所示。

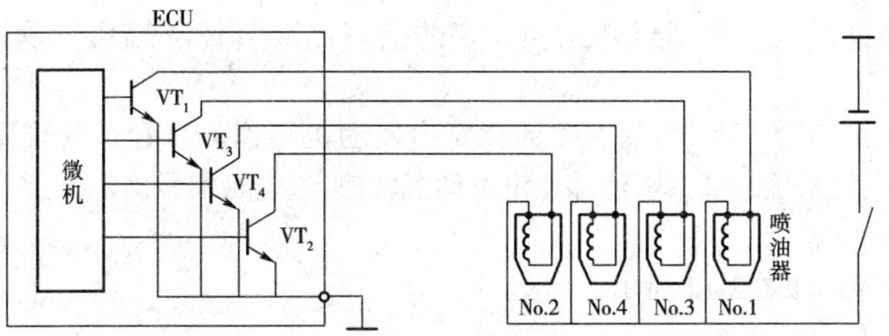

图 2-8　顺序喷射

二 电控燃油喷射系统功能

20 世纪 80 年代后,大部分发动机用的电子控制单元除了控制汽油喷射之外,同时还可以进行点火控制、怠速控制、转速控制及其他控制,其所用的传感器各项功能共用,从而使整个系统结构简化。

1 起动时喷油量控制

在发动机冷起动时,ECU 不是以空气流量传感器信号或进气压力信号作为计算喷油量的依据,而是按照可编程只读存储器中预先编制的起动程序和预定空燃比控制喷油。如果曲轴位置传感器信号表明发动机转速低于 300r/min,且节气门位置传感器信号表明节气门处于关闭状态,则判定发动机处于起动状态,并控制运行启动程序。

由冷却液温度传感器信号 ECU 查出冷却液温度 - 喷油脉宽图的基本喷油脉宽;根据进气温度信号对喷油脉宽作修正(延长或减短);根据蓄电池电压相应延长喷油脉宽信号,以实现喷油量的进一步修正,即电压修正。如图 2-9、图 2-10 所示。

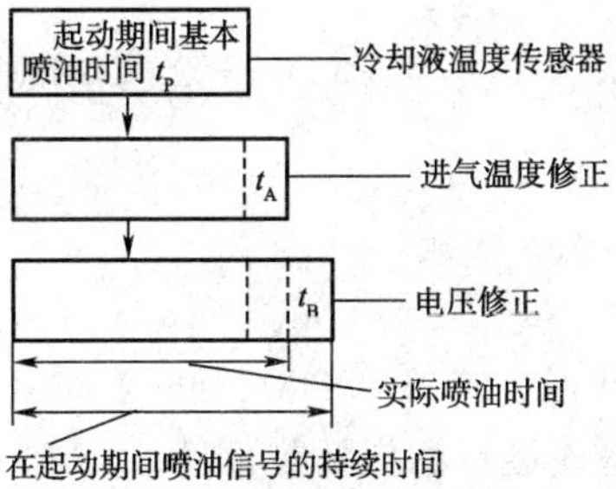

图 2-9　喷油时间的确定

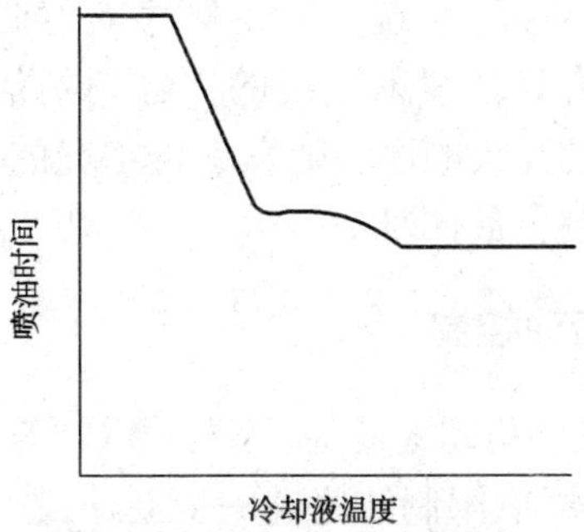

图 2-10　冷却液温度-喷油时间图

2 起动后喷油量控制

喷油脉宽 = 基本喷油脉宽 × 喷油修正系数 + 电压修正值

基本喷油脉宽是在标准大气状态(温度为20℃,压力为101kPa)下，根据发动机每个工作循环的进气量、发动机转速和设定的空燃比（目标空燃比）确定，如图2-11所示 。

D型电控燃油喷射系统的基本喷油脉宽由发动机转速信号和进气管压力信号确定。L型电控燃油喷射系统的基本喷油脉宽由发动机转速、进气量信号确定。

(1)起动后加浓。

(2)暖机加浓,如图2-12所示。

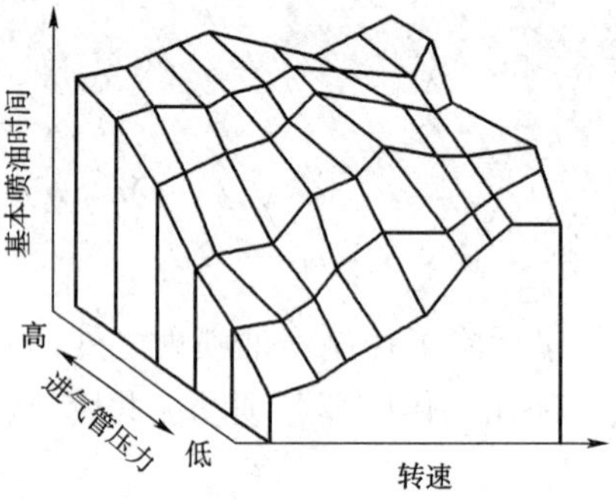

图2-11　基本喷油时间三维图

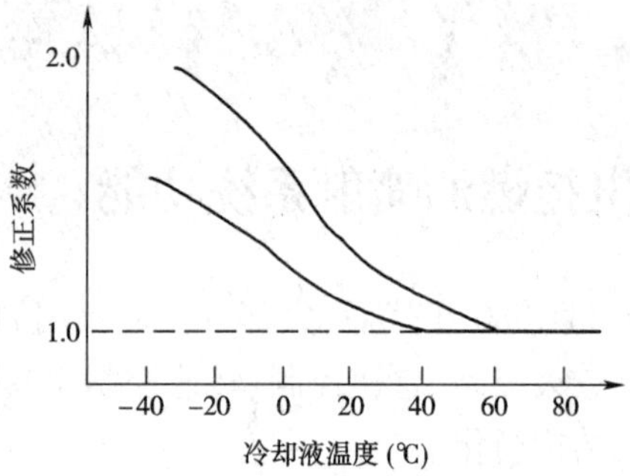

图2-12　暖机加浓修正曲线

(3)进气温度修正,如图2-13所示。

(4)大负荷加浓。

(5)过渡工况空燃比控制。

(6)怠速稳定性修正(D型系统)。

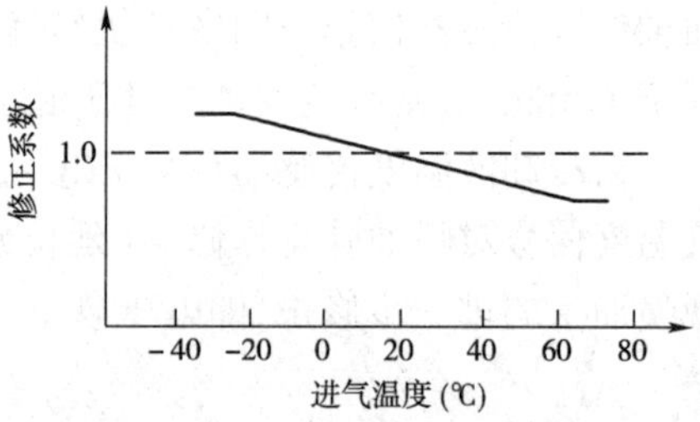

图2-13　进气温度修正曲线

3 喷油正时控制

在多数发动机中,其喷油正时是不变的,但在电子控制间歇喷射系统中采用顺序喷射时,电子控制单元还要有燃油喷射系统的汽缸判别信号,根据发动机各缸的点火顺序和随发动机工况的不同而将喷油正时控制在最佳时刻。

4 断油控制

(1)发动机超速断油:当发动机转速超过额定转速(6000~7000r/min)时,ECU控制喷油器停止喷油,限制转速进一步上升,避免发动机超速运行而损坏零部件。

(2)发动机减速断油:发动机在高速下运行急减速时,节气门完全关闭,为避免混合气过浓以及燃料经济性、排放性能变差,ECU发出信号使喷油器停止喷油。

(3)汽车超速行驶断油:某些汽车在汽车运行速度超过限定值时,由ECU根据节气门位置、发动机转速、冷却液温度、空调开关、停车灯开关及车速信号实现断油控制。

任务实施

一 任务实施准备

(1)多媒体一体化教室。
(2)5A-FE 发动机实验台架。
(3)PASSAT ANQ 电控发动机实验台架。
(4)移动黑板。

二 任务实施步骤

(1)丰田5A-FE 发动机电控燃油喷射系统的类型认识,5A-FE 发动机电控燃油喷射系统电路图,如图2-14 所示。

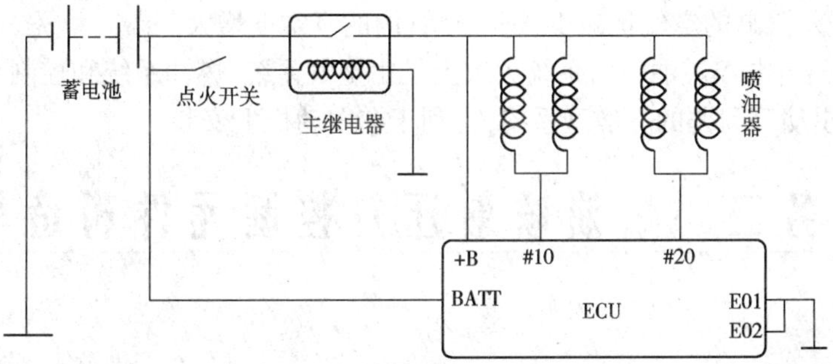

图2-14 5A-FE 发动机电控燃油喷射系统电路图

(2)PASSAT ANQ 发动机电控燃油喷射系统的类型认识,PASSAT ANQ 发动机电控燃油喷射系统电路图,如图2-15 所示。

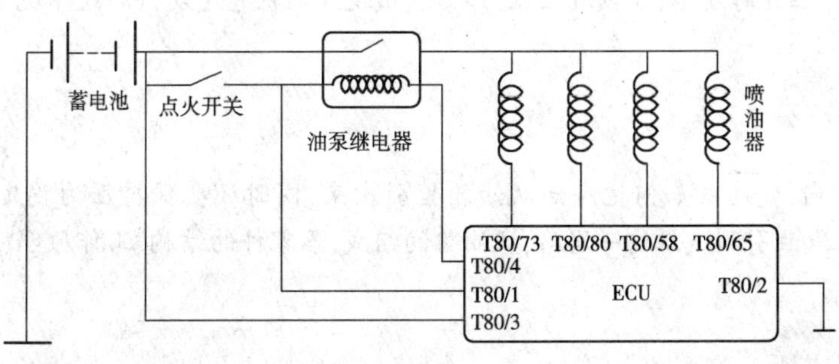

图2-15 PASSAT ANQ 发动机电控燃油喷射系统电路图

知识拓展

汽油机电控燃油喷射系统的优缺点

(1)能实现空燃比的高精度控制:采用多点喷射(MP1)独立向各缸喷油,使各缸空燃比偏差减小。

(2)充气效率高:在进气系统中,由于没有像化油器那样的喉管部位,进气压力损失小。

(3)瞬时响应快:当汽车处于加减速行驶的过渡运行阶段,空燃比控制系统能够迅速响应,使汽车加减速反应灵敏;当汽车在不同地区行驶时,对大气压力或外界环境温度变化引起的空气密度变化,可以进行快速的空燃比修正。

(4)起动容易:暖机性能好。

(5)节油和排放净化效果明显:能提供各种运行工况下最佳浓度的混合气,且燃油雾化好,各缸分配均匀,使燃烧效率提高,有害气体排放量降低。

(6)减速、限速断油功能,能降低废气排放量、节省燃油:减速时,节气门关闭,发动机仍以高速运转,进入汽缸的空气量减少,进气歧管内的真空度增大。

(7)便于安装:电控燃油喷射系统大致上是由空气系统、燃油系统和控制系统组成的,它是不存在机械驱动等问题的分散型系统,有利于在发动机上安装。

任务二　燃油喷射压力控制元件构造与检修

任务导入

一辆2005款帕萨特汽车,冷车时运行正常,热车后,出现发动机怠速发抖,同时有加速不良的故障现象。经故障诊断,发现是燃油压力调节器发生故障,更换新的压力调节器后,故障排除。原因是因为冷车时,压力调节器的阀体未发生变形,可以正常工作;热车后,因为温度上升,导致阀体鼓胀变形,在全开位置时发卡,导致汽油压力不足,出现发动机怠速发抖的故障现象。

学习指引

汽车在油箱内,发动机如何把汽油从油箱里引出来,同时还要保持压力稳定在一定的范围内。围绕如何把汽油引到汽缸这一思路,从油路的组成、各零件的结构、工作原理、检修进行学习。

相关知识

燃油供给系统中的主要部件有电动燃油泵、过滤器、燃油脉动阻尼器、燃油压力调节器、喷油器、冷起动喷油器等。

一 电动燃油泵

电控燃油喷射系统的电动燃油泵是一种由小型直流电动机驱动的燃油泵,其作用是提供燃油喷射所需的压力。电动燃油泵的电动机和燃油泵连成一体,密封在同一壳体内。电动燃油泵按安装方式不同,可分为安装在油箱外输油管路中的外装式燃油泵和安装在油箱中的内装式燃油泵。前者一般采用滚柱泵,后者采用叶轮泵,但也可采用滚柱泵。

外装式燃油泵串接在油箱外部的输油管路中,优点是容易布置,安装自由度大,但噪声大,且易产生气泡形成气阻,所以外装式应用得少。

内装式燃油泵安装管路较简单,不易产生气阻和漏油。有时在油箱内还设有一个小油箱,并将燃油泵置于小油箱中。这样可防止在油箱燃油不足时,因汽车转弯或倾斜引起燃油泵周围燃油的移动,使燃油泵吸入空气而产生气阻。现在大多数车型都使用内装式燃油泵,有些车型仍使用外装式燃油泵,还有少数车型将两者串联在油路上使用。

按结构分,目前常见的电动燃油泵有滚柱式和叶轮式两种。

1 滚柱式电动燃油泵

滚柱式电动燃油泵,如图 2-16 所示,装有滚柱的转子呈偏心状,置于泵壳内,由直流电动机驱动。图 2-17 为其工作原理图。当转子旋转时,位于其凹槽内的滚柱在离心力的作用下,紧压在泵体内表面上,对周围起密封作用,在相邻两个滚柱之间形成了一个空腔。在燃油泵运转过程中,一部分空腔的容积不断增大,成为低压油腔,将燃油吸入;而另一部分空腔容积不断减小,成为高压泵油腔,受压燃油流过电动机,从出油口压出。燃油泵出口处有一个止回阀,在燃油泵不工作时,它阻止燃油倒流回油箱,这样可保持油路中有一定的残余压力,便于下次起动;当泵油压力超过规定值以上时,装在泵体内的减压阀即被推开,使部分燃油返回到进油口一侧。滚柱式电动燃油泵的转子每转一周,其排出的燃油就要产生与滚柱

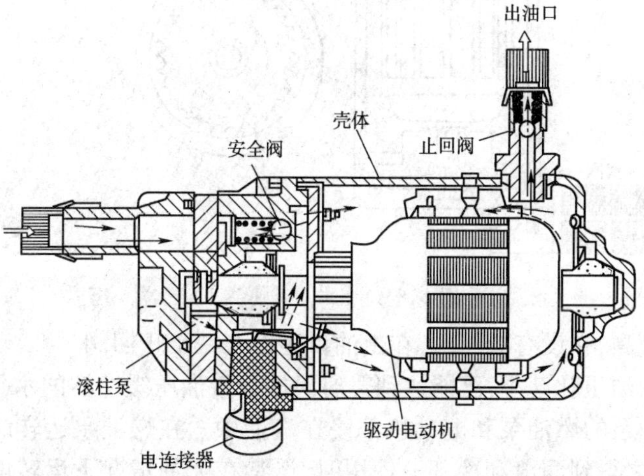

图 2-16 滚柱式电动燃油泵结构示意图

数目相同的压力脉动，故在出口处装有油压缓冲器，以减少出口处的油压脉动和运转噪声。

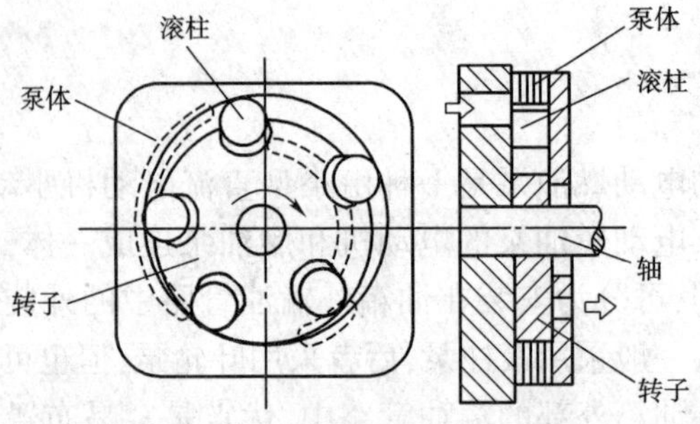

图 2-17 滚柱式电动燃油泵工作原理图

2 叶轮式电动燃油泵

滚柱式电动燃油泵运转时噪声较大，泵油压力脉动大，易磨损，使用寿命较短，故目前已较少使用。叶轮式电动燃油泵结构与滚柱式电动燃油泵相似，但其转子是一块圆形平板，周围开有小槽，形成叶轮，如图 2-18 所示。当燃油泵运转时，叶轮周围小槽内的燃油随着叶轮一起旋转，这时由于离心力的作用，使燃油出口处的油压增高，同时在进口处产生一定的真空度，使燃油从进口处被吸入并泵向出口处。这种燃油泵的泵油量大，最大泵油压力较高，可达 600kPa 以上。在各种工况下，它都能保持较稳定的供油压力，而且运转噪声小，叶轮无磨损，使用寿命长。

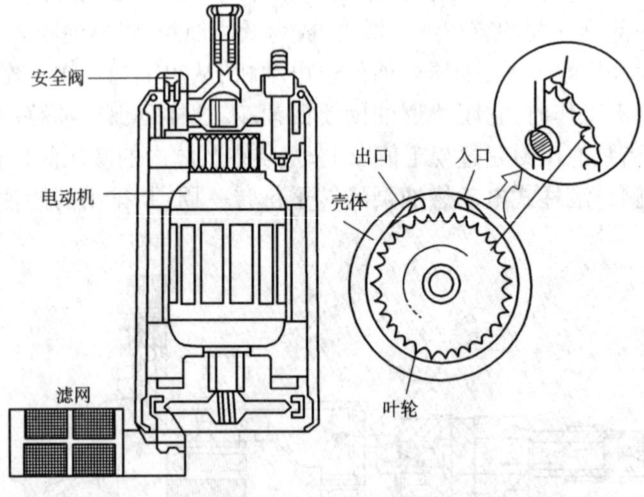

图 2-18 叶轮式电动油泵

为了防止油压过高，它设有减压阀，在出油口还设有一个止回阀。

由于该燃油泵的油压脉动小，已能达到普通滚柱泵带油压缓冲器的水平，因此不用装油压缓冲器。电动燃油泵的燃油泵和电动机都浸在汽油中。在燃油泵运转时，燃油不断穿过燃油泵和电动机，使之得到润滑和冷却。使用时，严禁在无油情况下运转电动燃油泵，也不要等燃油耗尽才添加燃油，以免烧坏电动燃油泵。

二 燃油滤清器

燃油滤清器安装在燃油泵之后的高压油路中。其作用是滤除燃油中的氧化铁、粉尘等固体夹杂物，防止燃料系统堵塞，减小系统的机械磨损，确保发动机稳定运转，提高工作可靠性。

燃油滤清器应具有过滤效率高、寿命长、压力损失小、耐压性能好、体积小、质量轻等性能。燃油滤清器结构如图 2-19 所示。

判断燃油滤清器堵塞的方法：

(1)在燃油滤清器前后管路上测量管路压力，有压力下降则说明燃油滤清器有堵塞的故障；

(2)拆下燃油滤清器，将燃油滤清器轻轻敲击，再将其内的残余汽油倒入干净的容器中，如果汽油比较脏，则说明燃油滤清器需要更换；

(3)拆下燃油滤清器并摇晃，如果发现滤芯可以晃动，便可断定滤清器内的滤芯需要更换。

滤芯阻塞时，将使油压下降，起动困难、发动机功率降低，故应按规定更换过滤器。

三 燃油脉动阻尼器

喷油器喷油时，在输油管道内会产生燃油压力脉动，燃油脉动阻尼器的作用是使压力脉动衰减，以减小这种波动和降低噪声。燃油脉动阻尼器由膜片和弹簧组成减振结构，如图 2-20所示。

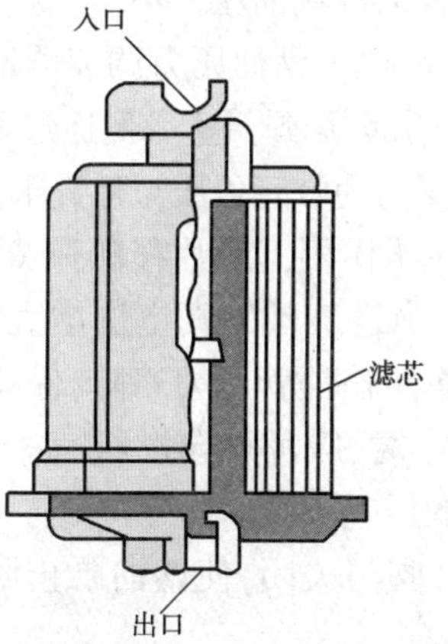

图 2-19 汽油滤清器

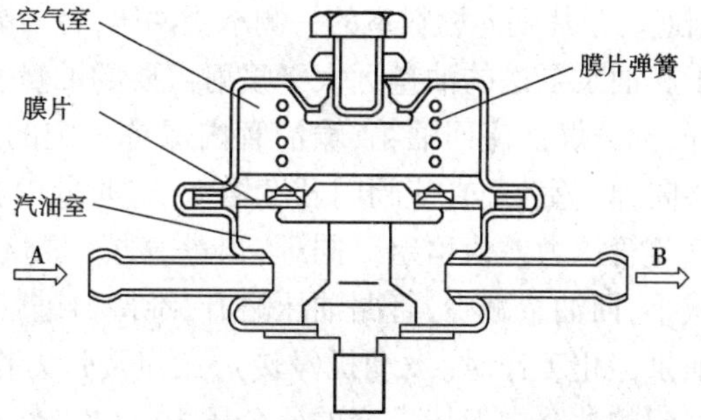

图 2-20 燃油脉动阻尼器的结构

来自燃油泵的燃油首先通到阻尼器膜片前方，然后流向输油管路。当油压脉动趋于峰值时，膜片弹簧压缩，膜片后移，膜片前方空间加大，使本来增大的压力值趋于平缓；当油压脉动趋于调整值时，弹簧伸张，膜片前推，膜片前方空间减小，油压略有上升。

四 燃油压力调节器

燃油压力调节器的作用是使燃油压力相对于大气压力或进气管负压保持一定，即保持喷油压力与喷油环境压力的差值一定，如图 2-21 所示。

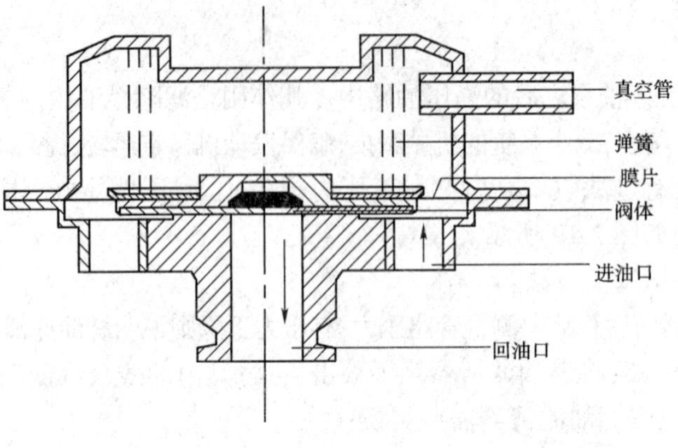

图 2-21 燃油脉动阻尼器

EFI 发动机所要求的燃油喷射量，是根据 ECU 加给喷油器的通电时间的长短来控制的。此时，必须对油压加以限制，否则，同样的通电时间，油压高，则喷油多，油压低，则喷油少。只有喷油压力一定时，才能做到通电时间长，喷油量多，通电时间短，喷油量少，然而这是以喷射环境压力一定为前提的。喷油器将油喷入进气歧管，歧管压力是变化的。如果喷油压力一定，那么，歧管真空度降低时（绝对压力高），喷油量减少，歧管真空度增加时（绝对压力低），喷油量多。

由上述分析可见，若以喷油时间的长短来控制喷油量，需保持喷油压差恒定，即燃油管内喷射压力与其喷射环境的压力之差恒定，亦即与歧管压力差恒定。燃油压力调节器通常置于输油总管的一端，膜片将金属壳体内部分为弹簧室和燃料室两部分，弹簧室一侧通过管路与进气歧管相通。膜片朝向燃料室的一侧承受油压，另一端所受压力为歧管负压与弹簧压力之和。

由于燃油泵泵送的油量远大于喷射需要的油量，故在油压作用下膜片移向弹簧室一侧，阀门打开，部分燃油流回油箱，输油管内保持一定的油压。当进气歧管真空度增大时，膜片进一步移向弹簧室方向，使阀门开度增大，回油量增加，从而使输油管压力略降，保持与变化了的进气歧管压力差值恒定。同理，当进气歧管真空度减小时，膜片移向燃料室一侧，使阀门开度减小，回油量减少，管路油压略升，维持与进气歧管的压差不变。

燃油泵停止工作时（发动机停转），在弹簧张力作用下，阀门关闭，使燃油泵止回阀与调压器阀门间的油路内保持一定的残余压力。

任务实施

一 任务实施准备

（1）多媒体一体化教室。

（2）5A-FE 发动机实验台架。

(3)PASSAT ANQ 电控发动机实验台架。

(4)移动黑板。

二 任务实施步骤

(一)油泵检修

(1)将点火开关打至 ON 位置时,油泵应工作,此时可以听到油泵的工作声音,用手捏进油管,应感觉有压力,否则,应该更换油泵或检查油泵线路。

(2)用压力表测量进油管压力,如表读数小于 0.1MPa,则应该检查油箱是否有油,如有油,应更换油泵或检查油路其他元件。

(二)燃油压力调节器的检修

1 燃油压力调节器的就车检查

(1)燃油压力调节器工作情况的检查:用油压表测量发动机怠速运转时的燃油压力,然后拆下调节器上的真空软管。这时燃油压力应升高 50kPa 左右,否则应予以更换。

(2)燃油压力调节器保持压力的检查:将油压表接入燃油管路,用一根导线将电动燃油泵的两个检测接孔短接;打开点火开关,让电动燃油泵运转 10s,然后关闭点火开关,取下导线;接着将燃油压力调节器的回油管夹紧,5min 后观察油压,该油压即为燃油压力调节器的保持压力。如果该油压上升,则表明调节器有泄漏,应予以更换。

2 燃油压力调节器的拆卸检查

检查时,拆下燃油压力调节器的进油管和真空软管,这时两者之间应不相通;否则,表明有泄漏,应予以更换。

任务三 燃油系统电路元件构造与检修

任务导入

一辆帕萨特汽车,在行驶过程中,慢慢熄火,再无法起动。经检查,故障出在油泵电路,电路中有一条导线松动,导致电路断路、油泵不工作、油压逐渐下降,最后导致油路中无油,使发动机熄火。把导线重新连接好后,发动机工作正常。

学习指引

发动机的油路控制,除了机械控制外,还少不了电路控制,且电路控制起着主要的作用,如油泵工作需要电，油泵通电后才能工作，把油泵出油箱引到油管中。同时要把油引到汽缸中，还需要喷油器，喷油器要工作同样需要通电。

相关知识

一 电动燃油泵的控制

EFI 燃油泵的基本控制要求是：只有在发动机处于运转状态时，燃油泵才泵油；发动机不运转，接通点火开关，燃油泵也不工作。

燃油泵的转速由外加电压决定。通常燃油泵总是在一定转速下运转，因而输出油量不变。

但在发动机高速、大负荷工况下需油量大时，有必要提高燃油泵转速以增加泵油量；而当发动机工作在低速、中小负荷工况时，应使燃油泵低速运转，以减少泵的磨损及不必要的电能消耗。因此，在一些发动机中为燃油泵设置了转速控制机构。

1 采用 ECU 控制的燃油泵控制电路

如图 2-22 所示，此控制方式应用于 D 型 EFI 及使用热线或热膜式空气流量计和卡门涡旋式空气流量计的 L 型 EFI 中。

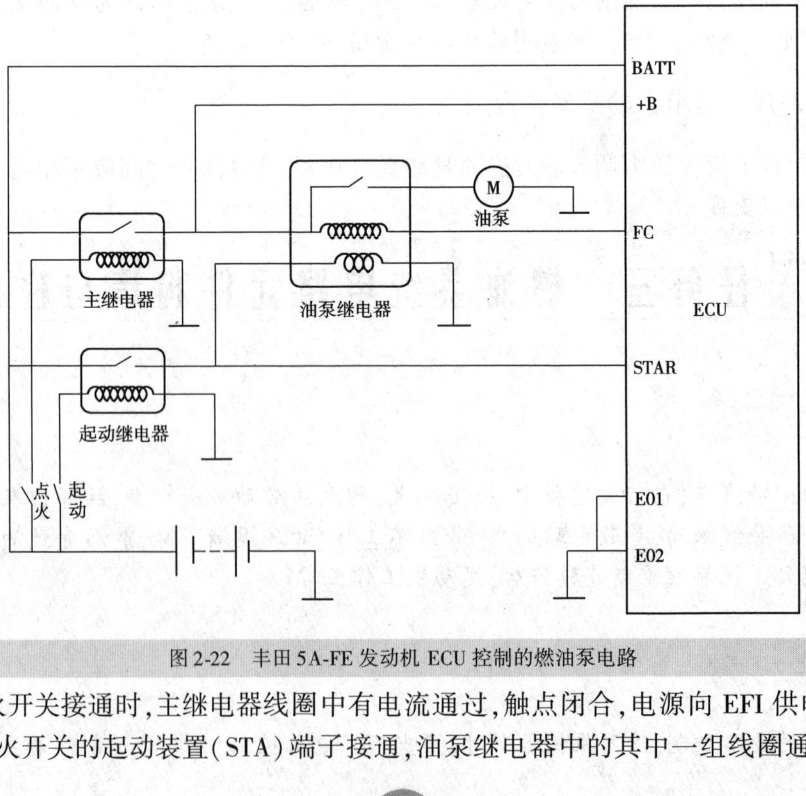

图 2-22　丰田 5A-FE 发动机 ECU 控制的燃油泵电路

当点火开关接通时，主继电器线圈中有电流通过，触点闭合，电源向 EFI 供电。发动机起动时，点火开关的起动装置（STA）端子接通，油泵继电器中的其中一组线圈通电，产生吸力使断路继电器的触点闭合，电源向燃油泵供电，燃油泵投入工作。

发动机一旦起动，转速传感器即将发动机的 Ne 信号输入 ECU，此时 ECU 控制 FC 端子连接负极，油泵继电器中的另一组线圈通电，使其触点继续保持闭合状态，燃油泵便继续工作。

发动机停止运转，则 FC 断开负极，油泵继电器触点打开，燃油泵的供电线路中断，燃油泵停止工作。

2 采用转速控制的燃油泵控制电路

如图 2-23 所示，在原控制回路中增设燃油泵控制继电器即可实现燃油泵的转速控制。

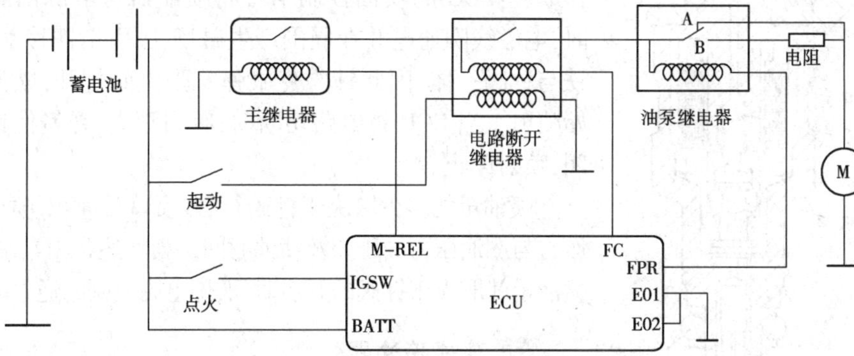

图 2-23 采用转速控制的燃油泵控制电路

发动机低速或中、小负荷下工作时，ECU 控制 FPR 与负极导通，燃油泵控制继电器的线圈通电，使触点 B 闭合，由于将电阻器串入电路，燃油泵以低速运转。

发动机处于高速、大负荷运转时，ECU 控制 FPR 与负极断开，触点 A 闭合，燃油泵直接与电源相通，使其高速运转。

二 喷油器

（一）喷油器的作用

喷油器的作用是根据 ECU 提供的电信号，控制燃油喷射。

（二）喷油器的类型

喷油器的类型按结构分为轴针式和孔式。按电磁线圈阻值可分为低阻式和高阻式。轴针式喷油器不易堵塞，而孔式喷油器喷出燃油雾化好。由于制造厂家不同，有的将轴针式喷嘴的针阀做成球阀。近年来出于提高汽车动力性能和经济性能的考虑，出现了双孔喷油器，这种双孔喷油器的特点是可向发动机等量均匀地喷射燃油。

（三）喷油器的结构及工作原理

1 轴针式喷油器

轴针式喷油器的结构如图 2-24 所示，它由滤网、电接头、电磁线圈、复位弹簧、衔铁和针阀等组成。轴针式喷油器针阀下部还有一段探入喷口的轴针。不喷油时，弹簧将针阀压紧在阀座上，防止滴漏；停喷瞬时，弹簧使针阀迅速复位，断油干脆。轴针式喷油器可使燃油以环状喷出，有利于雾化，且由于轴针在喷口中的不断运动使喷口不易阻塞。工作原理：ECU 的喷油控制信号将喷油器与电源回路接通时，电磁线圈通电并在周围产生磁场，吸引衔铁移动，而衔铁与针阀一体，因此针阀克服弹簧张力而打开，燃油即开始喷射。当 ECU 将电路切断时，吸力消失，弹簧使针阀关闭，喷射停止。

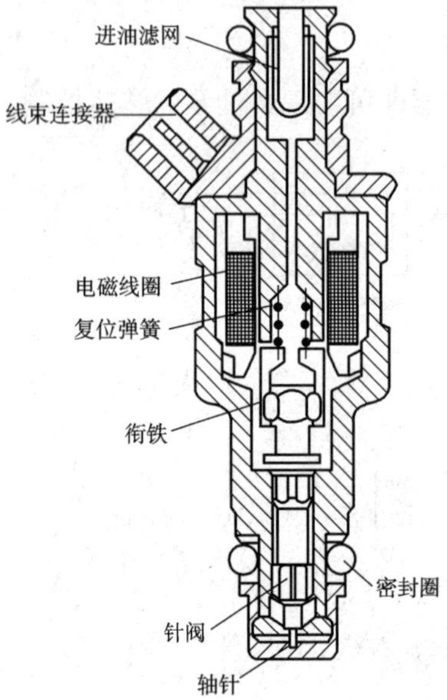

图 2-24 轴针式喷油器结构

喷油量的多少取决于针阀行程、喷口截面积、喷射环境压力与燃油压力的压差及喷油时间。当前述各因素确定时，喷油量就取决于针阀的开启时间，即电磁线圈的通电时间。

2 孔式喷油器

孔式喷油器的前端没有轴针，孔式喷油器的喷孔为 1 个或 2 个，阀的头部为锥形或球形，结构如图 2-25 所示。主要由电磁线圈、衔铁、球阀组成。工作原理：当 ECU 控制电磁线圈通电时，电磁线圈产生磁场，磁场把球阀吸起来，喷孔打开，燃油喷射出去。

（四）驱动方式

喷油器的驱动方式分为电流驱动与电压驱动两种方式。电流驱动只适用于低阻喷油器，电压驱动既可用于低阻喷油器，又可用于高阻喷油器，如图 2-26 所示。

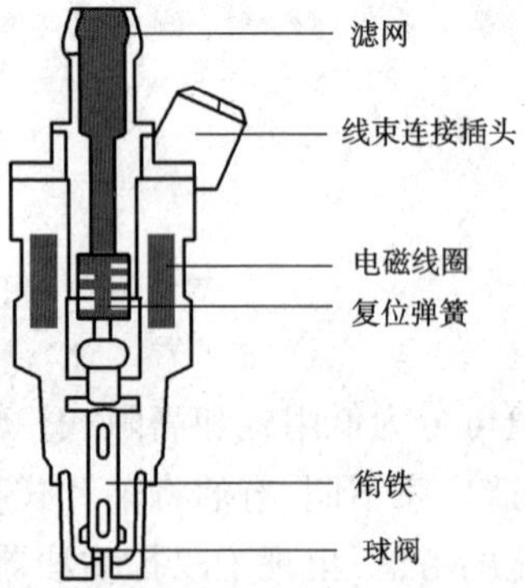

图 2-25 孔式喷油器结构

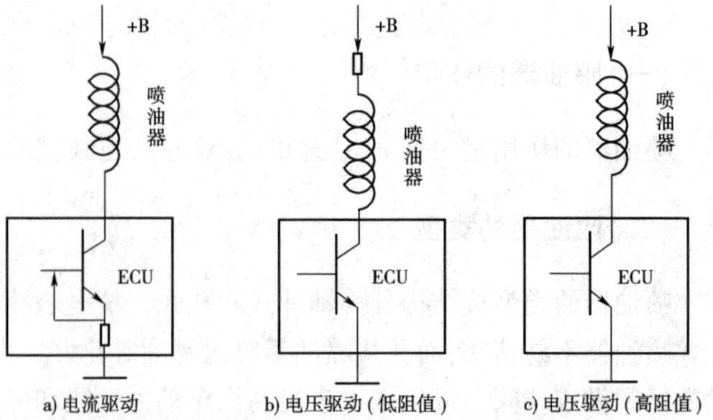

图 2-26 喷油器驱动方式

低阻喷油器指电磁线圈电阻值为 2～3Ω 的喷油器，高阻喷油器指电磁线圈电阻值为 3～16Ω的喷油器。

1 电流驱动

如图 2-26a）所示，在电流驱动回路中无附加电阻，低阻喷油器直接与蓄电池连接，通过 ECU 中的晶体管对流过喷油器电磁线圈的电流进行控制。由于无附加电阻，回路阻抗小，开始导通时，大电流使针阀迅速打开，使喷油器具有良好的响应性。针阀打开后，需要的保持电流较小，可以防止喷油器线圈发热，减少功率消耗。

如图 2-27 所示，喷油器由电流驱动时，蓄电池通过点火开关、安全保险主继电器（或 INJ 熔断丝）给喷油器和 ECU 供电。安全保险主继电器与 ECU 的 FS 端相接，经过 ECU 内部喷油器驱动电路搭铁。

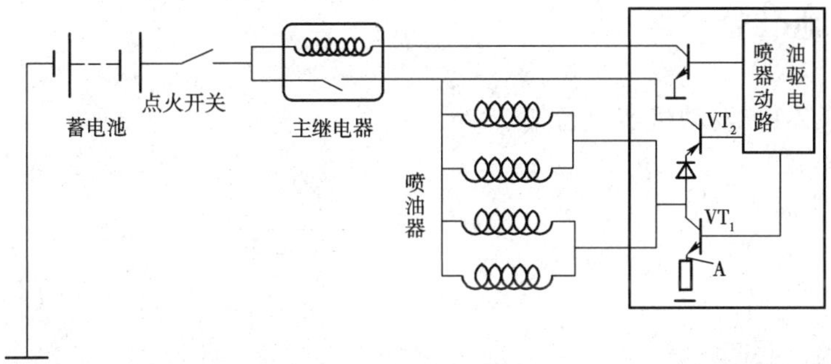

图 2-27 电流驱动

点火开关接通时，继电器触点闭合，喷油器驱动电路使 ECU 的 VT_1 导通。流过喷油器线圈的电流在 VT_1 射极电阻上产生电压降。A 点电压达设定值时，喷油器驱动电路使 VT_1 截止。当蓄电池电压为 14V 时，打开针阀的峰值电流为 8A，针阀达最大升程后处于稳定、静止状态，保持这一状态的电流为 2A。此过程中 VT_1 以 20kHz 的频率导通或截止，即电压变化频率为 20kHz。VT_2 吸收由于 VT_1 导通和截止时在喷油器线圈中产生的反电动势，避免电流突然减少。由安全保险主继电器供电时，若喷油器线圈电流过大，继电器将自动断开，切断喷油器供电电源。

2 电压驱动

电压驱动方式的原理如图 2-26 中 b 和 c 所示。在电压驱动回路中使用低阻喷油器时，必须在回路中串入附加电阻。由于为使喷油器响应性好，在低阻喷油器中减少了电磁线圈匝数以减小电感；在回路中加入附加电阻，可以防止匝数减少后线圈中电流加大，造成线圈发热而损坏。附加电阻与喷油器的连接方式如图 2-28 所示。

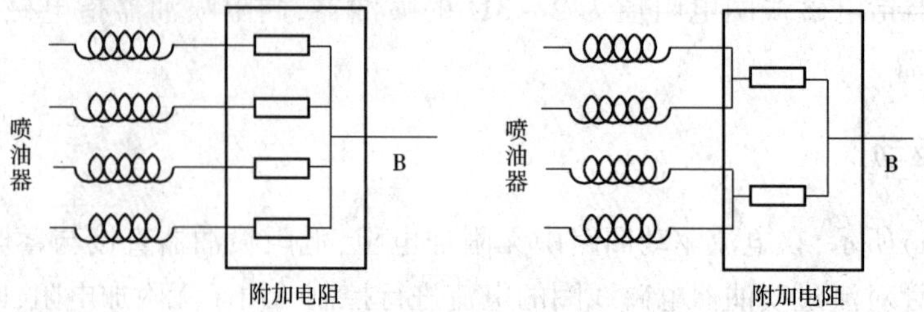

图 2-28　附加电阻与喷油器的连接方式

任务实施

一　任务实施准备

(1)丰田 1UZ-FE 发动机实验台架。
(2)万用表。
(3)导线。
(4)试灯。

二　任务实施步骤

(一)燃油泵及控制电路的检修

在电控燃油喷射发动机中,燃油泵及其控制电路的故障将直接影响到发动机能否起动及其性能,因此对燃油泵及控制电路的检修是电喷发动机检修的重要内容之一。

1 燃油系统油压的检查

(1)从蓄电池上拆下搭铁线(蓄电池的电压应不低于12V),拆下输油管与主油管的连接螺栓,取下两个密封垫圈,将系统残余油压泄掉,注意接好漏油,用 3 个新的密封垫圈及接头螺栓,把油压表接入输油管和主油管之间。

(2)分别在下列条件(工况)下检查油压:

①静止油压。打开点火开关但不起动汽车,ECU 将控制燃油泵工作 2 ~ 3s,配备叶片式空气流量计的电喷发动机可跨接燃油泵,使之运转 2 ~ 3s。

②起动工况油压。

③怠速工况油压。

④正常运行工况油压。

⑤系统最高油压。检查系统最高油压时,可将回油管夹住,使回油管停止回油,此时压

力表指示油压应比没夹住回油管时高出 2 ~ 3 倍，否则燃油泵性能下降，泵油压力不足。

⑥管路油压回落检查。将各缸喷油器电线插头插上，接通点火开关并连续起动 15s，记下油压表所指示的压力，待 30s 后再次观察油压表指示的压力，其值不应回落。若油压有明显的回落，则再次起动 15s，然后夹住油压调节器回油管；若 30s 后油压不再回落，则说明油压调节器泄漏。如果夹住回油管油压仍然下降，则夹住燃油压力调节器的进油口，再起动 15s 后油压不再回落，则说明燃油泵止回阀泄漏，应更换燃油泵。

以上各种条件下的油压应符合各车原厂所规定的数值（检修时请查阅相关手册）。

2 燃油泵控制电路的检查

要检查燃油泵控制电路，首先必须熟悉该车型的燃油泵控制电路，因为不同车型燃油泵控制电路各有差异，因此检查的方法、步骤不尽相同。但检查的基本方法和思路是相同的，大致可按下列步骤检查：

（1）检查燃油泵的电源供给电路。燃油泵电源供给电路一般受 EFI 主继电器及熔断器控制，可参看图 2-29。当熔断器断路或主继电器出现故障时，接通点火开关，燃油泵控制 ECU 的 + B 端子将无电压。

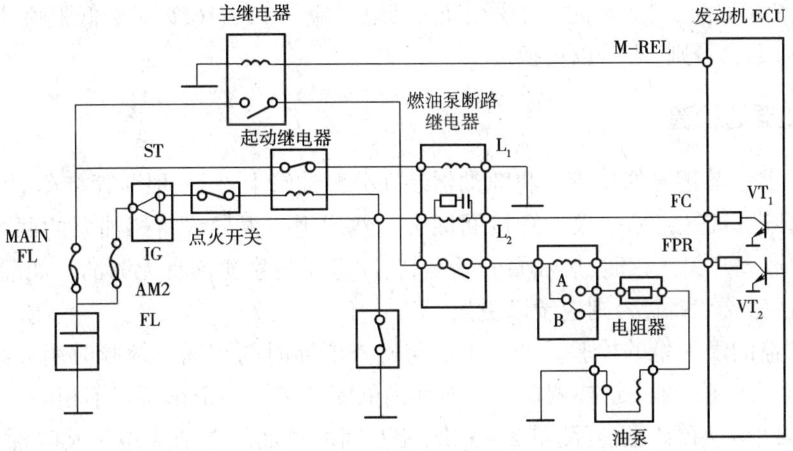

图 2-29 燃油泵转速控制电路

（2）检查燃油泵控制电路。燃油泵工作电路主要由燃油泵继电器控制，燃油泵继电器受 ECU 控制。

①检查燃油泵继电器和燃油泵 ECU。

②检查燃油泵调速附加电阻（旁路电阻）。

③检查 ECU 控制线路 FC、FPC、D1 等端子（丰田车系），切诺基检查 SBEC 控制器 51 号端子。

（3）检查燃油泵。拔下燃油泵线路插接器，用万用表欧姆挡测量燃油泵电动机插接器插座两端子间的电阻值。若电阻为无穷大，则电动机内部有断路故障或电刷接触不良。若电阻为零，则电动机内部有短路故障。这两种情况均应更换燃油泵。

(二)喷油器及其控制电路的检修

喷油器是燃油供给系统中的重要组成部件,喷油器及其控制电路性能好坏对发动机工作性能好坏甚至能否工作都影响很大。喷油器及其控制电路的检修内容如下所述。

1 喷油器的就车检查

(1)喷油器工作情况的检查。喷油器的工作情况可通过检查喷油器的工作声音和发动机转速变化来了解。

发动机运转时用手指接触喷油器,应有脉冲的振动感;用旋具或听诊器与喷油器接触,应能听到其有节奏的工作声。否则表明喷油器工作不正常,应对喷油器或ECU输出的喷油信号作进一步检查。

在采用断油检查方法时,若拔下某缸喷油器线束插头,停止喷油,发动机转速立即下降,这表明该喷油器工作正常,否则表明不工作或工作不良,应作进一步检查。如系喷油器针阀完全卡死,则应更换喷油器。

(2)喷油器电磁线圈电阻的检查。检查时拔下喷油器线束插头,用万用表测量其接线柱间的电阻。在20℃时,对于高阻喷油器来说,其电阻应为12～16Ω;对于低阻喷油器来说,其电阻应为2～5Ω。否则,应予以更换。

2 喷油器的检验

(1)喷油器泄漏情况的检查。将喷油器装在分配油管上,用一根油管将车上的过滤器出口与分配油管进口连接;另一根油管接回油管。然后用一根导线将燃油泵的两个检测插孔短接,并打开点火开关。这时,燃油泵开始运转,注意观察喷油器有无漏油。如漏油,其漏油量在1min内应少于1滴,否则应予以更换。

(2)喷油器的喷油量的检验。准备工作与检查泄漏时的相同。检验时用导线分别将喷油器与蓄电池相连接,并用量杯测量一定时间内的喷油量。各个车型互不相同,一般为50～70mL/15s。每个喷油器应重复测量2～3次,相互间的喷油量差值应小于其喷油量的10%,否则应加以清洗或更换。

检查时应注意:低阻值的喷油器不可直接与蓄电池连接,应串联一个适当阻值(8～10Ω)的降压电阻,以免烧毁电磁线圈。

(3)喷油器控制电路的检查。喷油器控制电路一般均由点火开关或主继电器供电,由ECU控制喷油器的搭铁回路,可参阅图2-30等。

①拔下喷油器插接器插头。

②接通点火开关,不要起动发动机。

③测量喷油器控制线插接器插头上的电源线的电压,应为12V。若无电压,检查点火开关及熔断器或主继电器及线路。

④检查ECU的喷油器搭铁线,搭铁是否良好。

⑤将专用检查试灯串接到喷油器插接器两插头上,起动发动机,试灯应闪烁,不亮或不

闪烁则控制回路有故障,可检查喷油器至 ECU 的线路和 ECU 是否有故障,也可用示波器检测喷油器脉冲波形,对控制电路进行检查。

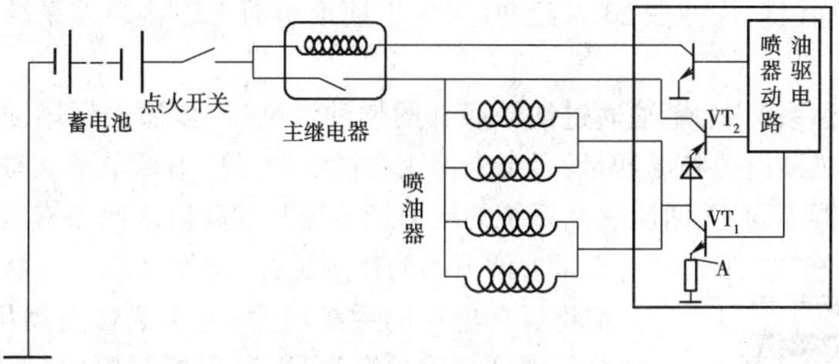

图 2-30　电流驱动回路

知识拓展

无回流燃油系统

为了克服油箱中产生的燃油蒸气问题,一些汽车采用了新的燃油系统,即无回流燃油系统。无回流燃油系统由 H 形燃油导轨、喷油器、燃油脉动衰减器、油压测试口、燃油泵、压力调节器、油位传感器等组成,如图 2-31 所示。

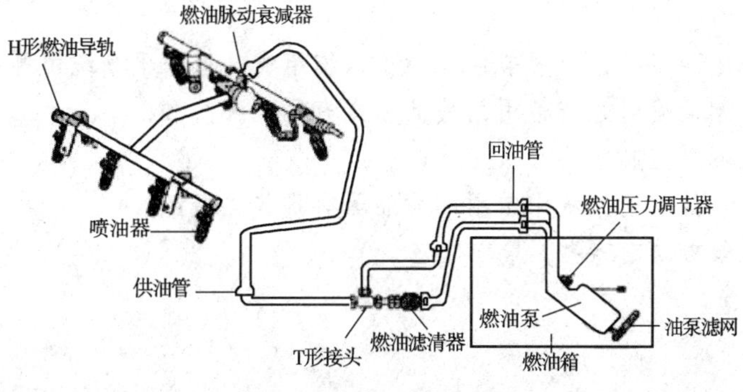

图 2-31　无回流燃油系统

汽车在运行过程中,为了保证在不断变化的运行条件下都有足够的燃油压力和油量,传统燃油系统向喷油器泵出的油量比实际需要的多。这就意味着,燃油在经喷油器喷入汽缸前,要在油道内进行多次的往返流动,而每一次这样的流动,燃油都会吸收热量,使燃油温度升高,而温度升高的部分燃油又返回到油箱里。在炎热的夏日,燃油箱里的温度会超过 70℃,这将加入燃油的蒸发量,即使油箱里蒸发的燃油蒸气处理得当,还是会造成多种汽车性能方面的故障。无回流燃油系统把燃油从油箱到发动机往返流动的次数减少到只有一次。由于没有设置未使用的燃油从发动机流回油箱的回流管路，因此被称为“无回流燃油系统”。这个称呼多少有点不恰当，因为未使用的燃油实际上还是回到了油箱，只是没有经历反复的回流道路而已。这种在20世纪90年代中期推出的无回流燃油系统，目前已经得到了广泛的应用。

在无回流燃油系统中，燃油通过油箱底部的燃油滤网后，被输送到燃油泵，燃油泵向发动机提供所需的燃油压力和燃油量，多余未使用的燃油通过压力调节器又被送回到油箱里。与传统压力调节器不同，无回流燃油系统的压力调节器与发动机之间没有真空连接，因此这个压力调节器的作用是，无论发动机运行状况如何变化，它都将保持稳定的系统压力，为了确保发动机在当前工况下总是得到合适的燃油量，动力控制模块（PCM）要相应地快速改变喷油器的脉冲宽度。在一些比较新型的燃油系统中，燃油压力传感器向动力控制模块提供系统压力信息，动力控制模块通过修正脉冲宽度，对燃油泵动力供应系统做出响应，调节系统压力和不需使用的燃油量。因此，这种新型的燃油系统完全取消了独立的压力调节器，如图2-32所示。

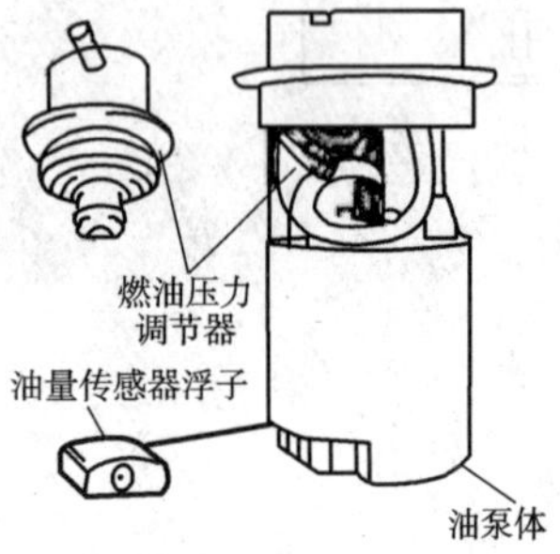

图2-32　无回流式燃油系统的油泵

习题及思考题

1. 常用的汽油机电控燃油喷射系统主要有哪些类型？它们的组成及工作原理如何？分别具有怎样的工作？

2. 汽油机电控燃油喷射系统一般由几个子系统组成？每个子系统由哪些部件组成？

3. 汽油机电控燃油喷射系统常用的喷油方式有哪几种？

4. 如何检修燃油泵控制电路？

5. 汽油机电控燃油喷射系统中常用的喷油器有哪些类型？

6. 喷油器的检修方法有哪些？

项目三 Project 3 进气系统构造与检修

任务一 进气系统的基本组成与检修

任务导入

一台发动机在怠速时出现抖动、起动困难、加速不良的故障现象。经诊断与排查,发现在发动机进气管道中有"漏气"现象。将漏气部位密封好后,故障排除。

学习指引

本节内容以空气的流动路线为基础,把系统内主要零件的安装位置、结构、作用和拆装方法掌握好,在拆装过程中要注意密封件。

相关知识

进气系统为发动机可燃混合气的形成提供必需的空气。空气经空气过滤器、空气流量计(D系统无此装置)、节气门、进气总管和进气歧管进入各汽缸。

汽车行驶时,空气的流量由通道中的节气门来控制(节气门由加速踏板操作)。踩下加速踏板时,节气门打开,进入的空气量多。怠速时,节气门关闭,空气由旁通气道通过。

进气系统的基本组成及其作用

1 空气滤清器

空气滤清器是清除空气中的微粒杂质的装置。活塞式机械(内燃机、往复压缩机等)工作时,如果吸入空气中含有灰尘等杂质就将加剧零件的磨损,所以必须装有空气滤清器,如图3-1所示。

空气滤清器的滤芯一般是纸质的,行驶到一定的里程需要及时维护或更换。

2 空气软管

空气软管又称波纹管,在车辆行驶时,空气滤清器与发动机的相对位置可能发生轻微的变化,所以空气滤清器与固定在机体上的进气歧管就需要用空气软管来连接。

空气软管安装在L型发动机空气流量计的后方,如果漏气对发动机的影响很大。但有时漏气发生在软管受拉力的地方,检查和分析的时候要注意。

3 节气门体

节气门体的作用是控制发动机工作时的进气量,结构如图3-2所示,节气门体安装在进气歧管前端,由节气门、节气门位置传感器、节气门限位螺钉、辅助空气阀和缓冲器等组成。

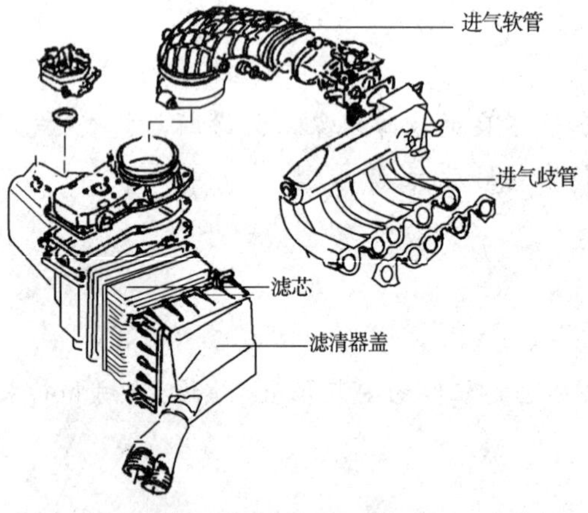

图3-1 空气滤清器

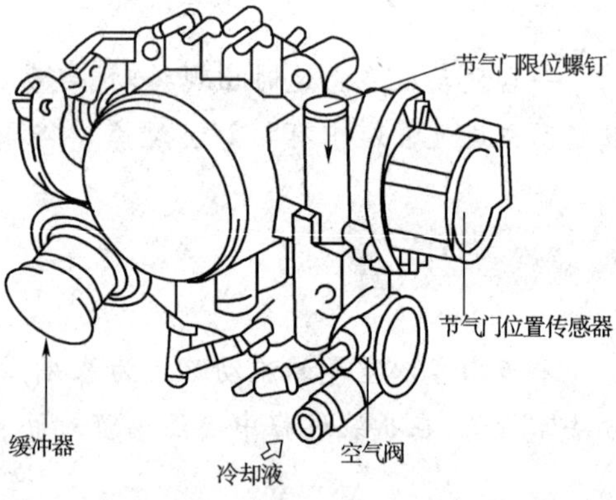

图3-2 节气门体

节气门限位螺钉是用来限制节气门的最小开度的,可以用来调整怠速。辅助空气阀是配合怠速电磁阀工作的,它在发动机低温起动及起动后暖机过程中,提供附加空气量,常用于早期的汽油喷射发动机中。

有的节气门阀体下部有两条冷却液管路,当发动机在寒冷的低温下工作时,经过发动机加热的冷却液通过管路可以防止阀板结冰。

节气门缓冲器的作用是在急减速时让节气门关闭的速度减慢。这样做的目的有两个:一是可以避免发动机减速太快引起进气管真空度过大,因为真空度过大,会迅速吸附进气歧管中的汽油,形成混合气太浓而造成熄火;二是减速时,驾驶人突然松开加速踏板,节气门迅速关闭,进入汽缸的空气量急减,发动机输出功率大幅度下降,导致不应有的冲击,甚至熄火。为了防止这种不良现象的产生,在节气门外设有节气门缓冲装置,如图 3-3 所示。

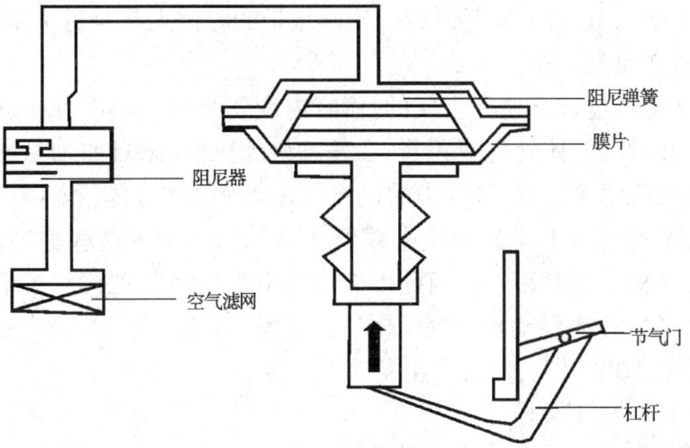

图 3-3 节气门缓冲装置

4 进气歧管

进气歧管位于节气门与发动机进气门之间,之所以称为歧管,是因为空气进入节气门后,经过歧管缓冲后,空气流道就在此"分歧"了,对应发动机汽缸的数量,如四缸发动机就有四道,五缸发动机则有五道,将空气分别导入各汽缸中。以自然进气发动机来说,由于进气歧管位于节气门之后,所以当发动机节气门开度小时,汽缸内无法吸到足量的空气,就会造成歧管真空度高;而当发动机节气门开度大时,进气歧管内的真空度就会变小。因此,喷射供油发动机都会在进气歧管上装设一个压力计,供给 ECU 判定发动机负荷,而给予适量的喷油,如图 3-4 所示。

任务实施

一 任务实施准备

(1)三菱 4G63 发动机。
(2)电脑诊断仪。
(3)空气压缩机。
(4)相关的扳手及螺丝刀。

图 3-4 进气歧管

二 任务实施步骤

1 进气系统的拆装与节气门体的清洗

进气系统的拆装要注意各接口处的密封情况，真空连接管不要接错，拆装时要注意不要掉入灰尘。进气系统的节气门体需要维护，实际维护的时候大都是拆下来进行清洗，在这里将节气门体的清洗作重点介绍。

节气门体积炭是通过以下途径生成的：汽缸内废气会有一小部分在进气门打开时通过进气门、进气管道在节气门体处生成积炭；在发动机熄火前，来自曲轴箱通风管中会有一部分是机油蒸气，发动机熄火后，进气管中的机油蒸气会冷凝成液体，积存在节气门体中；空气经过空气滤清器，未被过滤干净的杂质会残留在节气门体中。这些脏物都不多，但积少成多，时间久了对发动机怠速有影响。因此拆装清洗节气门体是现代汽车维修中的一个基本的操作项目。下面以4G63发动机节气门体清洗过程作介绍。

(1)发动机预热80℃以上，然后停止发动机运转。

(2)自节气门体上拆下软管。

(3)用塞子堵住节气门体的旁通气道进口。

(4)通过节气门体进气口把清洁剂喷入阀内并保持5min。

(5)起动发动机，加速运转几次后再怠速运转约1min。

(6)如果节气门内的沉积物未被清除，则重复操作(4)和(5)。

(7)拔气旁通气道进口的塞子。

(8)接上进气软管。

(9)用电脑诊断仪清除故障码。

(10)调整基本怠速，如果在调整基本怠速之后，发动机怠速运转时有不规则的振动，则脱开蓄电池负极线10s以上，然后重新接上，并怠速运转10min左右。

2 节气门的设定

很多发动机在清洗或更换节气门体后，需要进行自适应系统的重新设定。下面以日产奇骏怠速空气量学习方法(不用诊断仪)作介绍。

(1)执行“加速踏板释放位置学习”。

(2)执行“节气门闭合位置学习”。

(3)起动发动机并使发动机温度上升到正常运转温度。

(4)检查在前文所述中列出的所有项目是否均已就绪。

(5)将点火开关转到OFF位置，等待至少10s。

(6)确定加速踏板完全释放，将点火开关转到ON位置等待3s。

(7)在5s内迅速重复以下操作5次：

①完全踩下加速踏板。

②完全释放加速踏板。

(8)等待7s,完全踩下加速踏板保持此状态约20s,直到MIL停止闪烁并变亮。

(9)在MIL变亮后,3s内完全释放加速踏板。

(10)起动发动机怠速运转。

(11)等待20s。

知识拓展

两用燃料发动机电控混合器式燃气供给系统

一 功能

汽油/燃气两用燃料发动机电控混合器式燃气供给系统,是在电控燃油喷射汽油机上加装混合气供气系统和电控元件而形成的。

1 模拟汽油喷射信号

发动机燃用燃气时,汽油ECU必须保持在正常的工作状态,才能对发动机的点火、怠速等进行正常控制;而发动机燃用燃气时,汽油ECU必须切断汽油的喷射,在此情况下,汽油ECU将判断为汽油喷射系统有故障,系统处于非正常工作状态,ECU将对此输出非正常工作模式的控制指令。

2 模拟氧传感器信号

现代电控汽油喷射系统一般都采用闭环控制,发动机燃用燃气时,相应地也应采用闭环控制。

二 组成

基本组成:汽油/燃气两用燃料发动机电控燃气供给系统除与电控汽油喷射系统共用的元件外,增加的主要电控元件有转换开关、模拟器、燃气ECU、步进电机功率阀等。

三 工作原理

1 开环控制系统

早期用电控汽油喷射发动机改装的两用燃料发动机,其燃气供给系统采用的是开环控制方式,该系统与由化油器式发动机改装的机械控制式燃气供给系统基本相同,主要区别是增加了模拟器等电子元件,没有燃气ECU。

2 闭环控制系统

在开环控制系统中，燃气空燃比只能由改装或维护调试时调定的燃气动力阀开度大小和混合器的供气特性配合确定，调试出的空燃比是一个固定值，不能保证在各种工况下都能获得最佳的空燃比，如图3-5、图3-6所示。

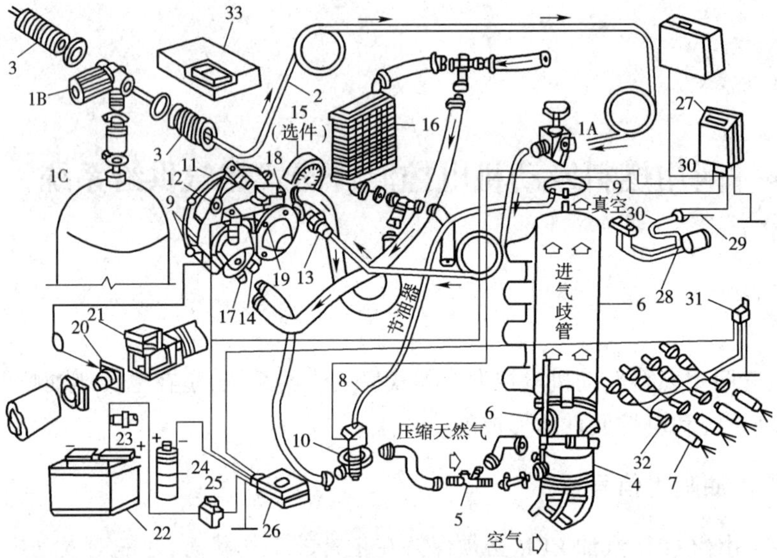

图3-5　汽油/CNG两用燃料发动机闭环控制供气系统

1A-充气阀；1B-供气阀；1C-高压气瓶；2-高压输气管；3-外套管；4-混合器；5-供气三通接头；6-进气总管；7-喷油器；8-真空管；9-真空稳定器；10-电控调节器；11-减压器；12-燃气电磁阀；13-进气管接头；14-出气管接头；15-压力表；16-散热器；17-冷却液管接头；18-恒温器；19-怠速调整螺钉；20-空气测量叶片强制开启器；21-空气流量计；22-蓄电池；23-点火开关；24-高压线圈；25-熔断器；26-燃料转换开关；27-燃气ECU；28-氧传感器；29-氧传感器加热器电源线；30-氧传感器信号线；31-模拟器；32-喷油器线束插接器；33-点火提前器

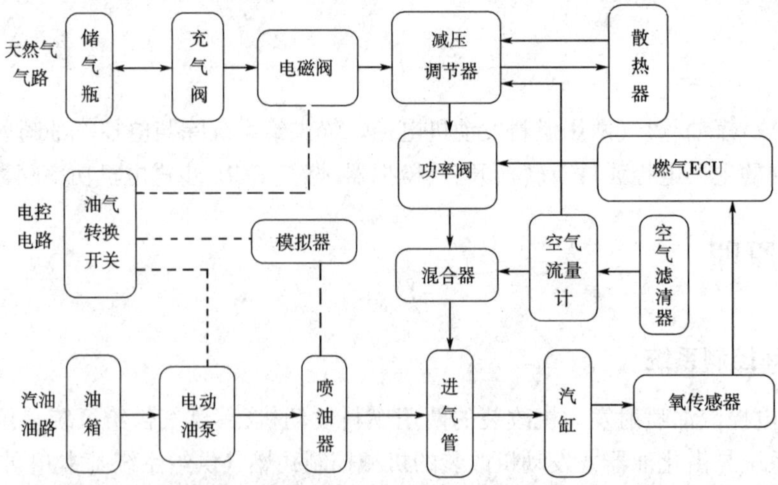

图3-6　汽油/CNG两用燃料发动机闭环控制供气系统原理图

任务二 空气流量计结构原理与检修

任务导入

一辆捷达汽车,出现怠速不稳,加速冒黑烟,有时换挡时熄火。经检查,发现是空气流量计出现故障,发动机运行时,空气流量计信号线无信号变化,更换后,故障排除。

学习指引

电控发动机的喷油点火是由ECU控制的,但喷多少油,需要ECU进行计算,计算过程中需要各种参数,其中进气量是重要的参数,空气流量计是电控发动机计算进气量的主要传感器,如果空气流量计发生故障,ECU就无法精确计算出喷油量,对发动机的稳定性及燃油经济性等方面都有影响。学习本节内容应该从空气流量计的作用入手,然后学习其结构及工作原理,最后掌握其检修相关知识。

相关知识

一 空气流量计

1 功用

空气流量计是测量发动机进气量的装置,它将吸入的空气量转换成电信号送至ECU,作为决定喷油量的基本信号之一,主要用于L型EFI。

2 类型

根据测量原理的不同,空气流量计有叶片式、卡门旋涡式、热线/热膜式等类型。

二 叶片式空气流量计

叶片式空气流量计又称风门式、翼片式或活门式空气流量计,主要由测量叶片、缓冲叶片、阻尼室、复位弹簧、电位计、旁通气道等组成,此外还包括怠速调整螺钉、燃油泵开关及进气温度传感器等,如图3-7所示。

来自空气过滤器的空气通过空气流量计时,空气推力使测量叶片(测量板)打开一个角度,当吸入空气推开测量叶片的力与弹簧变形后的复位力相平衡时,测量叶片即停止转动。

与测量叶片同轴转动的电位计检测出测量叶片转动的角度，将进气量转换成电压信号(VS)送给ECU。根据电路设计的不同，叶片式空气流量计又分为两种形式：一种在进气量变大时，VS值升高；另一种在进气量增大时，VS值降低。

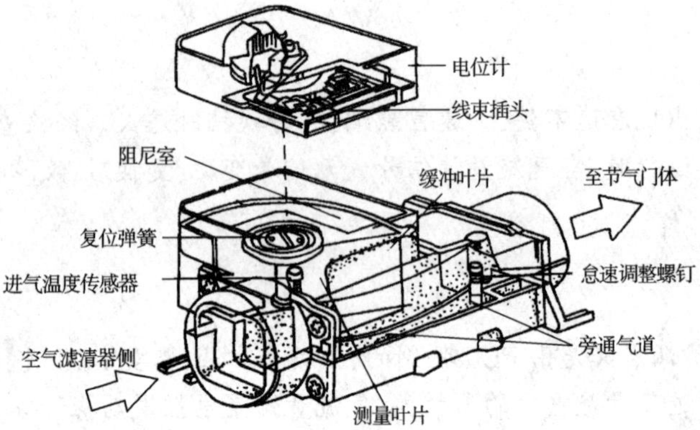

图3-7　叶片式空气流量计的构造

燃油泵开关装在空气流量计内，只有在发动机运转、空气流量计测量叶片转动时，燃油泵开关才闭合。只要发动机停止运转，燃油泵开关便处于断开状态，即使点火开关闭合，燃油泵也不工作。

为了使测量叶片在吸入空气量急剧变化和气流脉动时仍平稳转动，在空气流量计上设置了与测量叶片做成一体的缓冲叶片(又称补偿板，一般将它们统称为叶片)和阻尼室。

在旁通气道上设有怠速调整螺钉，如图3-8所示。调整该螺钉可以改变怠速时的混合气浓度。

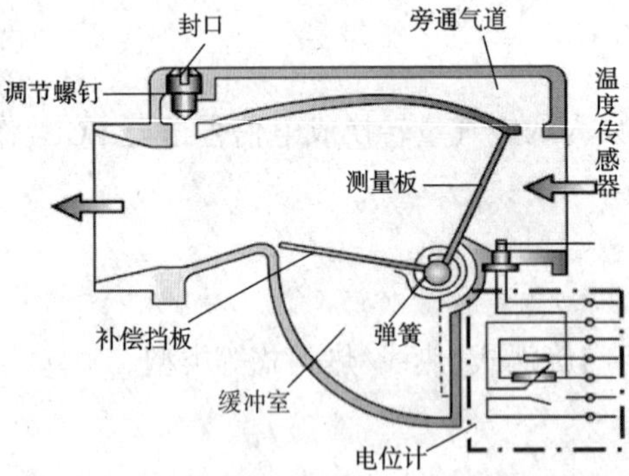

图3-8　叶片部分的结构

喷油量正比于流经叶片的空气量。怠速时流经叶片处的空气量由活动板与叶片间隙大小决定，而活动板的位置可由怠速调整螺钉调节。调节怠速调整螺钉时，不但改变了旁通气道的通道截面面积，同时改变了活动板与叶片的相对位置。发动机怠速时，空气分两路进入进气总管，一路流经叶片与活动板间隙，另一路流经旁通气道。

当怠速调整螺钉向外旋出时，旁通气道通道截面积加大，而叶片与活动板间隙减小，故流经叶片与活动板间隙的空气量减少，喷油量亦减少，但由于进入汽缸的空气总量不变，所以混合气变稀。反之，将怠速调整螺钉旋入，使旁通气道通道截面减小，旁通气道允许通过的气量减少的同时，叶片与活动板间隙增大，流经这里的空气量增加，喷油量增加，由于进入汽缸的总空气量没变，混合气变浓。

三 卡门旋涡式空气流量计

卡门旋涡式空气流量计通常与空气滤清器外壳安装成一体，在其空气通道中央设置一锥状的涡流发生器，在涡流发生器后部将不断产生称之为卡门旋涡的涡流串。卡门旋涡的频率 f 与空气流速 v 存在如下关系：$f=0.2v/d$。其中，d 是涡流发生器外径尺寸。测得卡门旋涡的频率就可以求得空气流速，空气流速乘以空气通路面积，就可以得到进气的体积流量。这样测出卡门旋涡的频率，即可感知空气流量的大小。

当然，卡门旋涡式空气流量计与叶片式空气流量计直接测得的均是进气的体积流量，因此在流量计内装有进气温度传感器，以便对随气温而变化的空气密度进行修正，正确的计算出进气的质量流量。与叶片式空气流量计相比，卡门旋涡式空气流量计具有体积小、质量轻、进气道结构简单、进气阻力小，充气效率高等优点。

旋涡的频率的检测方法有反光镜检测和超声波检测两种。

1 反光镜检测式卡门旋涡空气流量计

反光镜检测式卡门旋涡空气流量计如图 3-9 所示。

反光镜检测式卡门旋涡空气流量计的检测部分由反光镜、发光二极管和光电管等组成。空气流经涡流发生器时，压力发生变化。这种压力变化经压力导向孔作用于薄金属制成的反光镜表面，使反光镜产生振动。反光镜振动时，将发光二极管投射的光反射给光电管，对反射光信号进行检测，即可得旋涡的频率。频率高，反应进气量大，反之，则进气量少。

2 超声波检测式卡门旋涡空气流量计

超声波检测式卡门旋涡空气流量计，如图 3-10 所示。

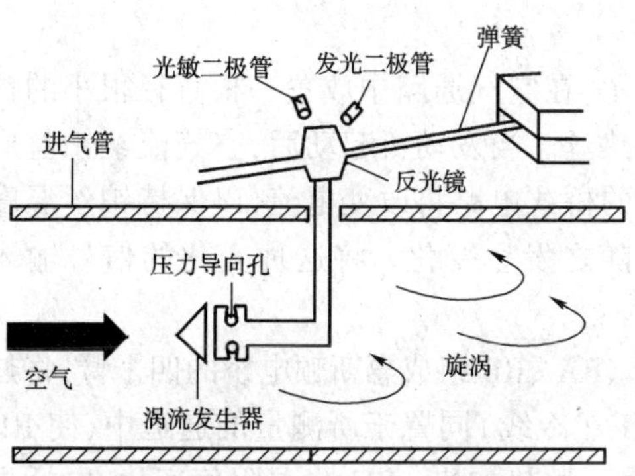

图 3-9 反光镜检测式卡门旋涡空气流量计

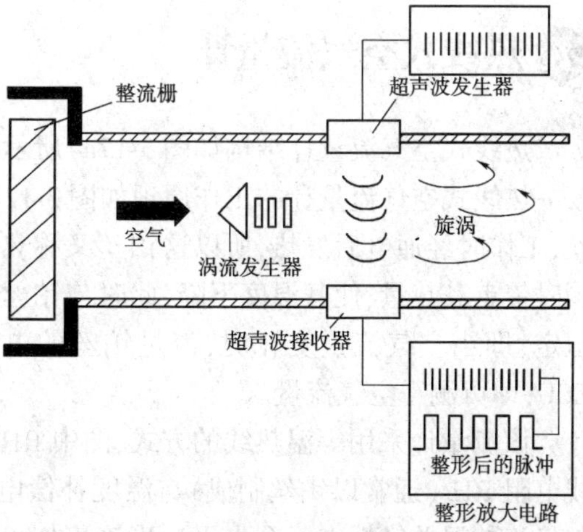

图 3-10 超声波检测式卡门旋涡空气流量计

超声波检测式卡门旋涡空气流量计是利用卡门旋涡引起的空气密度变化进行测量的。

在与空气流动方向垂直的方向上安装超声波发生器,在与其相对的位置上安装接收器。卡门旋涡造成空气密度变化,受其影响,超声波发生器发出的超声波到达接收器的时机或变早或变晚,测出其相位差,利用放大器使之形成矩形波,矩形波的脉冲频率即为卡门旋涡的频率。

四 进气温度传感器

1 进气温度传感器的功用

(1)对体积流量型的空气流量计所测的空气量信号进行修正。

(2)修正喷油量与喷油正时。

(3)修正点火正时。

(4)在发动机转速低于规定值或点火开关接通起动挡时,ECU 根据冷却液温度传感器信号确定基本喷油量,根据进气温度传感器信号对喷油量进行修正。

2 结构及工作原理

进气温度传感器的结构如图 3-11 所示。

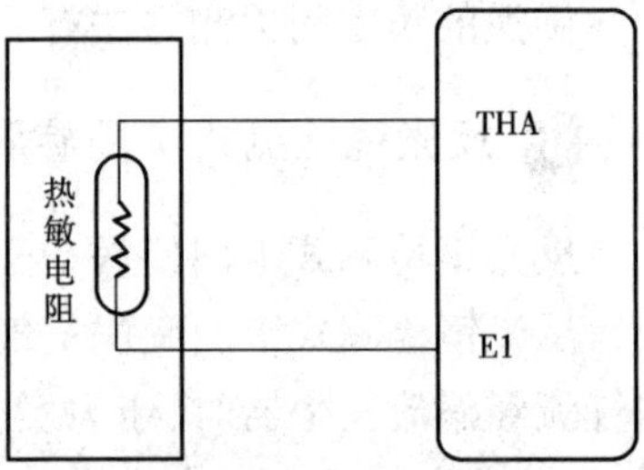

图 3-11　进气温度传感器的结构

进气温度传感器主要由热敏电阻构成,随着温度的变化,电阻值也发生变化。如果温度升高,电阻值变大,则说明是正系数热敏电阻,如果温度升高,电阻值降低,则是负系数热敏电阻。当进气温度发生变化时,进气温度传感器内的热敏电阻阻值也发生变化,THA 信号电压也将发生变化,ECU 根据信号电压来判断进气温度是多少。

五 热线式空气流量计

热线式空气流量计结构如图 3-12a)所示。

热线式空气流量计的工作原理如图 3-12b)所示,在空气通路中放置一根直径很小的铂丝,工作时经通电后发热,所以这铂丝又称热线或热丝。当发动机起动后,空气流经铂丝周围时带走其热量,使其温度下降,此时与铂丝相连的桥式电路将改变电流,以保持铂丝温度恒定,即当空气流量变化时,流过铂丝的电流也随之发生变化。将这种变化的信号输入 ECU,即可测得空气流量。

该流量计采用等温热线的方式,图中 RH 、RK 、RA 、RB 组成惠斯顿电桥的四个臂,将热线电阻 RH(通常以铂丝制成)与温度补偿电阻 RK(冷线)同置于所测量的通道中,使 RH 与气流的温差维持在一个水平。当气流加大时,由于散热加快, RH 降温阻值变化,电桥失去平衡,这时集成电路会提高桥压使电桥恢复平衡,通常取 RA 上的压降为测量信号。

在这种流量计的前后端均装有金属防护网,前面的用于进气整流,后面的用于防止发动机回火时把铂丝烧坏。防护网用卡箍固定在壳体上。流量计的铂丝和进气温度传感器都安装在主气道中的取样管内,称为主通式热线空气流量计;另一种流量计是把铂丝绕在陶瓷芯管上,并置于旁通气道内,称为旁通式热线流量计。热线式空气流量计在使用一段时间后,由于铂丝表面受空气尘埃污染,造成热辐射能力降低而影响传感器的测量精度,因此控制电路中设计有"自洁电路"来实现自洁功能。每当ECU接收到发动机熄火的信号时,ECU将控制自洁电路接通,将铂丝加热到1000℃左右,并持续1s时间,使黏附在铂丝上的尘埃烧掉。另一种防止铂丝污染的方法是提高其保持温度,一般将保持温度设定在2000℃以上,以便烧掉黏附的污物。

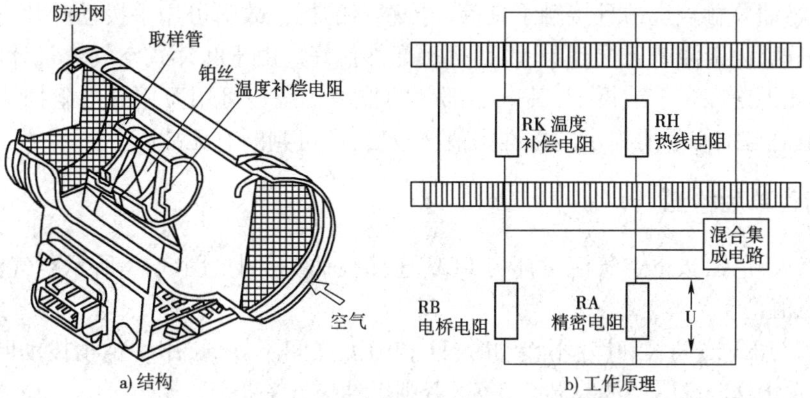

图3-12 热线式空气流量计结构与工作原理

六 热膜式空气流量计

热膜式空气流量计原理与热线式空气流量计基本相同,只是将热线改成热膜。热膜由发热金属铂固定在薄的树脂膜上构成,或者将热线、补偿电阻、精密电阻等镀在一块陶瓷片上,使制造成本大为降低,且使发热体不直接承受空气流动所产生的作用力,增加了发热体的强度,提高了空气流量计的可靠性和使用寿命。但由于其发热元件表面制作一层绝缘保护膜存在辐射热传导作用,因此反应灵敏度稍差。

任务实施

一 任务实施准备

(1)万用表。

(2)电池。

(3)螺丝刀。

(4)ES300发动机实验台架。

(5)LS400 发动机实验台架。

(6)凯美瑞发动机实验台架。

二 任务实施步骤

(一)叶片式空气流量计检修

叶片式空气流量计常见故障有叶片总成摆动卡滞、电位计滑动触点磨损且与镀膜电阻接触不良、燃油泵触点烧蚀且接触不良等。传感器的机械故障可用手拨动叶片进行检查,如叶片摆动平稳、无卡滞或破损现象,说明机械部件良好。由于叶片式空气流量计电路为纯电阻电路,因此无论在车上或拆下,其电器部件的技术状态均可用万用表电阻挡测量,将各端子之间的阻值与维修手册提供的标准阻值比较后,即可判断有无故障。

1 元件单独检测

关闭点火开关,拔下空气流量计与 ECU 连接线插头,测量图 3-13 所示空气流量计各端子之间的阻值:

(1)FC 与 E1 之间,当叶片不转动时,FC 与 E1 之间不导通,用手稍稍拨动叶片。FC 与 E1 之间导通(0Ω),说明燃油泵开关正常,否则燃油泵开关损坏。

(2)VC 与 E2 之间电阻值。

(3)VS 与 E2 之间电阻值。

(4)THA 与 E2 之间电阻值。

上述各端子之间的电阻值应符合规定。

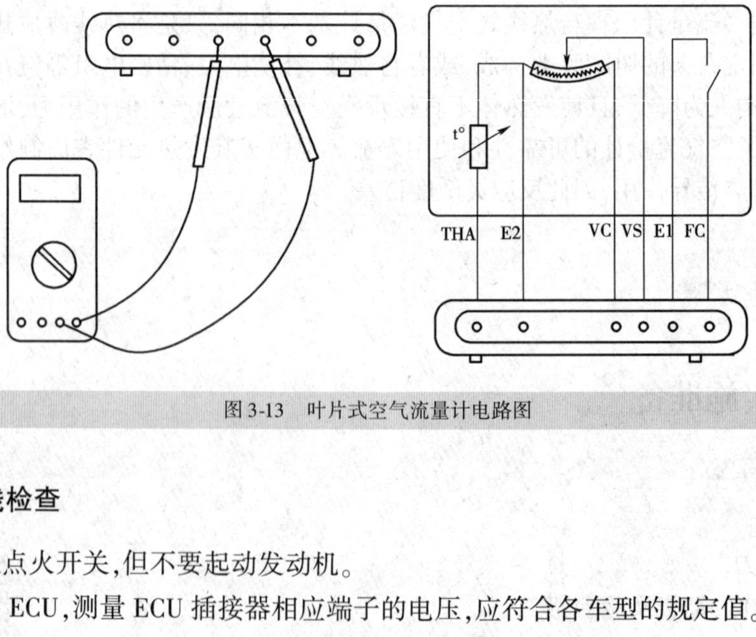

图 3-13 叶片式空气流量计电路图

2 在线检查

(1)接通点火开关,但不要起动发动机。

(2)找出 ECU,测量 ECU 插接器相应端子的电压,应符合各车型的规定值。

(3)如不符合规定值，还应检查 ECU 与空气流量计之间的导线，若导线正常，则应检查或更换 ECU。

(二)反光镜检测式卡门旋涡空气流量计检修

1 元件检测

拔下空气流量计插接器插头，测量图 3-14 所示的 THA 与 E2 之间的电阻值，0℃时应为 4～7kΩ；20℃时应为 2～3kΩ；40℃时应为 0.9～1.3kΩ。如不符合要求应更换流量计。

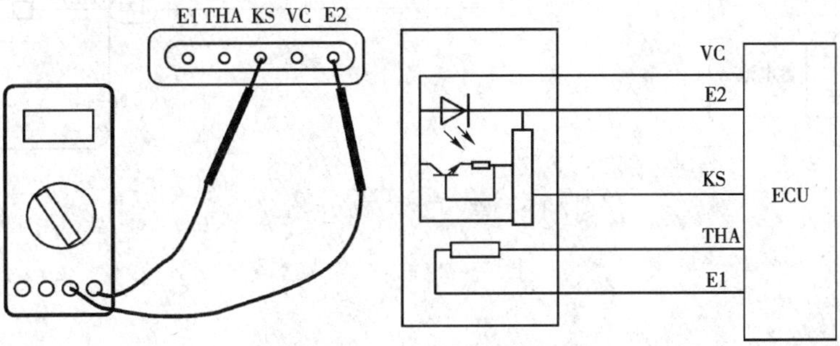

图 3-14 反光镜检测式卡门旋涡空气流量计电路图

2 动态检测

(1)找出 ECU，测量 ECU 插接器 KS 与 E2 端子之间的电压。

(2)接通点火开关，但不起动发动机，此时 KS 与 E2 端子之间的电压应为 4～6V。

(3)发动机运转时 KS 与 E2 端子之间电压应为 2～4V，既不应是 0V，也不应是 5V，进气量越大，电压越高。

(4)检测 ECU 插接器 VC 与 E2 端子之间的电压，若在正常值 4～6V 之间，则应检查 ECU 与空气流量计之间的导线或空气流量计；若电压不正常则应更换 ECU。

(三)热线式空气流量计的检修

热线式空气流量计电路图如图 3-15 所示，检测如图 3-16 所示 。

(1)断开空气流量计插接器。

(2)测量 E2G 至电脑板中的 E2G 电阻值，应低 1Ω，如电阻过大或无穷大，应检查线路是否有接触不良或断开现象。

(3)将点火开关转到 ON 位置。

(4)测量 +B 与搭铁之间的电压，标准电压为 9～14V。

(5)如果所测电压不符合标准电压，则检查线路是否有断路或接触不良的现象，如没有，则检查主继电器及点火开关是否有故障。

(6)重新连接好插接器，将正极 (+) 表笔和端子 VG 连接，将负极(-)表笔与端子 E2G 连接，测量 VG 与搭铁之间的电压，标准电压为 0.2～4.9V。

（7）如所测得电压值不符合标准值，应更换空气流量计。

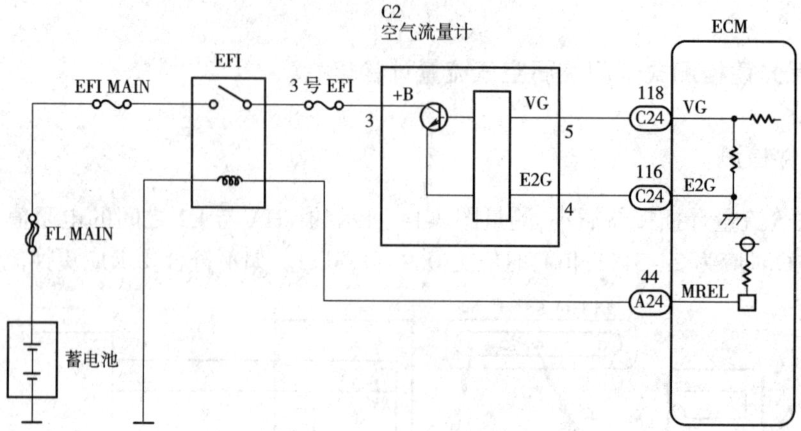

图 3-15　热线式空气流量计电路图

知识拓展

量芯式空气流量计

量芯式空气流量计特点是进气阻力小、检测准确、可靠性高。马自达 929 车型采用这种空气流量计，如图 3-17 所示。量芯式空气流量计一般由量芯、电位计、进气温度传感器等组成。量芯式空气流量计用一个可沿进气道方向移动的滑动量芯代替叶片式空气流量计内的旋转叶片，量芯在进气气流的推动下向后移动，打开进气通道，并停止进气推力与复位弹簧相平衡的位置上。量芯在移动时带动电位计滑动触点，将进气量的大小转换为电位计电阻的大小，ECU 根据电位计电阻的变化或电压的变化测量进气量。

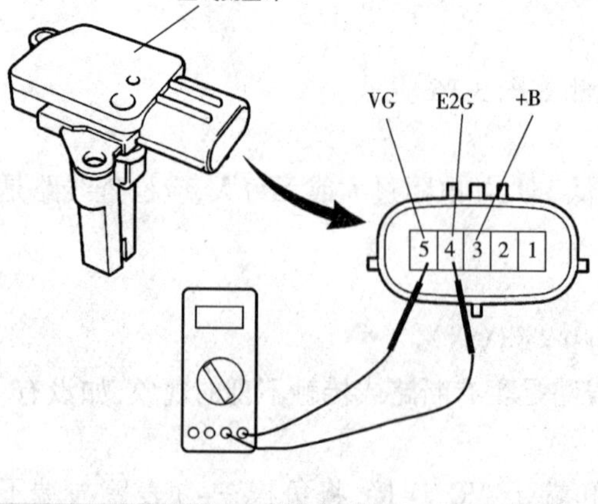

图 3-16　检测图

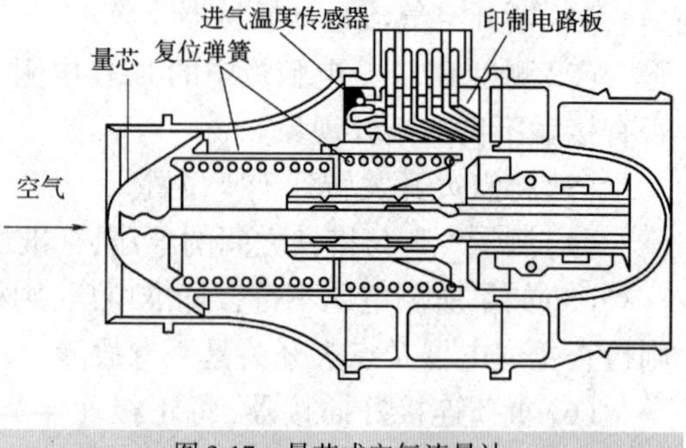

图 3-17　量芯式空气流量计

任务三　D型进气压力传感器构造与检修

任务导入

丰田5A发动机出现怠速抖动,加速不良等故障现象。经检查发现故障部位是进气压力传感器故障,导致喷油不均匀。更换进气压力传感器后,故障排除。

学习指引

进气压力传感器是间接测量进气量,通过压力来反映进气量的多少,而压力则是负压,即真空度。真空度大说明进气量少,真空度小则说明进气量多。首先应理解进气压力(真空度)与进气量的关系,然后再从进气压力传感器的结构、工作原理讲解。

相关知识

1 进气压力传感器的安装位置

进气压力传感器安装在发动机进气管上,有些直接安装在节气门后面的真空室中,有些用真空管连接真空室。

2 进气压力传感器的功用

进气压力传感器,它是用来检测进气歧管内空气的绝对压力,并将其转换成电压信号输送到发动机ECU,发动机ECU根据此信号和转速信号计算出实际进气量,用于修正点火提前角和控制喷油量。

3 结构及工作原理

采用速度密度方式检测进气量的EFI(如Bosch公司的D系统),是利用进气压力传感器来间接地测量发动机吸入空气量的。由于空气在进气歧管内流动时会产生压力变化,进气压力传感器是通过检测发动机进气歧管内空气绝对压力(真空度)的变化,并转换成电压信号,间接地测量进气量,与转速信号一起输送到发动机ECU,作为决定喷油器基本喷油量的依据。

进气压力传感器种类较多,就其信号转换原理可分为半导体压敏电阻式、电容式、膜盒式、表面弹性波式等。其中,半导体压敏电阻式、电容式应用较为广泛。特别是半导体压敏电阻式,因具有尺寸小、精度高、成本低、响应性好、再现性好和抗震性好等优点,使用最为广泛。其结构如图3-18所示。

进气压力传感器由压力转换元件和放大压力转换元件输出信号的集成电路(IC)和真空室构成,如图3-19所示,进气压力传感器用一真空软管与进气管相连接,将进气管内的压力转换为电压信号输出。压力转换元件是硅(膜)片。硅(膜)片的一面是真空,另一面作用的是进气管压力。在进气管压力作用下,硅片将产生变形,使硅片的电阻值发生变化,从而使电桥电压变化。电桥电压变化很小,需通过IC放大后输出到ECU的PIM端子,ECU的V_{cc}为IC提供一个5V的电源。由于进气压力传感器结构和测量原理的要求,进气压力传感器安装在振动较小的车身处,用一根橡胶管与进气总管相连作为取气管。

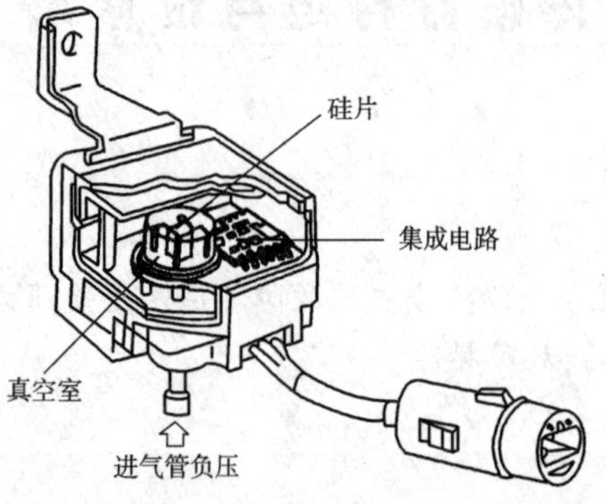

图3-18　半导体压敏电阻式进气压力传感器结构

4 传感器信号分析

模式信号的进气歧管压力传感器是一个三线传感器,有5V的参考电源,其中两条线是参考电源的正负极,另一条是给电脑输出信号的。其波形分析为:如图3-20所示,进气歧管压力传感器在怠速时的输出电压为1.25V,当节气门全开时略低于5V,全减速时接近0V。一般的进气歧管压力传感器在真空度高时产生低的电压信号(接近0V),而真空度低时将产生高的电压信号(接近5V)。而不同车型在不同的真空度下所输出的电压值是不同的,但可以从资料中查到,然后将这些参数与示波器显示的波形进行比较,便可知道传感器是否有故障。

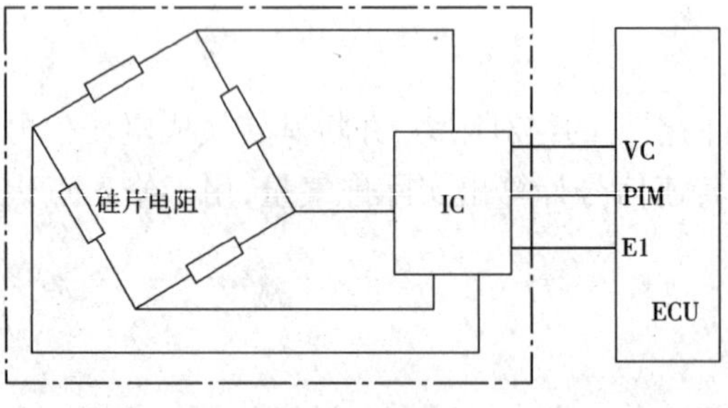

图3-19　进气压力传感器电路图

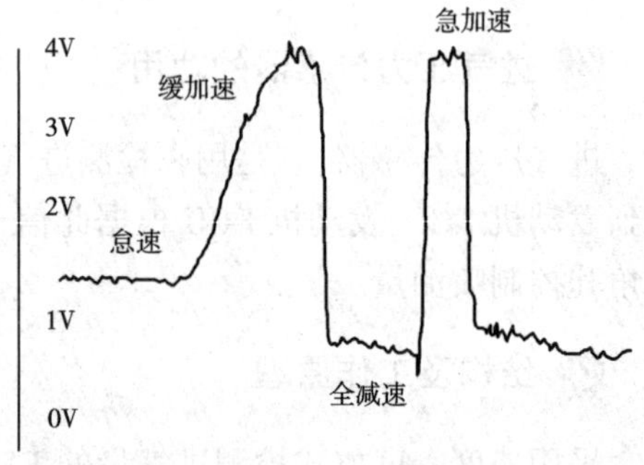

图3-20　进气压力传感器信号波形

任务实施

一 任务实施准备

(1)万用表。

(2)丰田 5A－FE 发动机实验台架。

二 任务实施步骤

进气压力传感器与 ECU 的连接电路如图 3-21 所示。进气压力传感器的检修：

(1)拔下传感器插头，打开点火开关，测量插头上 V_{cc} 端子与 E2 端子之间的电压，应为 4.5～5.5V。若无电压，则应检查 ECU 上相应端子的电压。若 ECU 相应端子上电压正常，则为 ECU 至传感器之间线路故障；若无电压，则为 ECU 故障。

(2)插回插头，拆下传感器上的软管，打开点火开关，测量 ECU 插接器上 PIM 与 E2 端子间在大气压下输出的电压，应符合其输出特性。

(3)对传感器施以 13.3～66.71kPa 的负压(真空度)，再测 ECU 插接器上 PIM 与 E2 间的电压，应符合标准值(查相关手册)。

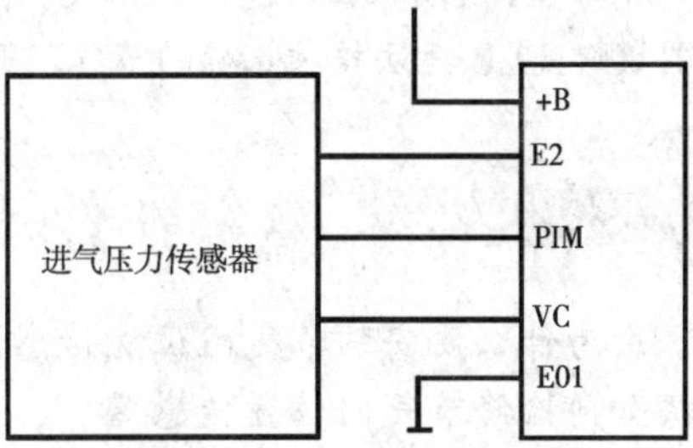

图 3-21　进气压力传感器电路图

知识拓展

真空膜盒传动可变电感器进气歧管压力传感器

真空膜盒传动可变电感器进气歧管压力传感器，如图 3-22 所示。

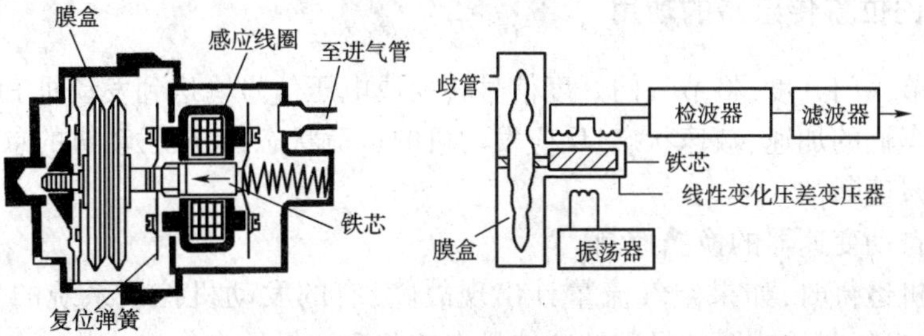

图 3-22　真空膜盒传动可变电感器进气歧管压力传感器

真空膜盒传动可变电感器进气歧管压力传感器主要由膜盒、铁芯、感应线圈和电子电路组成。膜盒由薄金属片焊接而成，其内部被抽成真空，外部与进气歧管相通，外部压力变化将使膜盒产生膨胀和收缩的变化，置于感应线圈内部的铁芯和膜盒连动，感应线圈由两个绕组构成，其中一个与振荡电路相连，产生交流电压，在线圈周围产生磁场，另一个为感应绕组，产生信号电压。当进气歧管压力变化时，膜盒带动铁芯在磁场中移动，使感应线圈产生的信号电压随之变化。该信号电压由电子电路检波、整形放大后，作为传感器的输出信号送至 ECU。

任务四　节气门位置传感器构造与检修

任务导入

丰田5A发动机出现急加速不良,并有怠速发抖和起动困难故障,经检查发现节气门位置传感器故障,ECU无法接收正确的节气门开度信号,导致无法精确控制喷油量。更换后,故障排除。

学习指引

由为什么要安装节气门位置传感器,引出节气门位置的作用,再到工作原理。要求学生掌握如何检修节气门位置传感器。

相关知识

一　节气门位置传感器

1　节气门位置传感器的安装位置

节气门位置传感器安装在节气门体上,与节气门同轴设置。

2　节气门位置传感器的功用

(1)检测节气门开度,将节气门开度信号转换成电压信号输送到发动机ECU。

(2)反应车辆的加速、减速状态;反应发动机的负荷状态;反应发动机的怠速状态。

(3)控制减速断油。

(4)进行自动变速器的换挡控制。

(5)发动机运行时,如果空气流量计出现故障,有的发动机控制系统的失效保护是由ECU根据节气门位置传感器信号和转速信号来控制喷油量的。

(6)副节气门位置传感器是防滑系统中的器件,能反映副节气门的位置信号。

节气门位置传感器有线性输出和开关量输出两种形式。

二　线性输出式节气门位置传感器

1　结构与工作原理

如图3-23所示,这种传感器有两个与节气门联动的可动电刷触点:一个电刷触点可在电阻体上滑动，利用变化的电阻值，测得与节气门开度对应的线性输出电压，根据输出的电压值，可知节气门开度；另一个电刷触点在节气门全关闭时与怠速触点接触。

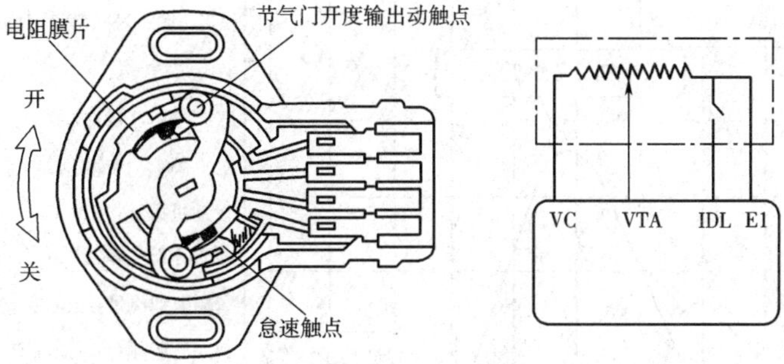

图 3-23　线性输出式节气门位置传感器

IDL 信号主要用于断油控制和点火提前角的修正。节气门开度输出信号 VTA 使 ECU 对喷油量进行控制，以获得相应的功率。随着节气门开度的增大，节气门开度输出电压线性增大。

2 传感器信号分析

模式节气门位置传感器（TPS）有三线和四线传感器。其中从电脑的传感器电源引来的 5V 电压对传感器的电阻材料供电，另一根线连接电阻材料的另一端为传感器提供搭铁，第三根线连接至传感器的可动触点，提供信号输出至电脑。其实质上是一个可变电阻（电位计），它的滑动触点臂与节气门轴相连，在绕可动触点的轴放置的电阻材料上滑动，而电阻材料上的每点的电压就是由可动触点探测，并于节气门角度成正比。

如图 3-24 所示，节气门位置传感器产生的是一个清晰连续的电压波形且电压应随着节气门的开度而圆滑地上升。通常传感器的电压应从怠速的低于 1V 到节气门完全打开时低于 5V。波形上下不应有任何断裂、搭铁尖锋和大跌落。特别应注意达到 2.8V 的波形，这是传感器的炭膜容易损坏或断裂的故障显示部分。节气门位置传感器出现故障将会导致：行驶性能不良，动力不足；加速不圆滑；发动机熄火；怠速转速不稳定。而特别是传感器中磨损或断裂的炭膜不能向电脑提供正确的节气门位置信息，所以电脑不能为发动机计算混合气命令，引起驾驶性故障。

图 3-25 所示为节气门位置传感器的故障波形图，节气门转动到小于半开处会突然窜动，向下的毛刺说明传感器的电压信号出现间断，电位器有短路或间隙性开路。

而影响节气门位置传感器波形的主要因素：汽车蓄电池的电压是否高于 12V；空气滤清器有无阻塞；进气歧管有无漏气现象；发动机冷却风扇散热是否足够；传感器的基准电压是否正常；插接器和线束有无松动或污损；传感器本身内部电路有无断路或短路；传感器本身是否有污损；电脑本身输出电压是否正常，搭铁是否正常；电脑搭铁线是否小于0.1V。

<table>
<tr><th>节气门位置传感器（好）</th><th>汽车测试数据</th></tr>
<tr><td>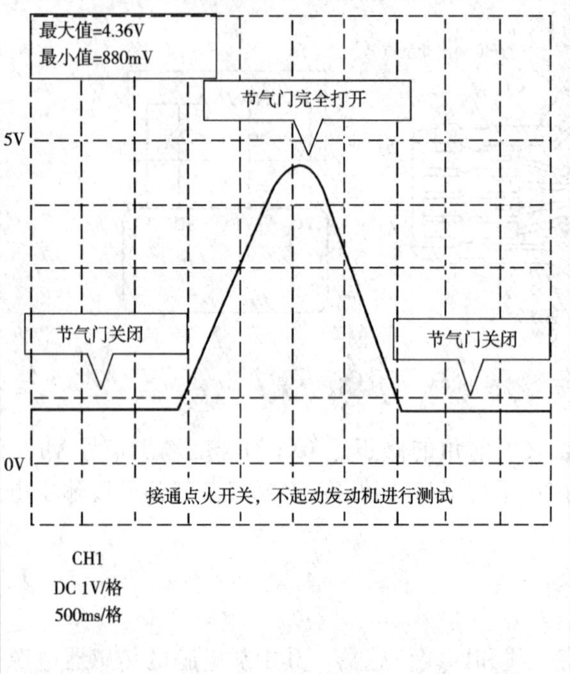
</td><td>测试项目：节气门位置传感器（好）
说　　明：好的节气门位置传感器测试
厂　　牌：Chevrolert
车　　型：1500Seroes Trick
发动机排量：5.0L
燃油系统：单点喷射
车辆识别代号：2GGEC19H5K11×××××
PCM管脚颜色：C13深蓝线
测试方法：发动机运转
转　　速：0
发动机温度：正常工作温度
真　　空：0
发动机型号：K3G57T5TYA3 KFO-3C BPEGR-ORC
燃油蒸气污染控制系统：CP
行驶里程：175017km</td></tr>
</table>

图 3-24　节气门位置传感器信号正常波形

<table>
<tr><th>节气门位置传感器（坏）</th><th>汽车测试数据</th></tr>
<tr><td>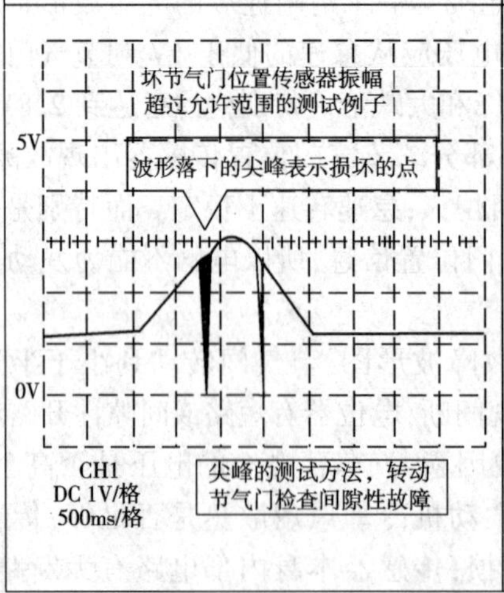
</td><td>测试项目：节气门位置传感器（坏）
说　　明：损坏的节气门位置传感器实例
厂　　牌：Ford
车　　型：Crown Victoria
发动机排量：5.0L
燃油系统：多点喷射
车辆识别代号：2FABP74FXJX1×××××
PCM管脚颜色：C13深褐/浅绿线
测试方法：发动机运转
转　　速：0
发动机温度：正常工作温度
真　　空：0
发动机型号：TWC-CO-SEFI-EECIV-EI MTA-TFIIV-BPA
燃油蒸气污染控制系统：CP
行驶里程：15410km</td></tr>
</table>

图 3-25　节气门位置传感器故障波形

三 开关量输出式节气门位置传感器

开关量输出式或称开关式节气门位置传感器,由一个可动触点和两个固定触点——功率触点(满负荷触点)及怠速触点构成,如图3-26所示。可动触点沿导向凸轮沟槽移动,导向凸轮由固定在节气门轴上的控制杆驱动。

节气门全关闭时,可动触点与怠速触点接触,可检测节气门的全关闭状态。当节气门开度达50°以上时,可动触点与功率触点接触,可检测节气门大开度状态。在中间开度时,可动触点同哪一个触点都不接触。

开关式节气门位置传感器与线性输出式传感器相比,结构简单且价廉,但节气门开度的检测精度差。

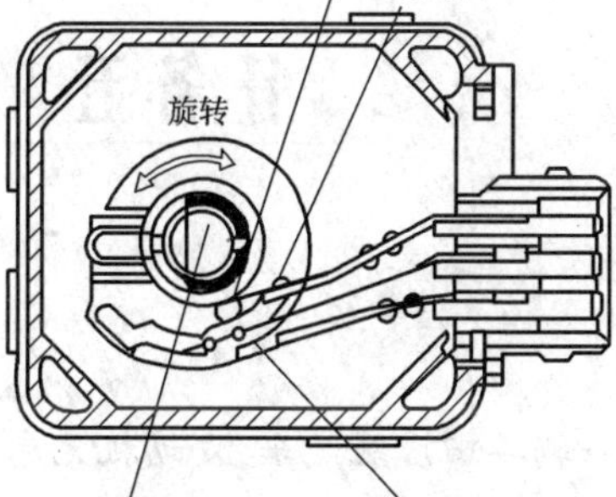

图3-26 开关式节气门位置传感器

任务实施

一 任务实施准备

(1)万用表。
(2)螺丝刀。
(3)丰田5A发动机实验台架。

二 任务实施步骤

1 线性输出式节气门位置传感器的检修

怠速触点在节气门全闭时应闭合,即IDL和E之间的电阻为零,随着节气门开度的增大,VTA和E之间的电阻线性增大(应符合有关车型要求),否则说明该传感器有故障。

2 开关式节气门位置传感器的检修

开关式节气门位置传感器结构简单,只需测量其怠速触点和功率触点的通断情况即可判定其好坏。怠速触点在节气门全闭时应闭合,节气门略打开一点即断开。功率触点在节气门开度小于50%时应断开,节气门开度超过50%时应闭合。

知识拓展

广州丰田凯美瑞汽车节气门位置传感器

节气门位置(TP)传感器安装在节气门体总成上,用来检测节气门开度。该传感器为非接触式，如图3-27所示。该传感器使用霍尔效应元件，甚至在极端的驾驶条件下（如速度极高或极低时）也可以产生准确的信号。TP传感器有两个传感器电路，各自发送VTA_1和VTA_2信号。VTA_1用来检测节气门开度，VTA_2用来检测VTA_1的故障。传感器信号电压在0～5V之间变化，其变化幅度与节气门的开度成比例，信号将被发送到ECM的VTA端子。

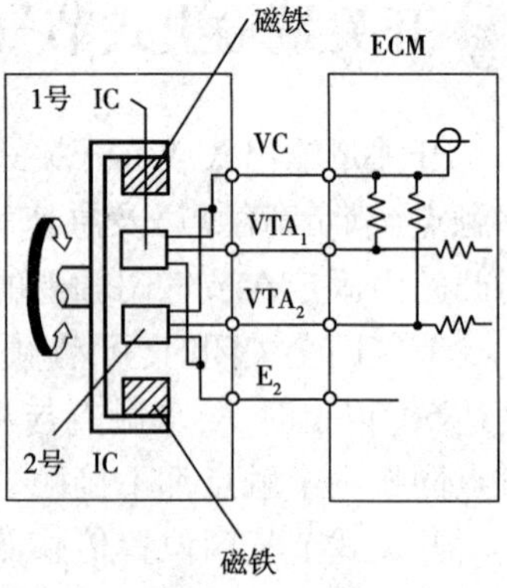

图3-27　凯美瑞节气门位置传感器

节气门关闭时，传感器输出电压降低。节气门打开时，传感器输出电压增加。ECM根据这些信号计算节气门开度，并控制节气门执行器来适应驾驶情况。这些信号还会用在空燃比校正、供电增加校正和燃油切断控制等计算中。

任务五　怠速控制器构造与检修

任务导入

一辆丰田威驰汽车，发动机无怠速，起动时，要踩住加速踏板，使节气门打开一定角度时才能起动。从发动机故障现象来看，应该是怠速控制出了问题。经清洗节气门，更换怠速控制阀后，故障排除。

学习指引

怠速控制器有两种，一种是怠速空气阀，另一种是怠速控制阀。怠速控制阀结构、工作原理较复杂。应注重结构检修及电路检修。

相关知识

一　怠速控制的功用、原理及过程

（一）怠速控制的功用

怠速控制的功用：一是实现发动机起动后的快速暖机过程；二是自动维持发动机怠速在目标转速下的稳定运转。

怠速是指发动机在无负荷（对外无功率输出）情况下的稳定运转状态。怠速转速过高，会增加燃油消耗量。汽车在交通密度大的道路上行驶时,约有30%的燃油消耗在怠速阶段,因此怠速转速应尽可能降低。但考虑到减少有害物的排放,怠速转速又不能过低。另外,怠速控制还应考虑所有怠速使用条件,如冷车运转与电器负荷、空调装置、自动变速器、动力转向伺服机构的接入等情况,它们都会引起怠速转速变化,使发动机运转不稳甚至引起熄火现象。

通常发动机输出负荷时,其转速是由驾驶人通过加速踏板改变节气门的位置,调节充气量来实现的。但在怠速时,驾驶人的脚已离开加速踏板,驾驶人要对充气量进行随机调节已无能为力,为此,在大多数电控发动机上都设有不同形式的怠速转速控制装置。怠速控制的主要内容有:起动后控制、暖机过程控制、负荷变化的控制以及减速时的控制等。

(二)怠速控制原理

怠速控制的实质是对怠速时充气量的控制。ECU通过检测从各传感器的输入信号所决定的目标转速与发动机的实际转速进行比较,根据比较得出的差值,确定相当于目标转速的控制量,去驱动控制空气量的执行机构,从而实现对怠速充气量的控制。

怠速控制采用的是反馈控制,因此为避免非怠速状态下实施了怠速控制,还必须通过节气门全关信号及车速信号等来判断发动机是否正处于怠速状态,从而起动怠速控制。与怠速控制有关的信号有:发动机转速、节气门位置、车速、冷却液温度、空挡起动开关、点火开关、空调开关和电器负载等。控制的项目有:怠速、快怠速、空调高怠速和电器负载高怠速。

二 怠速控制器

包括怠速空气阀与怠速控制阀两类。

(一)怠速空气阀

在冷车起动时,发动机温度低,摩擦阻力大,为了减少发动机的暖车时间,通过空气阀为发动机提供额外的空气(空气量也由空气流量计计量),使发动机快怠速运转,以减少暖车时间。当发动机变成暖机后,流经空气阀的空气即被切断,发动机吸入的空气改由节流阀体的旁通通道供给,使发动机在通常的怠速工况下稳定运转。

常用的空气阀有双金属片式和石蜡式两种。

石蜡式空气阀装在节气门体内,它根据发动机的冷却液温度控制空气旁通气道截面积,控制力来自恒温石蜡的热胀冷缩。采用这种形式的怠速空气阀,导入发动机冷却液是必要条件,为了结构简化,大多采用与节气门体加热共用的冷却液管路一体化结构。图3-28所示为石蜡式怠速空气阀的结构。发动机冷却液温度较低时,恒温石蜡收缩,石蜡式空气阀在弹簧的作用下打开。随着温度的升高,恒温石蜡膨胀,推动连接杆使石蜡式空气阀慢慢关闭,发动机怠速运转转速下降。当暖车后,石蜡式空气阀将完全关闭其空气通道,发动机恢复至正常怠速。

双金属片式怠速空气阀和石蜡式怠速空气阀工作原理类似,它是利用双金属元件的热胀冷缩变形来控制阀门的开度，从而控制额外进入进气歧管的空气流量。目前在电控发动机的怠速控制中，双金属片式怠速空气阀和石蜡式怠速空气阀已较少使用。

（二）怠速控制阀

怠速控制阀（ISCV）不仅集中了节气门和由怠速调整螺钉控制的旁通气道功能，而且还能在 ECU 控制下，根据发动机的实际工况来改变怠速时流入发动机的空气量。例如，发动机摩擦力矩变化或其他因素致使发动机怠速转速发生变化时，ECU 可根据接收到的转速信号控制 ISCV 的开度，使转速维持恒定。控制怠速时空气量的执行机构可分为两种：一种是控制节流阀全关闭位置的节气门直动式；另一种是控制节气门旁通气道中空气流量的旁通空气式，如图 3-29 所示。两种机构都是利用调节空气通路面积的方式控制空气量。大多数空气流量控制机构都采用旁通空气式。

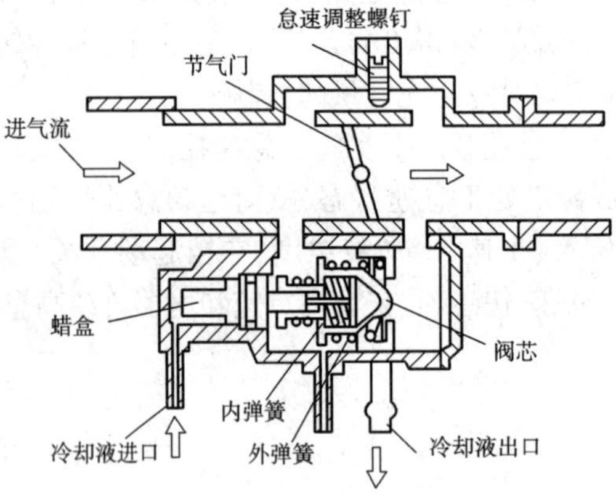

图 3-28　石蜡式怠速空气阀工作原理

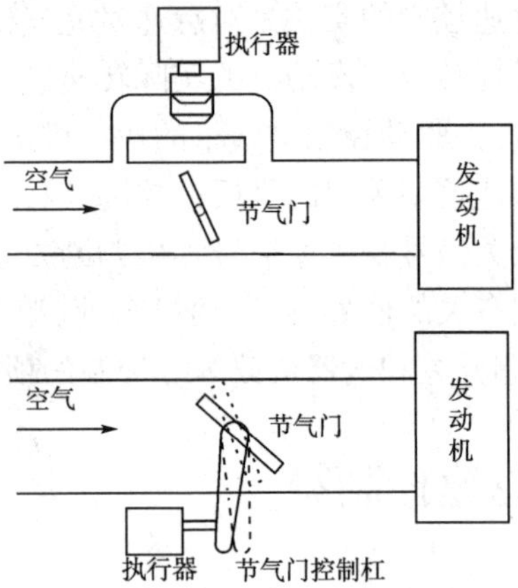

图 3-29　两种空气量控制方式的原理示意图

旁通空气式的控制机构一般有：旋转滑阀式控制阀、步进电动机式控制阀、电磁式控制阀。

1 旋转滑阀式怠速控制阀

图 3-30 所示为旋转滑阀式怠速控制阀的结构与电路连接图。滑阀被装在电枢轴上，电枢轴上有两个线圈，旋转滑阀的转动角度被限制在 90°。在实际运行时，ECU 将检测到的怠速转速实际值（转速传感器输入信号）与编程储存的设定目标值相比较，并根据结果向电枢两线圈交替输出电压，利用电磁线圈的电磁力与永久磁铁的磁力相互作用，使滑阀开度改变，以改变旁通空气的通过量，直到实际怠速转速与设定的目标转速相同为止。

旋转滑阀式怠速电控阀由主要部件永久磁铁、电枢和旋转滑阀等以及螺旋复位弹簧、电刷及引线等组成。旋转滑阀固装在电枢轴上，与电枢轴一起转动，用以控制流过旁通气道的空气量。永久磁铁固装在外壳上，其间形成磁场。电枢位于永久磁铁的磁场中，电枢铁芯上缠有两组绕向相反的电磁线圈 W_1 和 W_2。当线圈 W_1 通电时，电枢带动旋转滑阀顺时针偏转，空气旁通道关小；当线圈 W_2 通电时，电枢带动旋转滑阀逆时针偏转，空气旁通道截面开度变大。W_1 和 W_2 的两端与电刷集电环相连，经电刷引出与 ECU 相连接。如图 3-31 所示，电枢轴上的电刷集电环，类似电动机换向器结构，它由三段滑片围合而成，其上各有一电刷与之接触。电枢线圈 W_1 和 W_2 的两端分别焊接在相应的滑片上。当点火开关旋至“ON”时，接线插头“2”上即有蓄电池电压，电枢线圈 W_1 和 W_2 是否通电，则由 ECU 中控制 W_1 和 W_2 搭铁的晶体管 VT_2 和 VT_1 的通断状态决定。由于占空比控制信号和三极管 VT_1 的基极之间接有反相器，故晶体管 VT_1 和 VT_2 集电极输出的相位相反。因此，旋转滑阀式怠速控制阀上的两个电枢线圈总是交替地通过电流，又因两组线圈绕向相反，致使电枢上交替产生方向相反的电磁力矩。由于电磁力矩交变的频率较高(约 250Hz)，且电枢转动具有一定的惯性，所以旋转滑阀将根据控制信号的占空比摆动到一定的角度稳定下来。当占空比为 50%时，W_1 和 W_2 线圈的平均通电时间相等，两者产生的电磁力矩抵消，电枢轴停止偏转。当占空比小于 50%时，线圈 W_1 平均通电时间长，其合成电磁力矩使电枢带动旋转滑阀顺时针偏转，空气旁通道截面关小，怠速降低；反之，当占空比大于 50%时，空气旁通道截面开大，怠速升高。如此，旋转滑阀根据控制脉冲信号的占空比偏转，占空比的范围为 18%(旋转滑阀关闭)~82%(旋转滑阀打开)之间。滑阀的偏转角度限制在 90°内。

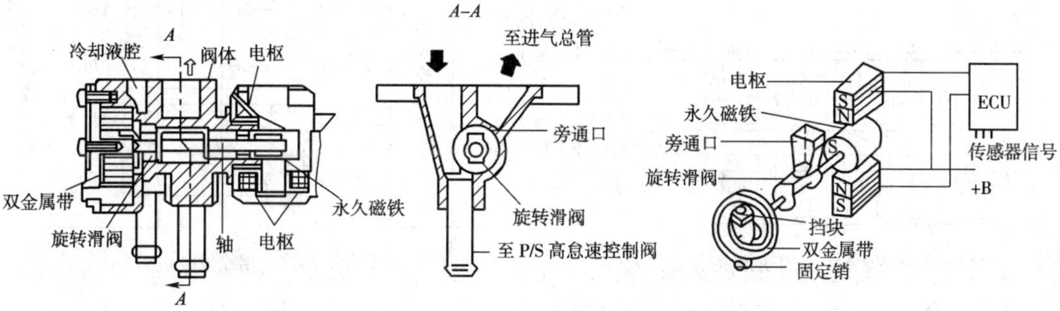

图 3-30　旋转滑阀式怠速控制阀

2 步进电动机式怠速控制阀

步进电动机式怠速控制阀结构如图 3-32 所示。它是由永久磁铁构成的转子、励磁绕组

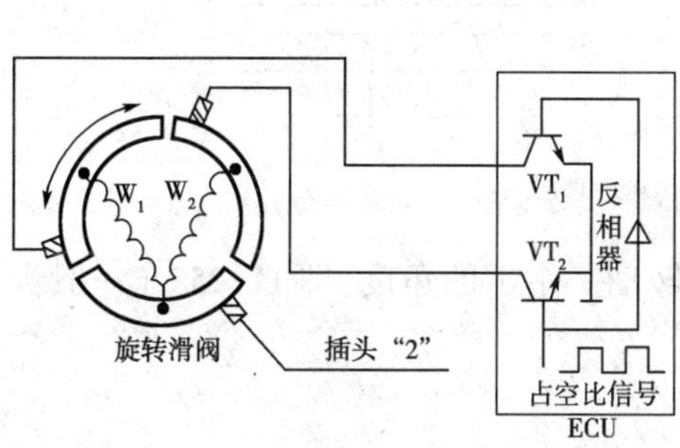

图 3-31　旋转滑阀控制原理

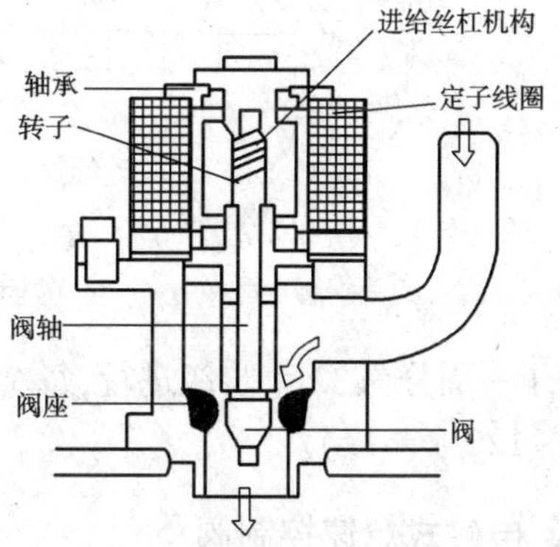

图 3-32　步进电动机式怠速控制阀

构成的定子和把旋转运动转变成直线运动的进给丝杠及阀门等部分组成。步进电动机是一种角度执行机构，当控制系统输入一定数量的控制脉冲后，步进电动机按指令指定的方向旋转一定的角度。由于其转动是非连续的，控制一步转动一个角度，因而称之为步进电动机。步进电动机中有几组电磁线圈，ECU 通过控制相线中的通电顺序，实现其正反转控制。

转子由 8 对磁极（永久磁铁）构成，N 极和 S 极相间排列。定子有 A、B 两个，相应的内部有 A、B 两绕组，各个定子各有 8 对爪极，每对爪极相差一个爪的差位，如图 3-33 所示。爪极的极性是变换的，由 ECU 控制相线绕组的电压脉冲决定。A、B 定子上两绕组分别为 1、3 相绕组和 2、4 相绕组，由 ECU 控制各相的搭铁（图 3-34）。相线控制脉冲按 1→2→3→4 相顺序依次退后 90°相位角，定子上 N 极向右移动，由于定子绕组电磁铁和转子永久磁铁的 N 极和 S 极互相吸引到最短距离，而定子的爪极极性随相线控制脉冲的变化而改变，所以转子将随之转动，以保持转子 N 极与定子 S 极相对齐（图 3-35），转子正转；反之，相线控制脉冲按 1→2→3→4 相依次超前 90°相位角，定子上 N 极向左方移，转子则反转（图 3-35）。

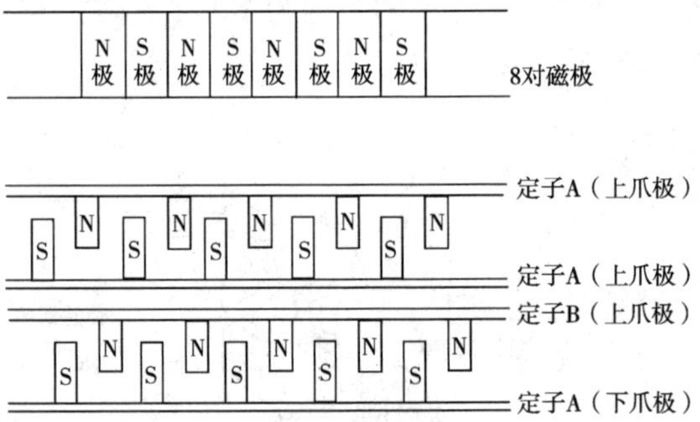

图 3-33　定子爪极的布置

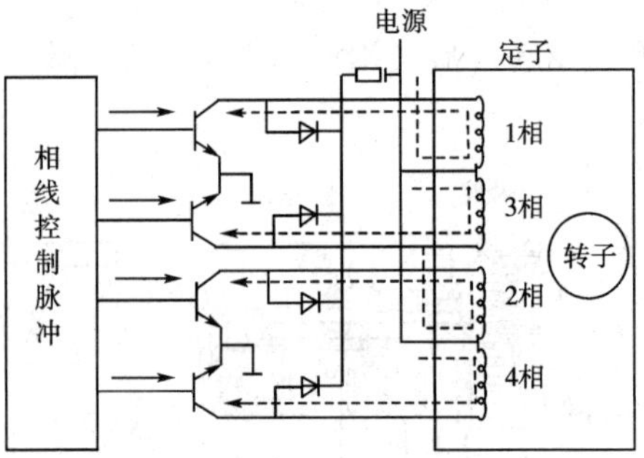

图 3-34　相线控制电路

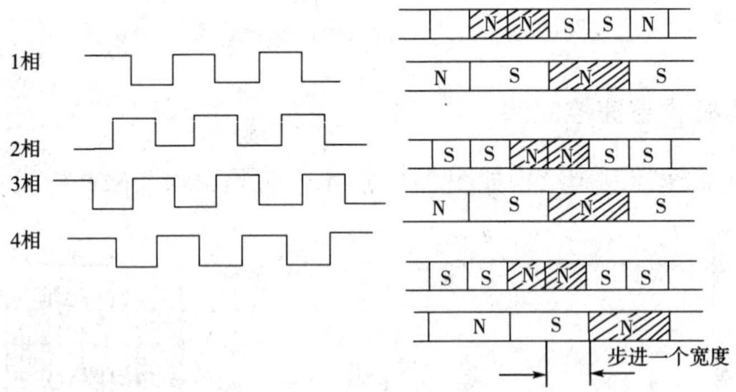

图 3-35　步进原理图

转子一周分为 32 个步级进行，每个步级转动一个爪的角度，即 11.25°（一般步进电动机为 0～125 个步级）。

3　电磁式怠速控制阀

图 3-36 所示为电磁式怠速控制阀的结构。这是一种比例电磁结构形式，由电磁线圈、

阀轴及阀等主要部件构成。它是利用电磁线圈产生的电磁吸力,使阀轴沿轴向移动,从而控制阀门的位置。弹簧力与电磁吸力达到平衡,阀门位置便处于稳定状态。电磁吸力的大小取决于 ECU 送至电磁式怠速控制阀电磁线圈的驱动电流的大小。当驱动电流大时,电磁吸力大,阀门开度则大;反之,阀门开度则小。波纹管的作用是为了消除阀门上下压差对阀门开启位置的影响。这种怠速控制阀的优点是响应速度非常快。

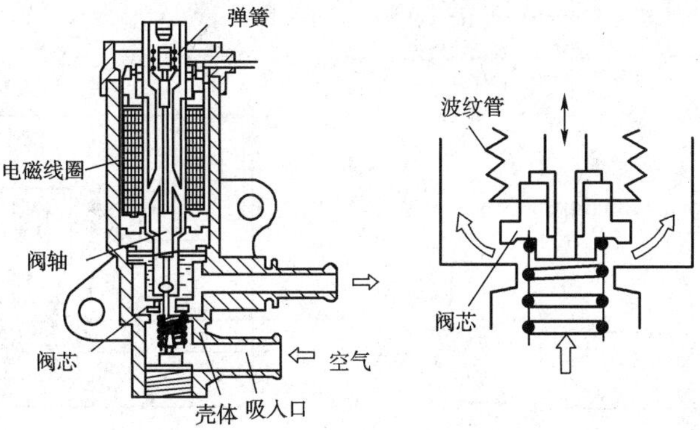

图 3-36　电磁式怠速控制阀

4 节气门直动式怠速控制系统

节气门直动式是直接通过对节气门最小开度的控制来控制怠速。桑塔纳 2000GSi 汽车 AJR 发动机采用的节气门直动式怠速控制系统,在 ECU 的控制下,由节气门控制组件 J338 中的节气门控制器(怠速电动机)V60,通过齿轮传动直接推动节气门在怠速时的开度,以调节怠速转速在规定的范围内。

节气门控制组件 J338 将节气门电位计 G69、节气门控制器电位计 G88、怠速电动机 V60 及怠速开关 F60 合为一体,如图 3-37 所示

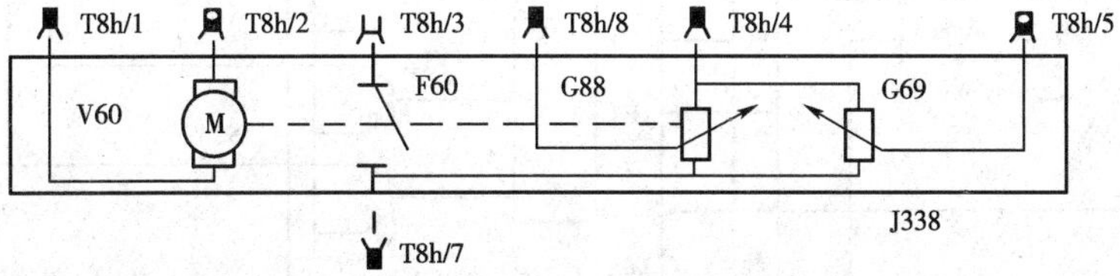

图 3-37　节气门控制电路

二 怠速控制过程

下面就步进电动机式怠速控制系统介绍其控制过程。

图 3-38 所示为步进电动机式系统控制原理图,控制程序如图 3-39 所示,步进电动机式怠速控制阀的控制电路如图 3-40 所示。与冷却液温度、空调工作状态相对应的目标转速都

储存在 ECU 的存储器中。ECU 根据节气门开启角度和车速信号判断发动机处于怠速工况时，就按一定顺序使晶体管 $VT_1 \sim VT_4$ 依次导通，分别向怠速步进电动机四个绕组供电，驱动步进电动机旋转，调节旁通空气通道的开度，从而调节旁通空气量，使发动机转速达到所要求的目标值。其控制项目主要有以下几项。

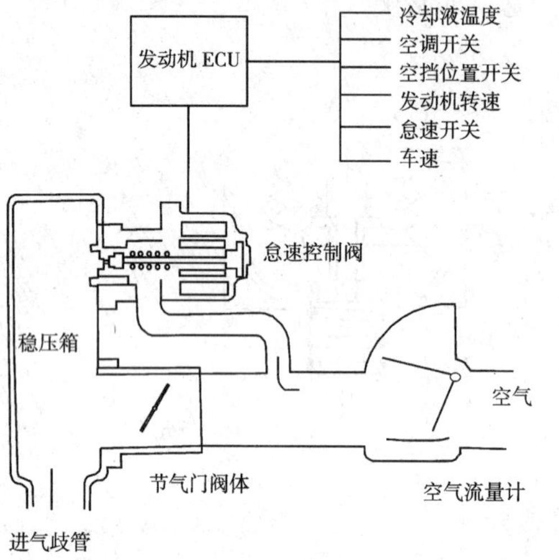

图 3-38　怠速控制系统(步进电动机式)

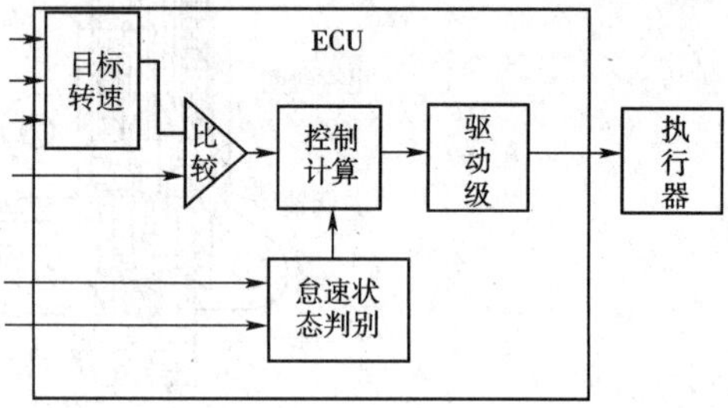

图 3-39　怠速控制程序图

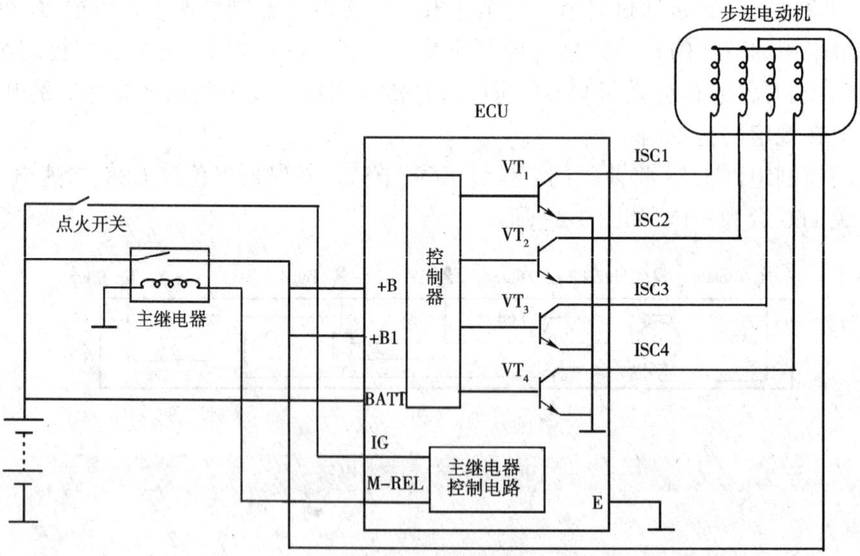

图 3-40　步进电动机控制原理电路

1 起动初始位置的设定

为了改善发动机再起动时的起动性能，在发动机点火开关关闭后，ECU 将控制怠速控制阀全部打开(工作125步),以便为下次起动做好准备。为了保证怠速控制阀在发动机下次起动时处于全开位置,在点火开关关断后,必须继续给ECU和怠速控制阀供电。此时,主继电器由ECU的M-REL端子供电,使主继电器继续保持接通状态,直到怠速控制阀起动初始位置(全开)设定后,主继电器才断电。

2 起动控制

发动机起动时,由于怠速控制阀预先设定在全开位置,在起动期间流经怠速控制阀的旁通空气量最大,有利于发动机起动。

发动机起动后,若怠速控制阀仍保持在全开位置,则发动机转速将升得过高。因此,在起动期间或起动后,当发动机转速达到规定值时(此值由冷却液温度确定),ECU开始控制怠速控制阀,将阀门关小到由冷却液温度所确定的阀门开度位置。

如当起动时冷却液温度为20℃,发动机转速达到500r/min时,ECU将控制怠速控制阀从全开位置(125步)的A点关小到B点位置,如图3-41所示。

3 暖机控制(快怠速)

在暖机过程中,怠速控制阀从起动后根据冷却液温度所确定的开度位置开始逐渐关闭阀门,当冷却液温达到70℃时,暖机控制(快怠速)结束,如图3-42所示。

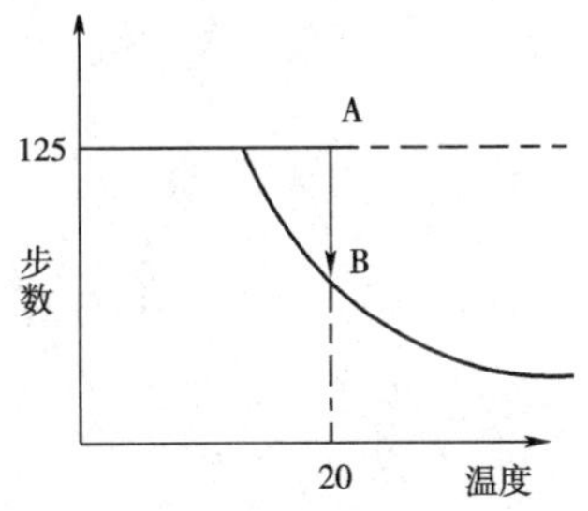

图3-41 起动控制特性

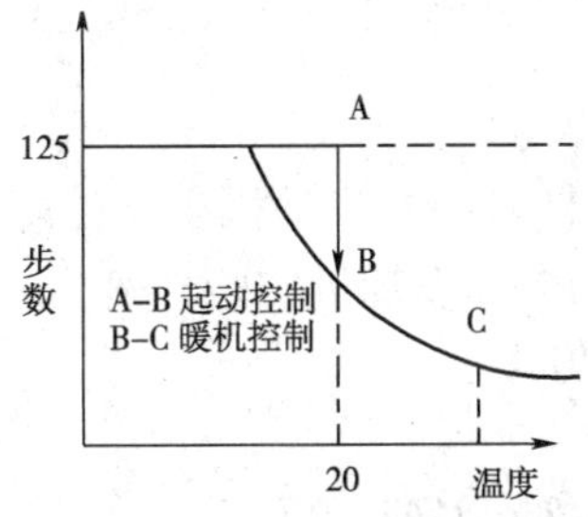

图3-42 暖机控制特性

4 反馈控制

在怠速运转过程中,如果发动机的实际转速与ECU存储器中所存放的目标转速相差超过20r/min,ECU就控制怠速控制阀相应增减旁通空气量,使发动机实际转速与目标转速相同。

目标转速值根据发动机工况而定,如空挡起动开关是否接通、空调开关是否接通等。

5 发动机负荷变化预控制

发动机在怠速运转时,如当空挡起动开关、空调开关接通或断开、尾灯继电器或除雾继电器等接通或断开时,将会使发动机的负荷改变。为避免由此引起的发动机转速的波动,在发动机转速出现变化前,ECU控制怠速控制阀开大或关小一定的角度。

6 电器负载增多时的怠速控制

在怠速运转时，如使用的电器负载增大到一定程度时，蓄电池电压就会降低。为了保证 ECU +B 端和点火开关 IG 端具有正常的供电电压，需要控制步进电动机，相应地增加旁通道空气量，提高发动机怠速转速，提高发动机的输出功率。

7 学习控制

ECU 通过步进电动机的正、反转步数，确定怠速控制阀的位置，达到调整发动机怠速转速的目的。由于发动机在整个使用期间，其性能会发生变化，虽然步进电动机控制阀的位置未变，怠速转速也和初设的数值不同。此时 ECU 可在反馈控制的基础上进行学习控制，使发动机转速达到目标值。与此同时，ECU 将步进电动机转过的步数存储在存储器中，以便在以后的怠速控制中使用。

任务实施

一 任务实施准备

（1）万用表。
（2）丰田 1UZ－FE 发动机实验台架。
（3）本田 F22B 发动机实验台架。
（4）螺丝刀。

二 任务实施步骤

（一）步进电动机的检修

1 步进电动机的就车检查

检查时起动发动机，让其怠速运转。对于步进电动机式怠速控制阀，在发动机熄火后的短时间内应发出"嗡嗡"响声。对于电磁式怠速控制阀，在发动机怠速运转时，拆下其线束插头，这时，怠速转速应有变化。当用电压表在其线束插头上测量时，应有脉冲电信号。以上检查如有异常，则表明怠速控制阀或电控部分有故障，应予以检查、排除，或更换控制阀。

2 步进电动机的检查

步进电动机式怠速控制阀，通常有 2～4 组电磁线圈，其电阻为 10～30Ω。检查时在其插座上分别用万用表测量各电磁线圈的电阻,其值均应符合规定,而且不得有短路或断路,否则应更换控制阀。对于步进电动机,应检查其工作是否正常。当蓄电池电源按一定的顺序接至各线圈时,电动机应转动,阀芯应随之移动;当电源按相反的顺序接至各线圈时,阀芯应随之向相反方向移动,否则应更换电控阀。

(二)电磁式怠速控制阀的检修

对于电磁式怠速控制阀,只有一组电磁线圈,其电阻为10~15Ω。用万用表在其插座上测量线圈电阻,检查有无短路或断路。如有异常,则应更换控制阀。

知识拓展

柴油机怠速控制系统

柴油机怠速控制系统与电控燃油喷射系统一体,其功能包括:

1 怠速转速控制

(1)目的:使发动机维持一定转速稳定运转。
(2)控制方式:通过控制循环供(喷)油量来实现。

2 各缸均匀性控制

(1)目的:尽量缩小同一工作循环各缸供(喷)油量的差值,以保持发动机怠速运转稳定和减轻振动 。
(2)控制方式:通过对各缸供(喷)油量的瞬时调节实现 。

任务六 进气系统构造与检修

任务导入

一辆丰田汽车,发现在加速时的性能比以前差了很多,而且油耗比以前也多了很多。经检查是进气系统故障,更换了谐波增压控制电磁阀后,故障排除。

学习指引

本节内容主要从惯性进气系统及动力阀控制的工作原理入手,再以丰田2JZ-FE发动机为例讲解其组成及检修。因本节内容较为抽象,建议结合实物来进行学习。

相关知识

一 进气惯性增压控制系统(ACIS)

(一) ACIS 的结构和原理

空气在进气管内流动时,具有一定的惯性并且会在进气管内产生一种往复运动的压力波,如果此压力波达到进气门时即开启进气门,则会明显提高进气充量。试验证明,进气管长,压力波也长,长的谐波可以使发动机低、中速区段内的功率增大;进气管短时,压力波也短,短的谐波可使发动机高转速区段内的功率增大。因此通过进气管长度的设计,改变进气压力波的波长,使之与进气门的启闭时间(配气相位)密切配合,可以明显提高进气充量,从而使发动机在预定的转速获得最佳的动力。ACIS 就是在节气门已全开的情况下,利用进气的空气谐波,进一步加大充气量,使低速运转时进气管既细又长,而高速运转时进气管既粗又短。可控的进气谐波近年来发展很快,形式也很多,其工作原理大体上可分为两种:一种是根据发动机转速和负荷的变化情况,自动地改变进气管的有效长度;另一种是可变波长的谐波控制进气系统。

1 改变进气管有效长度的 ACIS

图 3-43 所示是改变进气管有效长度的一种装置。低转速时,ECU 使进气控制阀片关闭,进气流经较长的管道;高转速时阀片打开,由于流动阻力的不同,进气会自动地大部分经由阀片直接流入进气歧管,从而使有效长度变短。这种方法可以在高、低转速时均获得高的充量系数,从而提高转矩。

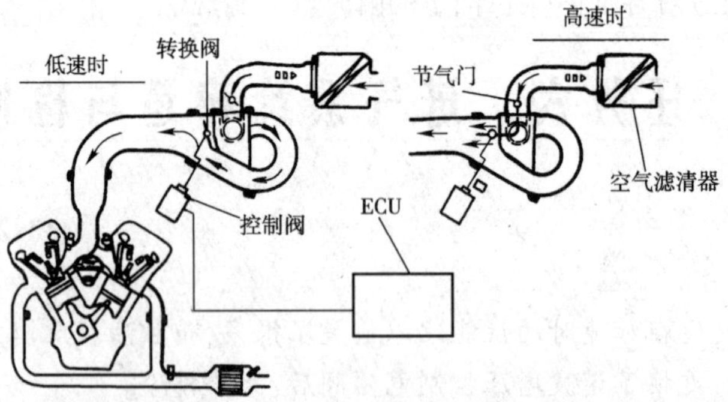

图 3-43　改变进气管有效长度的 ACIS

2 进气谐波波长可变的 ACIS

图 3-44 所示是 2JZ-GE 型发动机采用的改变谐振容积的办法控制进气谐波的系统。

在进气管中并联一个大容量的空气室，通过阀门的启闭改变进气的路线，从而实现改变进气谐波的长度。图3-44中，当进气控制阀(IACV)关闭时，进气只能沿进气管单向直线运动，距离较长，能在中、低转速区段形成谐波，提高进气充量；当IACV打开时，大容量的空气室并联投入工作，缩短了进气谐波的传播距离，使发动机在高转速区段形成了较强谐波进气压力。

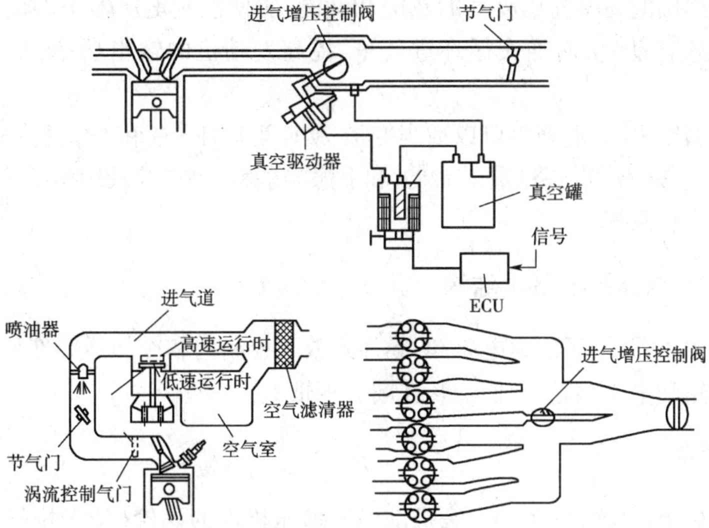

图3-44　可变波长的谐波控制ACIS结构和原理

系统受ECU控制，ECU通过发动机转速传感器感知发动机的转速。在中、低转速时，ECU发出信号，切断VSV的电源，使VSV关闭了真空罐的通路，真空泵停止工作，IACV处于关闭状态，此时进气歧管被分隔成两部分，进气需通过较长的路径方能进入汽缸，从而使中、低转速工况具有较大的功率提升。当发动机的转速提升到4000r/min以上时，ECU发出信号，接通VSV的电磁线圈，VSV开启，使真空泵工作，将IACV打开，6根进气歧管便相互连通。由于各汽缸配气相位的不同，各缸的进气路线大为缩短，形成了高速工况下的较强的进气谐波，提高了充气量，使高转速工况下发动机的动力有所增加。IACV安装于进气室的中部，它将进气歧管分隔为两部分，当阀门开启后，分隔的两部分便相互贯通。VSV为一只三通电磁阀，其工作原理：在常态下，ECU断开了VSV的电源，E孔与空气滤清器相通，真空泵在大气压力下膜片向上推，关闭了IACV，此为发动机中、低转速工况；当转速提升到4000r/min时，ECU接通了VSV的电源，VSV的电磁阀关闭了空气滤清器通道，E与F孔相通，真空罐的负压力抵达真空泵，膜片向下拉，IACV开启，使分隔为两部分的进气歧管相互贯通，此即为发动机的高转速工况。

(二)系统检修

ACIS的检修主要是检查其真空部件(包括IACV、真空泵、真空罐及真空导管)和电控部件(包括VSV、ECU及控制电路)的工作情况。

二 废气涡轮增压系统

(一)功能

利用发动机排出的高温高压废气的热能和动能,驱使涡轮增压器中的动力涡轮带动同轴的增压涡轮一起转动,从而加大循环进气量,提高发动机的输出功率,提高动力性和经济性。

增压后进气温度提高,混合气可以适当变稀,从而可以使 CO 和 HC 的排放量有所降低。

国产一汽奥迪 A6 1.8T、一汽宝来 1.8T 和上海帕萨特 1.8T 等乘用车都采用了带废气涡轮增压器的增压进气系统。

(二)废气涡轮增压器的基本结构

主要由涡轮增压器、增压压力电磁阀、膜片式放气控制阀和冷却器等部件组成。涡轮增压器内有动力涡轮和增压涡轮,它们安装在同一根轴上。

(三)工作原理

利用发动机排出的废气作为动力来推动涡轮增压机内的涡轮(位于排气道内),涡轮又带动同轴的压缩轮(位于进气道内),压缩轮就压缩由空气滤清器管道送来的新鲜空气,再送入汽缸,如图 3-45 所示。执行器内有膜片将之分隔成左右两个腔,膜片左侧受进气增压压力的作用,膜片右侧装有弹簧。膜片与废气阀通过一根推杆连接。当压缩轮侧进气增压压力增加到足以克服执行器内的弹簧力时,推杆推动废气阀开启。一部分废气绕过涡轮经排气歧管直接排放出去,增压压力也随之下降。

(四)工作过程

工作过程如图 3-46 所示。

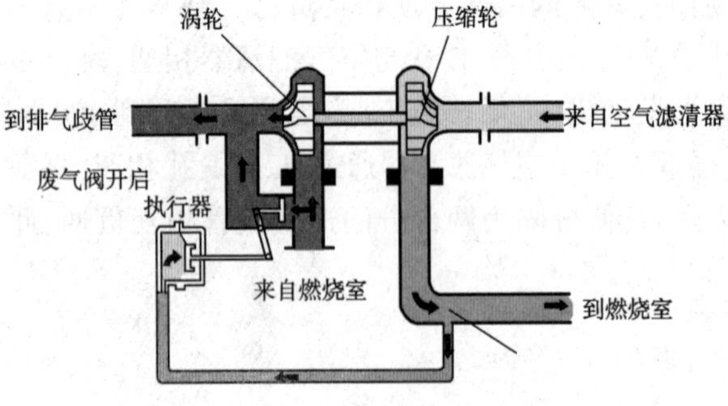

图 3-45　涡轮增压工作原理

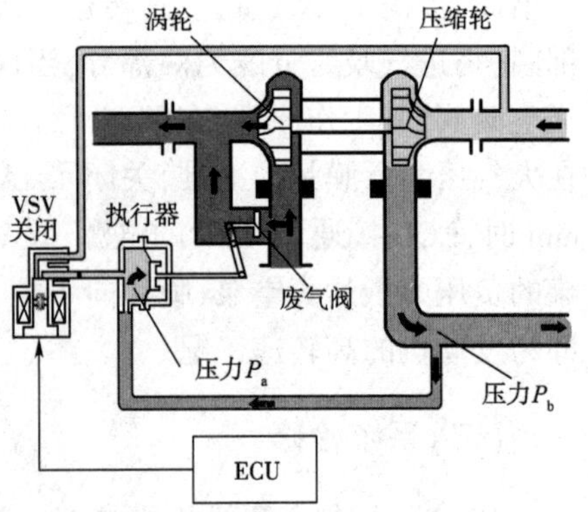

图 3-46　涡轮增压工作过程

(1)当 VSV 开启,执行器内的受压空气经 VSV 逸出到压缩轮侧的进气管内,此时执行器内的受压气体压力 $P_a < P_b$,执行器内的膜片受压变形减小,废气阀开度也相应减小,废气绕过涡轮的旁通量减少,增压压力上升。

(2)当 VSV 关闭时,受压缩轮增压的气体直接作用在执行器的膜片上,膜片受压变形增大,废气阀开度也相应增大,废气绕过涡轮的旁通量增多,增压压力下降。

(五)增压压力的控制

为了保证发动机在不同转速及工况下都得到最佳增压值,防止发动机爆震和限制热负荷,对涡轮增压系统增压压力必须进行控制。

(1)旁通放气法:调节进入动力涡轮室的废气量,从而对增压压力进行控制。

(2)带有涡轮增压的汽油发动机电子控制系统。

任务实施

一 任务实施准备

(1)丰田 1UZ-FE 发动机实验台架。

(2)万用表。

(3)空气压缩机。

(4)风枪。

二 任务实施步骤

(一)谐波进气增压控制系统的诊断检修

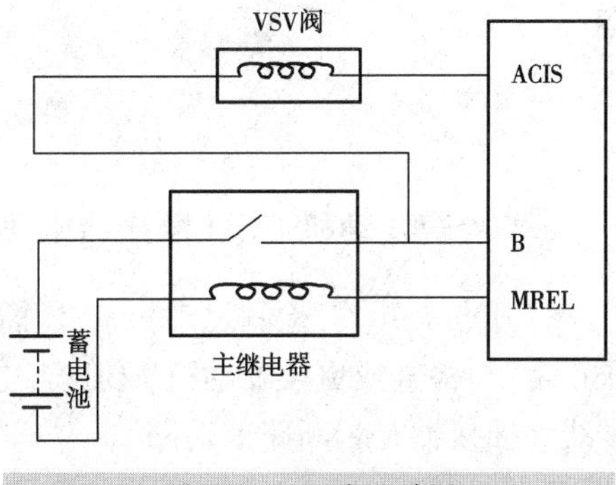

图 3-47 VSV 阀电路图

凌志 LS430 汽车 3UZ-FE 型发动机配置有谐波进气增压控制系统,ACIS 电路如图 3-47 所示。用解码器检测到故障码 P1651(96)时,可能的故障原因有:ACIS 的真空开关阀电路短路或断路、ACIS 的真空开关阀有故障、发动机 ECU 有故障。

1 检查 ACIS 真空开关阀(VSV)

1)检查 ACIS VSV 电阻

用电阻表检查 ACIS VSV 端子间电阻(图 3-48),在 20°时电阻应为 33 ~ 39Ω。若电阻值不符合要求,则更换 ACIS VSV。

2)检查 ACIS VSV 的搭铁情况

用电阻表进行检查,ACIS VSV 的每个端子与车身间均应不导通(图 3-49),若导通,则更换 ACIS VSV。

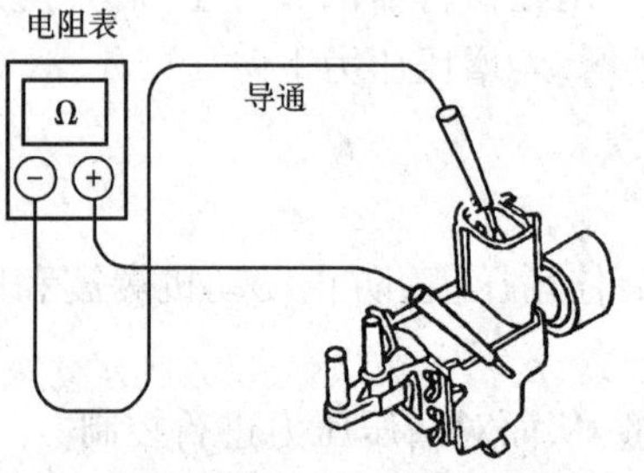

图 3-48　电阻检测

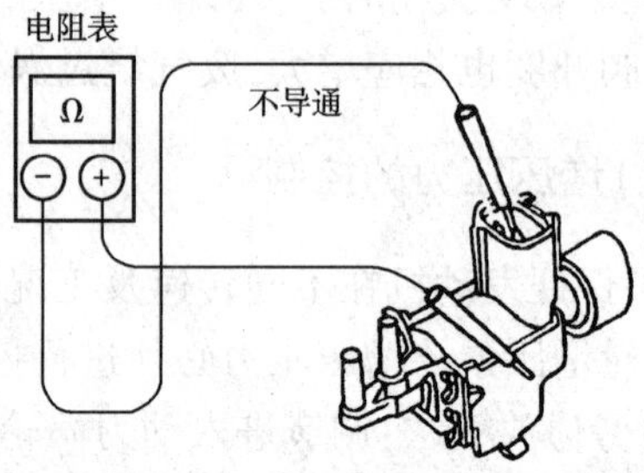

图 3-49　检测 VSV 搭铁的情况

3)检查 ACIS VSV 工作情况

当空气从孔 E(接真空电动机)流入时,应从空气滤清器流出向 ACIS VSV 端子施加蓄电池电压,当空气从孔 E 流入时,应从孔 F(接真空罐)流出,如图 3-50 所示。若工作情况不符合要求,则更换 ACIS VSV;如果 ACIS VSV 正常,则进行下一步检查。

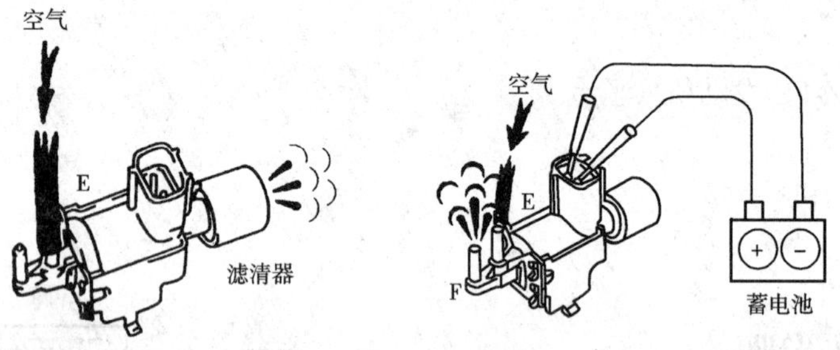

图 3-50　检查 VSV 工作情况

2 检查发动机 ECU 插接器端子 ACVIS 和车身间电压

打开点火开关,检测发动机 ECU 插接器端子 ACVIS 和车身间电压,应为 9 ~ 14V。若电压正常,则检查或更换发动机 ECU;若电压不正常,则检查 EFI 主继电器与发动机 ECU 间的配线和插接器是否断路或短路。

(二)可变进气歧管控制系统的诊断检修

奥迪 A6 采用的可变进气歧管控制系统电路如图 3-51 所示。只有当导线有故障时,才进行进气歧管转换系统的检查。发动机转速达到约 4700r/min 时,进气歧管从长管转换到短管。

1 进气歧管转换系统的检查

将发动机转速直接提高到 4700r/min 以上,这时进气歧管真空单元应吸紧(其安装位置

在进气歧管左前部,点火线圈下面),进气歧管从长管转换到短管。如果转换过程未发生,则进行下述检测:

(1)检查进气歧管转换阀,如需要,检查进气歧管转换阀 N156 及功能。

(2)检查真空罐密封性。

(3)检查真空管路密封性及是否导通和安装是否正确。

(4)检查转换机构是否运动灵活(用手操纵变速杆)。

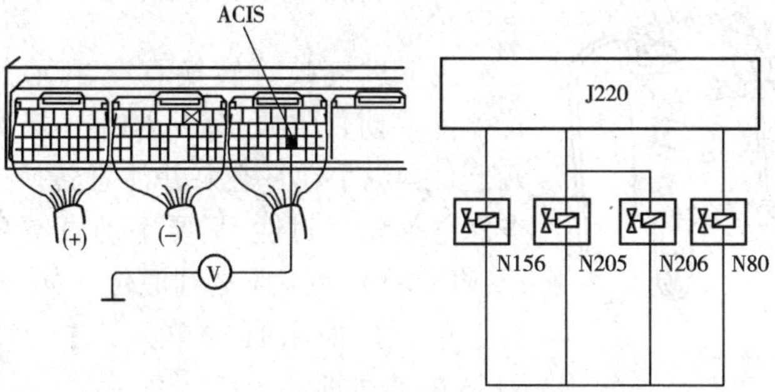

图 3-51 可变进气歧管控制系统电路图

2 进气歧管功能检查步骤

(1)连接 V. A. S5051 或 V. A. G1551,选择地址码 01“发动机电子系统”,按 0 和 8 键选择“读取测量数据块”,按 Q 键确定输入。再按 0、9 和 5 键,选择显示组 95(怠速时进气歧管切换),按 Q 键确认输入。屏幕显示:

读取测量数据块 95				
				⟶
××r/min	×. ××ms	××℃	SU-V	ASU

第一项:发动机转速,工作范围为 550 ~ 6800 r/min;

第二项:发动机负荷,工作范围为 0.00 ~ 100.00 ms;

第三项:冷却液温度,工作范围为 80.0 ~ 105.0 度;

第四项:进气歧管切换,规定值为 SU—V ASU。

(2)检查进气歧管转换系统,即显示区 4 的显示。规定值应为 SU – V ASU(进气歧管转换阀关)。

(3)将转速提高到约 4700r/min(显示区 1),注意观察显示区 4 的显示。这时进气歧管转换功能应开始工作。如果显示 Stufe 1(第 1 级),但进气歧管转换真空单元没有拉紧,则检查进气歧管转换电磁阀及真空系统的密封性。

3 真空系统的检查

(1)使发动机怠速运转 2 ~ 3min (以产生真空),关闭点火开关。

(2)拔下进气歧管转换阀 N156 的插头。

(3)如图3-52所示,用V. A. G1594中的检测线和鳄鱼夹将电磁阀的一个端子与发动机搭铁相连,用遥控器V. A. G1348/3A接线V. A. G1348/3－2和辅助电缆将电磁阀另一个端子接到正极上。

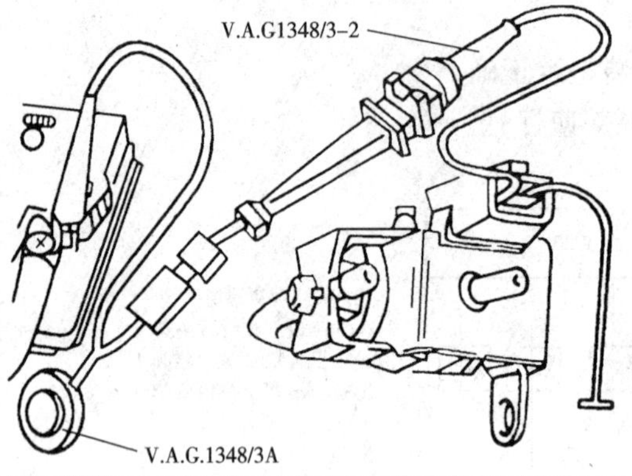

图3-52　真空系统检查

(4)操纵遥控器V. A. G1348/3A 2～3min,在此期间真空单元应处于拉紧状态。如果真空单元复到原位,按下述步骤检查真空单元:

拔下进气歧管转换真空单元上的真空管。将手动真空泵V. A. G1390接到真空单元上。操纵手动真空泵并注意转换过程。检查真空单元密封性:只要手动真空泵在其作用,真空单元就不应复到原位。如需要,更换真空单元。如果真空单元未拉紧,则检查N156的通过性。

(5)用V. A. G1594中的检测线和鳄鱼夹将电磁阀N156的一个端子与发动机搭铁相连,用遥控V. A. G1348/3A连线V. A. G1348/3-2和辅助电缆将N156另一端子接到正极上。

(6)操纵遥控器V. A. G1348/3A。检查法的通过性(拔下真空管向内吹气)。如需要,更换进气歧管转换阀。如果至此仍未确定故障,则检查真空管及真空管路。

4 进气歧管转换阀的检查

(1)检查进气歧管转换阀N156:使发动机怠速运转2～3min(以产生真空),关闭发动机,打开点火开关,进行执行元件诊断(功能03)并触发进气歧管转换阀,进气歧管转换阀应咔嗒响(可感觉或听到),1min后执行元件诊断中止。

(2)进气歧管转换阀N156的电阻检查:拔下进气歧管转换阀N156的插头,用V. A. G1526(或汽车万用表)测量端子间的电阻,其电阻值应为25～35Ω,如果没有达到规定值,更换进气歧管转换阀N156。

(3)检查进气歧管转换阀N156的供电:拔下进气歧管转换阀N156的插头,V. A. G1594辅助接线将二极管电笔V. A. G1527接到插头端子1和发动机搭铁之间,短时起动起动机,二极管电笔应亮。如果二极管电笔不亮,则检查N154的熔断丝是否正常,检查从进气歧管转换阀插头端子1到熔断丝的导线是否断路,并检查燃油泵继电器及其功能是否正常。

(4)检查进气歧管转换阀的触发状况:用V. A. G1594接线将二极管电笔V. A. G1527接到进气歧管转换电磁阀端子1(正极)和2之间。进行执行元件诊断,触发进气歧管电磁阀时,二极管电笔应闪亮。如果二极管电笔不闪亮或一直亮着,将检测盒V. A. G1598/31接到发动机ECU线束上,不接发动机ECU,如果二极管电笔一直亮着,则检测从进气歧管转换阀插头端子2到检测盒V. A. G1598/31的端子104之间的导线是否搭铁。如果二极管电笔不闪亮,则检查从进气歧管转换阀插头端子2到检测盒端子104间的导线是否断路或对正极短路,如有故障,则排除搭铁或断路故障;如导线既无断路也无短路,则更换发动机ECU。

知识拓展

动力阀控制系统

某些发动机进气管上除安装节气门调节进气量外，还安装动力阀控制系统，它能根据发动机的不同负荷改变进气量，从而改变发动机的动力性能。如图3-53所示，真空控制的动力阀装在进气管上，控制进气管空气通道的大小。当发动机小负荷运转时，ECU控制真空电磁阀关闭，动力阀也关闭，进气通道变小，发动机输出较小功率；当发动机负荷增大，ECU根据转速、温度、空气量等信号接通真空电磁阀，真空管内的真空度提高而将动力阀打开，进气通道变大，发动机输出较大的功率。

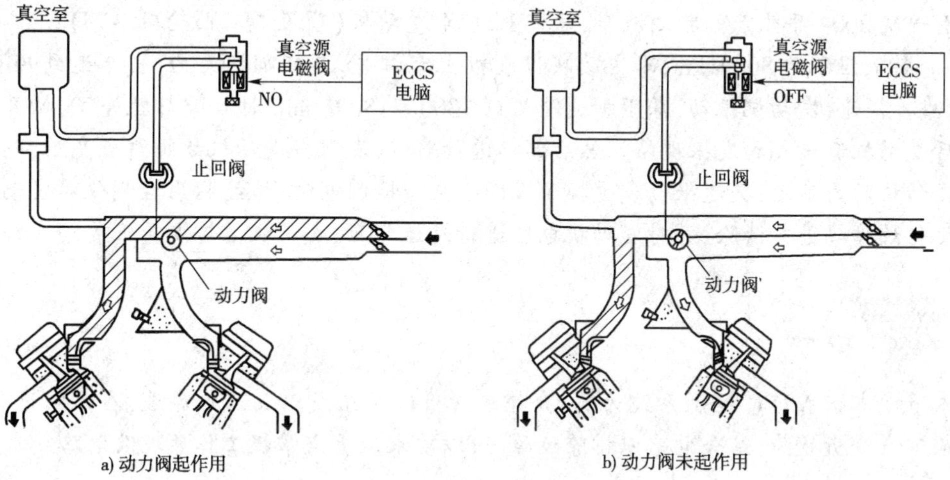

图3-53　动力阀控制系统

图3-54所示的ACCORD IAB旁通空气控制系统就是这类系统。该系统利用开启和关闭旁通控制阀改善发动机进气量，使发动机获得较好的动力性能。发动机低速时，旁通控制阀关闭，可增加发动机转矩；高速时旁通控制阀开启，可获得较大功率。当发动机怠速运转时，ECM不向IAB电磁阀提供电流，IAB控制膜片阀内无真空直通大气，IAB不起作用。当发动机转速到4600～4800r/min时，ECM通电使IAB电磁阀作用，真空到达控制膜片室，使阀门打开，发动机进气量增加而提高发动机的功率。

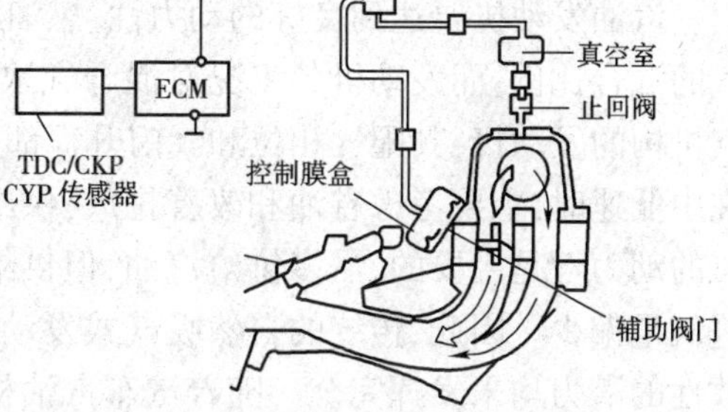

图3-54　ACCORD IAB旁通空气控制系统

由于转速范围大，高速发动机一般采用多气门（3～5个气门）进气系统，但仍难以兼顾高低转速工况的性能，而发动机电控系统能较方便地实现可变进气控制，解决高低速进气的矛盾。多气门发动机每缸至少有两个进气门,各配一个专门设计的进气歧管。其中一个进气歧管装有由ECU根据转速信号控制的控制阀。在进气量较少的低转速,控制阀全关,使进气通路减少一半,以增大进气流速。这样既可增大进气流的惯性,增加进气充量,又可增强低速时在燃烧室内形成的进气涡流强度,有助于燃烧的稳定和热效率的提高。在进气量大幅度增加的高转速区,控制阀全开,两个进气歧管同时进气,这样既减少了流动阻力,又适当抑制了燃烧室内的气流扰动,也改善了高速工况的性能。该系统的控制机构和方法与ACIS一样。

任务七　配气正时系统构造与检修

任务导入

有一辆2004年生产的雅阁汽车,装配K24A4发动机(顶置式双凸轮轴i-VTEC 2.4L发动机)。行驶里程为80291km,车主反映仪表板上有灯亮,车辆加速无力,当车速到80km/h时,很难再提速,发动机振动,踩下加速踏板到1300~1500r/min时故障灯就亮了,松开加速踏板后发动机有喘气和发振现象。然后驾车进行路试,发现当发动机故障灯点亮后,明显感觉到发动机动力不足,提速很慢。更换了VTEC机油控制电磁阀后,利用检测仪对发动机电脑的记忆故障码进行清除,并对发动机电脑进行怠速学习,发动机运转恢复正常。

学习指引

本节以本田VTEC控制系统为例,介绍了VTEC的组成以及工作原理,在维修过程中,利用原理来分析故障,结合电路以排除故障,所以要求应重点掌握工作原理及电路。

相关知识

可变气门正时和升程电子控制技术(VTEC)

汽油发动机要达到良好的动力性、燃油经济性和排放性,首先必须控制合适的汽油与空气的混合比例,而发动机各工况对混合气浓度的要求也各不相同。由于自然吸气式普通进气机构的发动机,其配气相位和气门升程都是固定的,这就使进气量相对是固定的。发动机在中低速时,主要考虑省油和改善排放,供给的汽油少,这时进气量会偏大;在高速时,发动机的动力性是主要的,需多供给汽油,但供给的汽油又受到进气量的限制而不能太多,这时进气量偏少。因此,传统的自然吸气式发动机由于受进气量的限制,动力性、经济性以及排放性的潜力均未发挥完全。随着汽车汽油机的高速化和废气排放法的日趋严格,配气机构固定不变的缺点变得越来越突出,为此,可变气门机构作为内燃机设计的新技术已经迅速发展起来。以下通过介绍本田公司的“可变气门气相位和气门升程电子控制系统”(简称 VTEC)来介绍可变气门机构技术。本田汽车公司 VTEC,它可以使发动机在高速时改变气门正时和升程,在 ECM(Engine Control Module,发动机控制模块)的控制下,还可以改变高速时进、排气门开启的“重叠时间”,使发动机在高速范围由于 VTEC 作用而输出更大的功率。

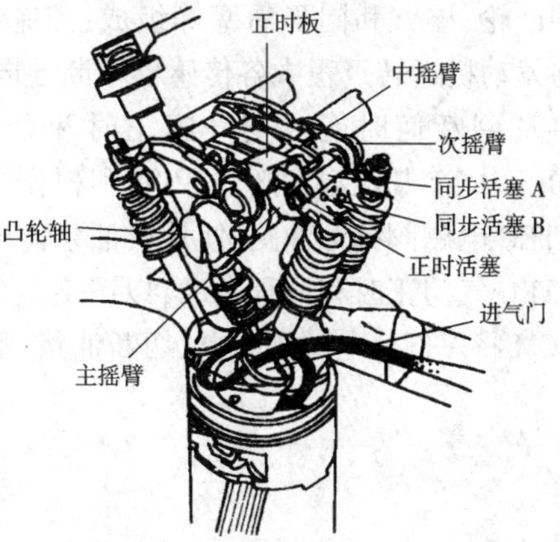

图 3-55　雅阁 F22B1 发动机 VTEC 机构

VTEC 机构主要由气门(每缸 2 进、2 排)、凸轮、摇臂、同步活塞 A 和 B、正时活塞等组成,本田雅阁 F22B1 发动机 VTEC 机构如图 3-55 所示。

VTEC 机构中的凸轮有三个,它们的线型不相同。高速凸轮位于中央称为中间凸轮,它的升程最大;另两个低速凸轮,较高的一个称为主凸轮,较低的称为次凸轮。与这三个凸轮相对应的是中间摇臂、主摇臂和次摇臂。两个气门分别安装在主、次摇臂上。在三个摇臂内有一孔道,内装有正时活塞、A 和 B 同步活塞、定位活塞。每个汽缸的两个进气门上都安装有这样一套 VTEC 机构,如图 3-56 所示。

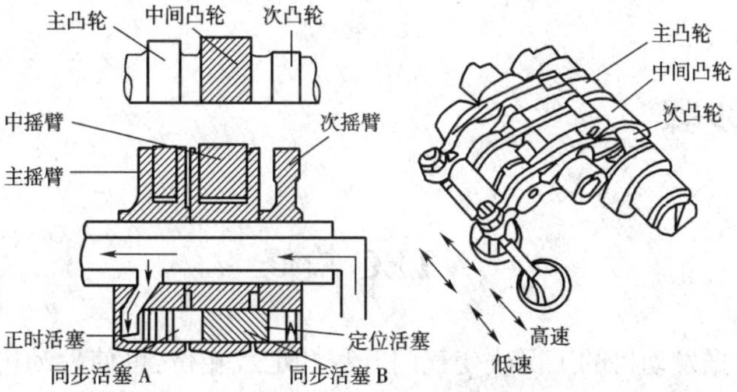

图 3-56　VTEC 结构原理

VTEC 由传感器、控制部分和执行部分组成,如图 3-57 所示。执行部分由 VTEC 机构中

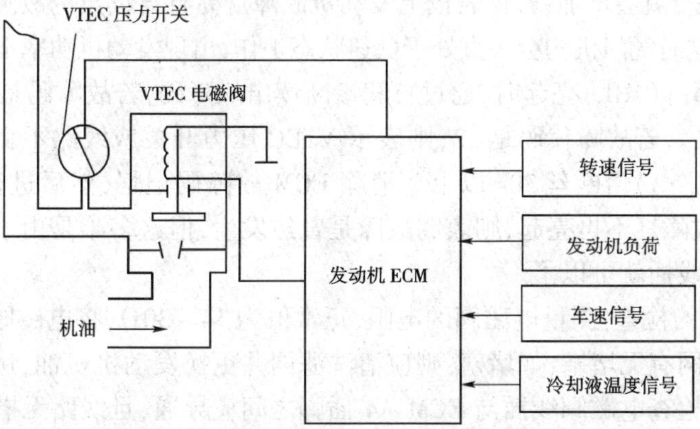

图 3-57　VTEC 控制系统

的凸轮、摇臂和同步活塞等组成；控制部分由ECM、VTEC电磁阀、VTEC压力开关等组成。在发动机运转过程中各传感器不断地向ECM输入转速、负荷、车速以及冷却液温度信号，由ECM判断何时能改变气门正时和升程。当发动机转速为2300～3200r/min、车速超过10km/h、冷却液温度超过10℃和根据进气歧管压力判断的发动机负荷较大时，ECM操纵VTEC电磁阀打开油路，使从机油泵输出的压力油推动同步活塞把三个摇臂连锁起来，实行VTEC气门正时和升程变动，以改变进气量，增加发动机功率。如果不符合以上转换条件，ECM将VTEC电磁阀断电，切断油路，不实行VTEC控制。

任务实施

一 任务实施准备

(1)本田F23A发动机实验台架。

(2)万用表。

(3)空气压缩机。

(4)相关扳手。

二 任务实施步骤

VTEC检修

本田VTEC，根据发动机的工况改变气门升程和配气相位，可使发动机同时具有省油和大功率输出两种特性。但是，如果VTEC出现故障，则会出现以下情况：若气门机构一直按低速状态工作，那么发动机就会因进气量不够而高速无力；若气门机构一直处在高速工作状态，那么发动机的燃油消耗量就会增加；若仪表板上发动机故障灯亮且自读出的故障码是21或22，表明VTEC出故障，这时气门机构会一直处于低速状态工作，出现发动机功率不足的故障现象。

当发动机故障灯(MIL)亮起时，通过自我诊断读出故障码，若故障码是21，则表示VTEC电磁阀或线路不良。若故障代码是22，则表示VTEC压力开关或线路不良。在读出故障码后，拆下Backup(7.5A)熔断丝20s以上。消除ECM故障码记忆，然后进行路试，检查故障灯是否再亮。若故障灯不再亮起，则表明故障是曾经发生，但这多半是由于线插接触不良造成的，只要紧固各线插就可以了。

VTEC电磁阀的检查：测量电磁阀的电阻，正常值为14～30Ω，将电磁阀总成从缸盖上拆下，检查电磁阀滤网有无堵塞，如堵塞，则应清洗滤网并更换发动机机油，用手推动电磁阀柱塞应能自由运动，检查电磁阀线插与ECM A4插脚之间应导通，且线路无搭铁短路。

VTEC压力开关的检查：在发动机不运转时，压力开关应该接通，把VTEC电磁阀线插的两接脚分别接蓄电池的正负极，起动发动机。当发动机转速超过3000r/min时，压力开关应断开，检查压力开关线插的蓝/黑线与ECMD6接脚之间应导通，棕/黑线与搭铁之间应导通。

因VTEC的液压控制是利用发动机机油泵产生的机油压力来进行的，故要使VTEC工作正常，首先必须保证机油压力足够，当发动机转速超过3000r/min时，机油压力至少达到250kPa；否则，须检查机油泵和润滑油路。

摇臂检查：拆下气门室盖，各缸在压缩上止点位置时，各个气门摇臂都应独立自由动作，即主摇臂、中间摇臂和次摇臂之间不应联锁在一起，用400kPa压力的压缩空气从检查油孔上注入，并堵住泄油孔，然后将正时板推高2~3mm，这时活塞应该压缩弹簧而将主摇臂与中间摇臂和次摇臂联锁在一起，也即三根摇臂一起动作，断开压缩空气后，活塞复位，三根摇臂又分开。

知识拓展

丰田VVT-i控制系统

丰田VVT-i系统由VVT-i控制器、凸轮轴正时机油控制阀和传感器三部分组成，如图3-58所示，其中传感器有曲轴位置传感器、凸轮轴位置传感器和VVT传感器。

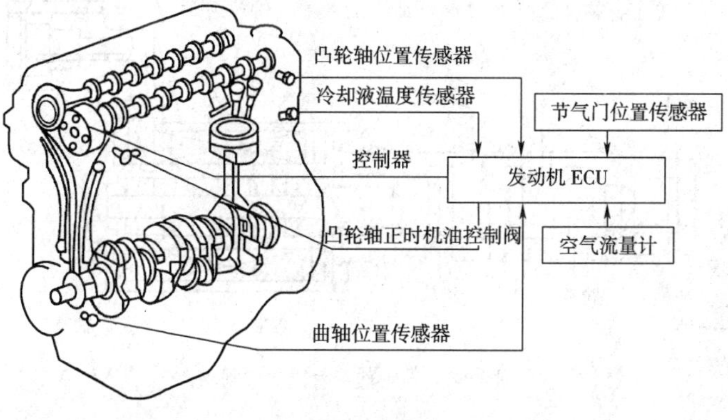

图3-58　VVT-i系统

VVT-i控制器由一固定在进气凸轮轴上的叶片、一个与从动正时链轮一体的壳体和一个锁销组成，如图3-59所示。控制器有气门正时提前室和凸轮轴正时机油控制阀，它可在进气凸轮轴上的提前或滞后油路中传送机油压力，使控制器叶片沿周围方向旋转，连续改变进气门正时，以获得最佳的配气相位。

凸轮轴正时机油控制阀由一个用来转换机油通道的滑阀、一个用来控制移动滑阀的线圈、一个柱塞及一个复位弹簧组成，其结构如图3-60所示。工作时，发动机ECU接收各传感器传来的信号，经过分析、计算后，发出指令给凸轮轴正时机油控制阀，以此来控制滑阀的位置，从而控制机油的液压，使VVT-i控制器处于提前、滞后或保持位置。

VVT-i控制原理如图3-61所示，发动机ECU根据转速、进气量、节气门位置和冷却液温度计算出一个最优气门正时信号,向凸轮轴正时机油控制阀发出指令,凸轮轴正时机油控制阀根据发动机 ECU 的控制指令选择 VVT-i 控制器的不同油路,使其处于提前、滞后或保持位置。此外,发动机 ECU 根据来自凸轮轴位置传感器和曲轴位置传感器的信号检测实际的气门正时,从而尽可能地进行反馈控制,以获得预定的气门正时。

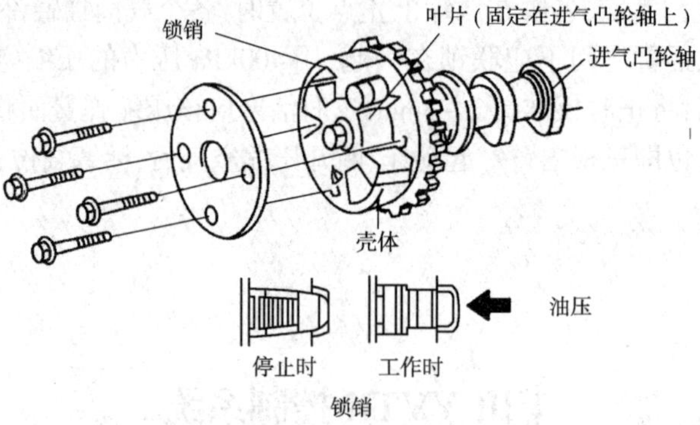

图 3-59　控制器的组成

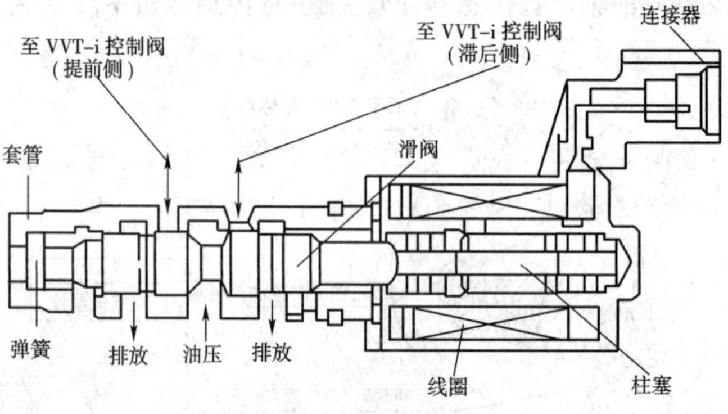

图 3-60　凸轮轴正时机油控制阀

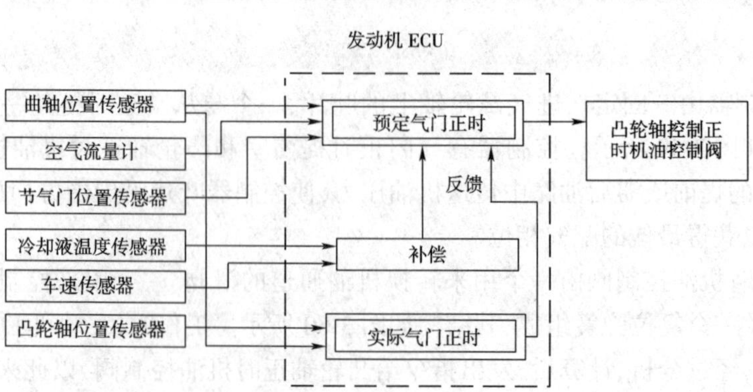

图 3-61　VVT-i 控制原理图

任务八 电控节气门构造与检修

任务导入

一辆奥迪汽车出现发动机无法加速,并踩加速踏板时,节气门未响应打开,但怠速正常。此车的安装有电控节气门系统,所以重点检查节气门系统,经排查,发现节气门开度控制电动机不工作,电动机有发热变味的现象,确定为电动机烧坏,更换节气门体后,发动机工作正常。

学习指引

本节主要讲解电控节气门控制系统结构原理,以大众车为实例,从结构、工作原理到检修,要求学生重点掌握检修。

相关知识

一 电控节气门系统的结构与原理

电控节气门系统包括用于确定、调整及监控节气门位置的所有部件。它主要由加速踏板、加速踏板位置传感器、发电机控制单元、数据总线、电控节气门(EPC)指示灯和节气门控制部件(执行机构)等组成,如图 3-62 所示。

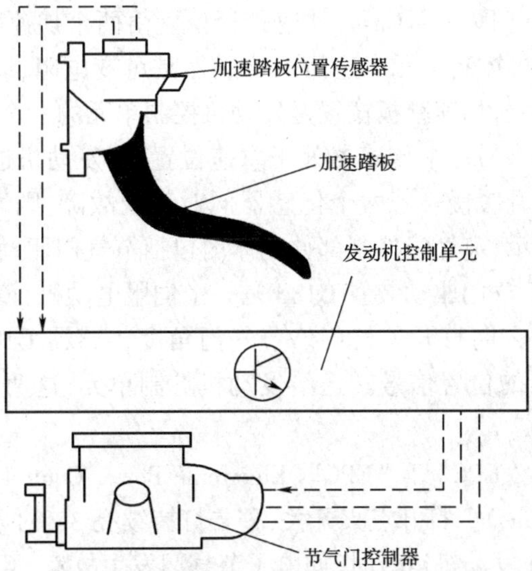

图 3-62 电控制节气门示意图

节气门由节气门控制部件内的节气门驱动装置(电动机)根据发动机控制单元的指令来控制。当发动机运转时,发动机所需转矩由控制单元通过节气门开度及进气量、发动机转速等来确定,发动机控制单元可通过加速踏板位置传感器来打开或关闭节气门。这样,即使加速踏板只踩下一半,但节气门可能完全打开,其优点是可避免节气门上节流损失。此外,在一定负荷状态下对有害物质的排放和油耗将明显改善。

二 电控节气门的工作情况

1 发动机不运转,点火开关打开

发动机控制单元根据加速踏板位置传感器的信息来控制节气门控制器。例如,当加速踏板踩下1/4时,节气门驱动装置以同样的尺度打开节气门,则节气门也打开到1/4。

2 怠速控制

当发动机空运转时,PCM控制节气门作动器,从而保持与发动机负载相应的怠速。

3 加速控制

踩下加速器踏板时,PCM根据加速器踏板位置(APP)传感器的信号打开节气阀。

4 巡航控制

巡航控制运转时,PCM控制节气门作动器,从而保持设定转速。节气门作动器取代了巡航控制作动器。

大众汽车称电控节气门为E－Gas。加速踏板位置由两个加速踏板位置传感器G79和G185来检测并通知发动机控制单元。这两个传感器是可变电阻,装在一个壳体内,并与加速踏板成一体,但各自独立,加速踏板位置是发动机控制单元的一个主要输入参数。一个传感器信号失真或中断,如果另一个传感器处于怠速位置,则发动机进入怠速工况;如果是负荷工况,则发动机转速上升缓慢。若两个传感器同时出现故障,则发动机以高怠速(1500r/min)运转。如图3-63所示,节气门控制部件壳体内包括节气门驱动装置G186、节气门角度传感器G187和G188。节气门驱动装置G186是一个伺服电动机,该电动机由发动机控制单元控制,按与弹簧力相反方向打开节气门。节气门角度传感器G187和G188是个电位计(可变电阻),它将节气门的位置信号转送给发动机控制单元,这两个角度传感器是相互独立的。

在组合仪表上有一个“EPC”灯,“EPC”(Electronic Power Control)意为“电子功率控制”,也就是电子节气门(E－Gas)。打开点火开关,警告灯持续亮3s,对系统进行自检,如果没有发现故障,警告灯熄灭;在发动机运转时,如电子节气门发生故障,组合仪表将接通EPC警告灯,同时发动机控制单元的故障存储器会记录该故障。若警告灯出现故障,对发动机的正常运转没有影响。

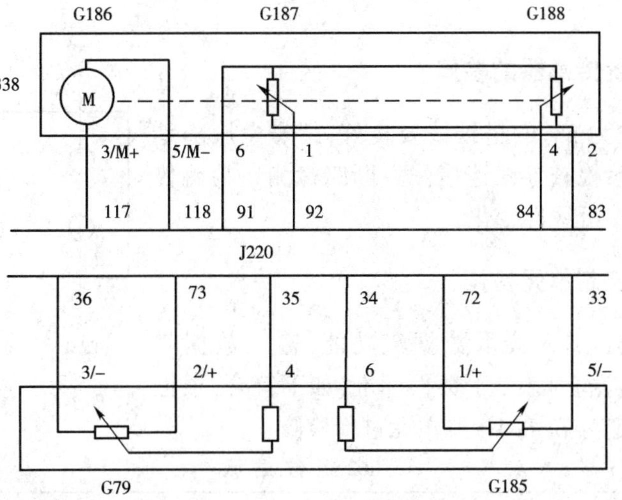

图 3-63　APS 与 ATX 发动机电控节气门系统电路图

为了改善系统拉索式节气门间隙大、发动机输出反应慢的缺点，使节气门动作更加精准且反应时间缩短，提高节气门操纵系统的传输效率，达到更高排放标准，汽车发动机使用了电控节气门。电控节气门直接将节气门行程转换为电信号来控制喷油电脑供油量以及阀体开度。在运用电控节气门系统的汽车中，节气门不再通过加速踏板的拉索来控制，加速踏板与节气门之间无机械式连接装置，它们之间是通过电气线路相连的。电控节气门还省略了如下部件：怠速空气控制阀、快怠速阀、缓冲筒模片和止回阀、巡航控制作动器等。电控节气门系统提高了节气门操作系统的传输效率，使发动机在任何时间、任何地点及任何状态都能够处于最佳、最合理的范围，既降低油耗又使发电机运转更加稳定，从而进一步提升行驶性能和安全性。由于电控节气门系统是通过控制单元来调整节气门的，因此电控节气门系统可以设置各种功能来改善驾驶的安全性和舒适性，其中最常见的就是驱动防滑控制系统和巡航控制系统。

任务实施

一　任务实施准备

(1)万用表。

(2)大众奥迪发动机。

(3)V. A. G1551。

二 任务实施步骤

(一)踏板位置传感器的检修

检查供电电压为5V的搭铁线要良好,信号电压随踏板位置改变而改变;检查导线连接(短/断路检测);检测传感器阻值,电阻是接近线性变化。

(二)节气门控制单元检修

用V. A. G1551进入读取数据流功能,输入数据号062,读取数据流,应符合表3-1数据标准,如不符合,根据图3-64的端子标定对节气门控制单元进行检修。

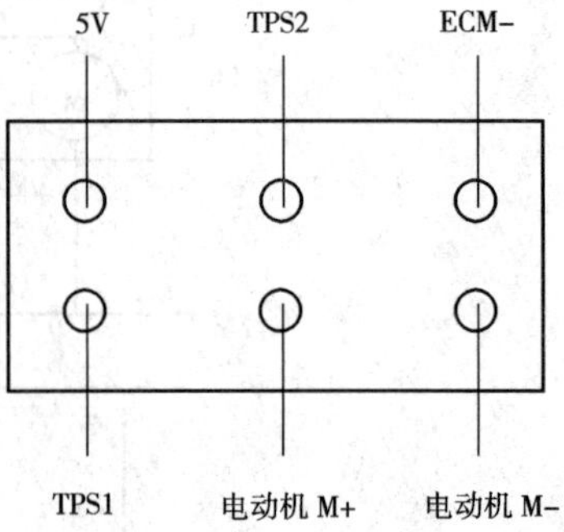

图3-64　节气门控制单元插接器

062组数据流　　表3-1

显示组62 电子节气门电位计	显示区			
	1	2	3	4
显示屏	××%	××%	××%	××%
表示	节气门角度传感器1	节气门角度传感器2	加速踏板位置传感器1	加速踏板位置传感器2
工作范围	最小:0% 最大:100%	最小:0% 最大:100%	最小:0% 最大:100%	最小:0% 最大:100%
规定值	3%~93% 怠速值:8%~18%	3%~97% 怠速值:80%~90%	12%~97%	4%~49%

知识拓展

广汽丰田凯美瑞汽车电控节气门系统

节气门执行器由ECM操作,并且用齿轮开启或关闭节气门。节气门位置(TP)传感器用来检测节气门开度,它安装在节气门体上。TP传感器反馈信号能使ECM根据驾驶情况正确控制节气门执行器和监控节气门开度。

ETCS(电子节气门控制系统)具有专用电源电路。电压(+BM)一直被监控,当电压低(小于4V)时,ECM判定ETCS存在故障并且切断节气门执行器电流。当电压变得不稳定时,ETCS自身也变得不稳定。因此,当电压低时,流向节气门执行器的电流被切断。若完成了维修并且系统恢复到正常状态,将点火开关转到 OFF。然后,ECM 允许节气门执行器电流接通以便重新起动,如图 3-65 所示。

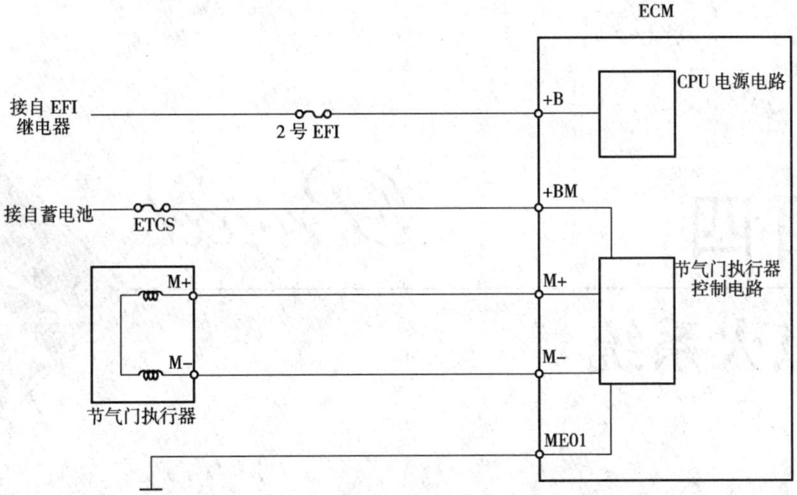

图 3-65 凯美瑞电控节气门电路图

习题及思考题

1. 常用的怠速控制阀有哪些类型？工作特点如何？如何检修怠速控制阀？
2. 卡门旋涡式空气流量计的工作原理如何？检修方法怎样？
3. 热线式空气流量计的工作原理如何？检修过程怎样？
4. 线性节气门位置传感器的工作原理？如何检修？
5. 如何检修进气压力传感器？
6. 试述 ACIS 的工作原理。
7. 试述 VTEC 的结构原理。
8. 试述巡航控制系统的工作原理。
9. 试述电控节气门系统的工作原理。

项目四 点火系统

Project 4

任务一　点火系统的基本概念

任务导入

一辆别克汽车,在起动时一次能够起动成功,那么这辆车在一天的所有情况下的起动都比较顺利。可是有时候如果发生了一次起动困难,那么在接下来的起动操作中,发动机的起动就十分困难。有时候将蓄电池的能量耗尽也不能起动成功。时好时坏,有时是几天发生一次,有时又会连续出现。在起动困难的时候,发动机在起动机的拖动下能够以正常的起动转速运转。

学习指引

发动机要点火才能引燃混合气,火从哪来?如何实现电子点火?本节从点火系统的发展、点火系统的类型、点火系统的工作原理等出发,让学生掌握点火系统的基本概念。

相关知识

点火系统最基本的原理是通过断电开关控制点火线圈一次电流的大小和断电时间,从而控制点火的能量和时刻,保证发动机汽缸内的混合气彻底燃烧。

在传统的化油器式汽油机中,点火控制系统经过了传统式(触点式)向无触点式发展的过程。在这一过程中,系统的分电器仍一直采用机械式离心和真空提前机构来控制发动机的点火提前角。

随着 EFI 系统的出现和发展，点火控制系统开始采用电控点火装置（ESA）。它可以使发动机在任何工况下均处于最佳点火提前状态，并实现三方面的功能：通电时间控制、点火提前角控制和爆震控制。

点火系统的作用：是适时地为汽油发动机汽缸内已压缩的可燃混合气提供足够能量的电火花，使发动机能及时、迅速地作功。

一 电控点火系统的类型

1 汽油机点火系统的类型

传统点火系统分为：磁电机点火系统和蓄电池点火系统。

缺点：(1) 高速易断火，不适合高速发动机。

(2) 断电器触点易烧蚀，工作可靠性差。

(3) 点火能量低，点火可靠性差。

2 电控点火系统的类型

电控点火系统有分电器和无分电器式。采用计算机根据各传感器信号对点火提前角进行控制。

二 基本组成与工作原理

电控点火系统一般由电源、传感器、ECU、点火器、点火线圈、分电器（有分电器电控点火系统）、火花塞等组成，如图 4-1 所示。

(1) 电源：电源一般由蓄电池和发电机共同组成，主要是给点火系统提供所需的电能。

(2) 传感器：主要用于检测发动机各种运行参数的变化，为 ECU 提供点火控制所需的信号。主要传感器有凸轮轴位置传感器、曲轴位置传感器、爆震传感器、进气管绝对压力传感器（或空气温度计）、节气门位置传感器和冷却液温度传感器等。

(3) ECU：ECU 是电控点火系统的中枢。在发动机工作时，它不断地接收各传感器的信息，按内存的程序计算出最佳点火提前角，并向点火器发出指令。

(4) 点火器：点火器是电控点火系统的执行元件，它可将电子控制系统输出的点火信号进行功率放大后，驱动点火线圈工作。

(5) 点火线圈：点火线圈可将火花塞跳火所需的能量存储在线圈的磁场中，并将电源提供的低压电转变为足以在电极间产生击穿点火的 15 ~ 20kV 高压电。在有分电器的电控点火系统中，只有一个点火线圈，而有分电器点火系统中则有多个点火线圈。

(6) 分电器：在有分电器的电控点火系统中，分电器根据发动机的点火顺序，将点火线圈产生的高压电依次输送给各缸火花塞。

(7)火花塞:主要是利用点火线圈产生的高压电产生电火花,点燃汽缸内的混合气。

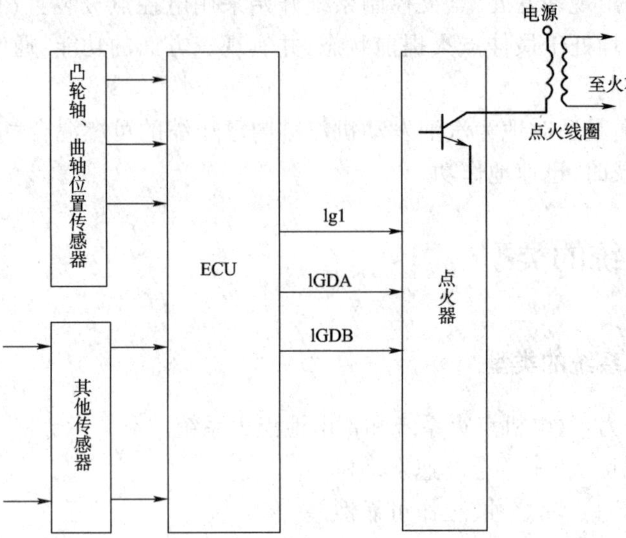

图 4-1　电控点火系统组成

三 有分电器电控点火系统

有分电器电控点火系统的主要特点是:只有 1 个点火线圈。ECU 根据各传感器信号确定某缸点火时,向点火器发出指令信号(IGt 信号)。点火器则根据 ECU 的指令控制点火线圈内初级电路通电或断电。当点火线圈中的初级电路断电时,次级线圈产生的高压电经分电器输送给各缸的火花塞,以实现点火。分电器的作用就是按照发动机的点火顺序,将点火线圈产生的高压电依次输送给各缸火花塞。

有分电器电控点火系统的组成如图 4-2 所示。ECU、点火器、点火线圈、分电器的功能见本节前述相关内容。

四 无分电器电控点火系统

无分电器电控点火(DLI)系统又称直接点火系或全电子化点火系统。其主要特点是:用电控制装置取代了分电器,利用电子分火控制技术将点火线圈产生的高压电直接送给火花塞进行点火,点火线圈的数量比有分电器电控点火系统多。无分电器电控点火系统的组成如图 4-3 所示。

无分电器电控点火系统与有分电器电控点火系统的工作原理和各元件功能基本相同,不同的是无分电器电控点火系统具有电子配电功能,即在发动机工作时,ECU 除向点火器输出 IGt 点火控制信号外,还必须输送 ECU 内存储的判缸信号 IGd,以便控制多个点火线圈的工作顺序,按作功顺序完成各缸点火的控制。

根据点火线圈的数量和高压电分配方式的不同，无分电器电控点火系统又可分为独立点火方式、同时点火方式和二极管配电点火方式三种类型。

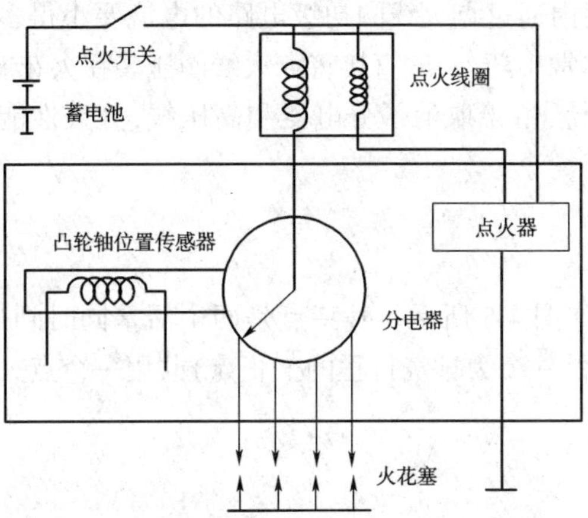

图 4-2 有分电器式点火系统

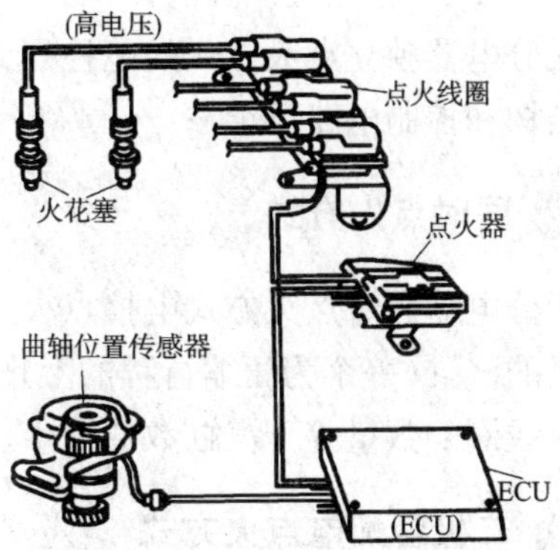

图 4-3 无分电器电控点火系统的组成

1 独立点火方式

无分电器独立点火方式电控点火系统如图 4-4 所示。其特点是每缸一个点火线圈，即点火线圈的数量与汽缸数相等。

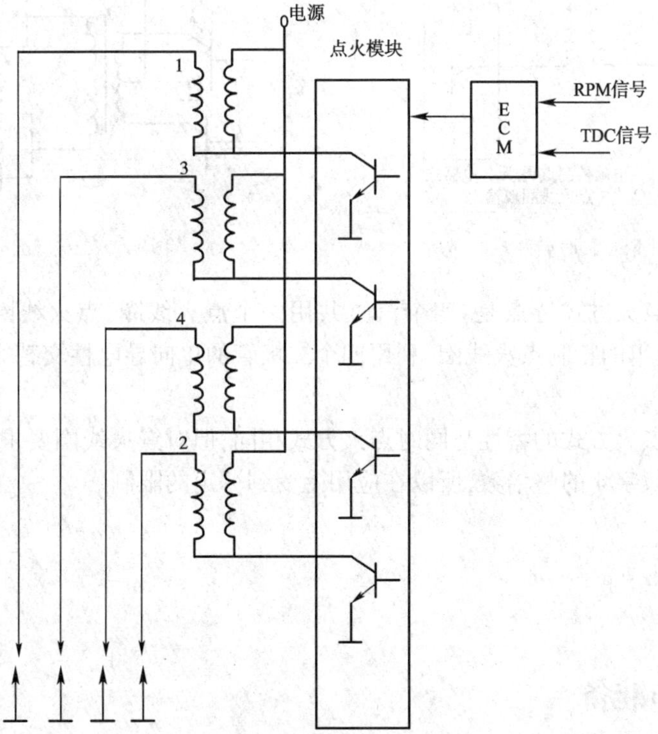

图 4-4 独立点火方式

由于每缸都有各自独立的点火线圈，所以即使发动机的转速很高，点火线圈也有较长的通电时间（大的闭合角），可提供足够高的点火能量。与有分电器电控点火系统相比，在发动机转速和点火能量相同的情况下，单位时间内通过点火线圈初级电路的电流要小得多，点火线圈不易发热，且点火线圈的体积又可以非常小巧，一般直接将点火线圈压装在火花塞上。

无分电器独立点火方式的电控点火系统，由于取消了分电器和高压线，分火性能较好，但其结构和控制电路复杂。

2 同时点火方式

无分电器同时点火方式电控点火系统如图 4-5 所示。其特点是两个活塞同时到达上止点位置的汽缸（一个为压缩行程的上止点，另一个为排气行程的上止点）共用一个点火线圈，即点火线圈的数量等于汽缸数的一半。

3 二极管配电点火方式

二极管配电点火方式电控点火系统如图 4-6 所示。

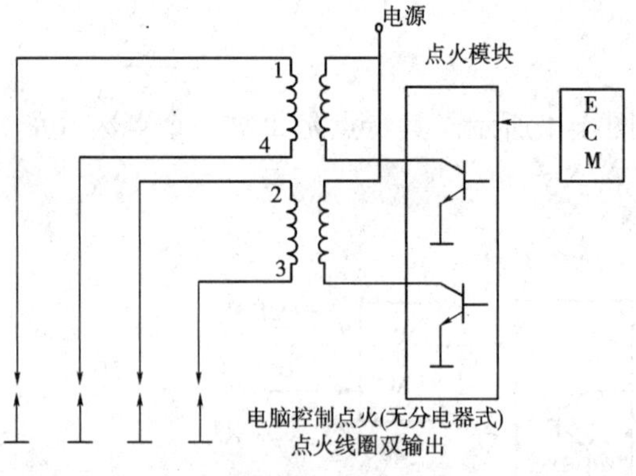

图 4-5　同时点火方式

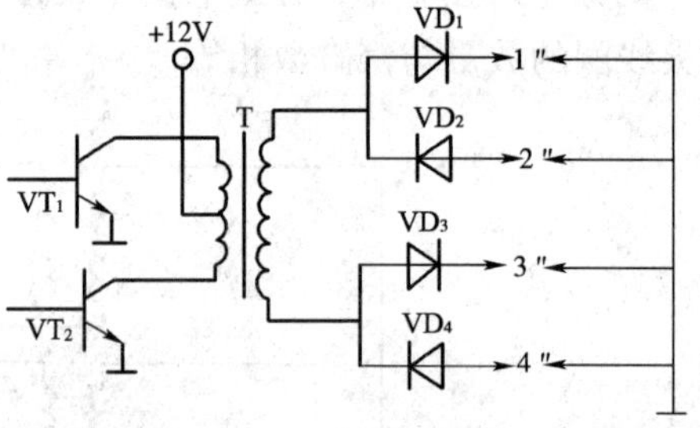

图 4-6　二极管配电点火方式

二极管配电点火方式特点是：四个汽缸共用一个点火线圈，点火线圈为内装双初级绕组、双输出次级绕组的特制点火线圈，利用四个二极管的单向导电性交替完成对 1、4 缸和 2、3 缸配电过程。

二极管配电点火方式的特性与同时点火方式相同，但对点火线圈要求较高，而且发动机的汽缸数必须是数字 4 的整倍数，所以在应用上受到一定的限制。

任务实施

一 任务实施准备

（1）丰田 5A-FE 发动机实验台架。

(2)PASSAT1.8L 发动机实验台架。

(3)万用表。

二 任务实施步骤

(1)分析 5A 发动机点火系统,如图 4-7 所示。

(2)帕萨特发动机点火系统,如图 4-8 所示。

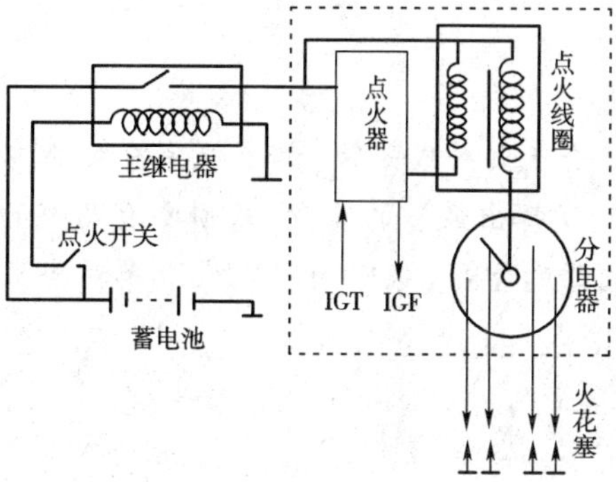

图 4-7 5A 发动机点火系统

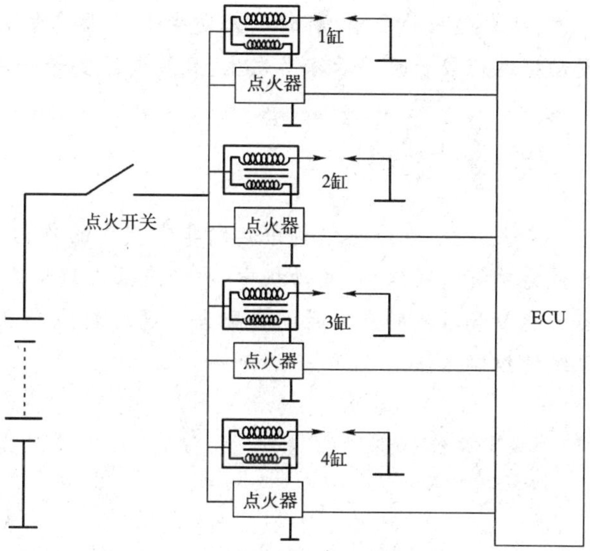

图 4-8 帕萨特发动机点火系统

知识拓展

智能化双火花塞点火系统

智能化双火花塞顺序点火 i-DSI 系统,把通常 1 个汽缸 1 个火花塞控制点火方式改为在 1 个汽缸上安装 2 个火花塞,分别设在进气侧和排气侧,缩短了燃烧室内火焰传播的时间,实现了全域范围内的急速燃烧,同时降低了爆震的倾向,使得大幅度提高压缩比成为可能,实现了高输出功率、高输出转矩及低油耗的统一。

i-DSI 系统的主要功能:ECU 根据发动机转速及进气歧管压力来控制进排气侧火花塞的点火相位。

(1)怠速时:两点同时点火,通过加快燃烧速度降低油耗。

(2)低速、低负荷:燃烧室内温度较低的进气侧先点火,以促进燃烧,降低油耗。

(3)低速、大负荷:进气侧为点火提前角、排气侧为点火延迟角,增大转矩,防止爆震。

(4)高速时:两点同时点火,通过加快燃烧速度提高功率。

任务二　点火系统构造与检修

任务导入

一辆广州本田雅阁2.3L汽车,发动机工作一段时间后自行熄火。起初故障两三天出现一次,后来越来越严重,有时一天发生十多次熄火现象。故障在发动机冷车时较少发生,在发动机运行较长时间后容易发生,且熄火后要等一段时间才能重新起动。

学习指引

点火系统,在汽车结构中起到非常重要的作用,不论点火早或是晚,都不能完全发挥它的最大功能。所以,在发动机中,要使汽油燃烧得充分,发挥出最多的能量,必须要有足够的点火能量和准确的点火时间去配合。通过对汽车点火器的学习,从中了解现代汽车对点火系统的控制方法。

相关知识

一 电子控制器(点火器)

1 作用

根据传感器发出的信号,实施对点火线圈初级电流通断的控制,从而完成点火任务。

2 电路基本组成

电子控制器由脉冲整形电路、点火线圈通电时间控制电路、功放电路和稳压电路组成,如图4-9所示。另外,还增加了闭合角保护控制电路、停车断电保护电路和点火能量恒定控制电路等,使点火系统的性能更加完善。

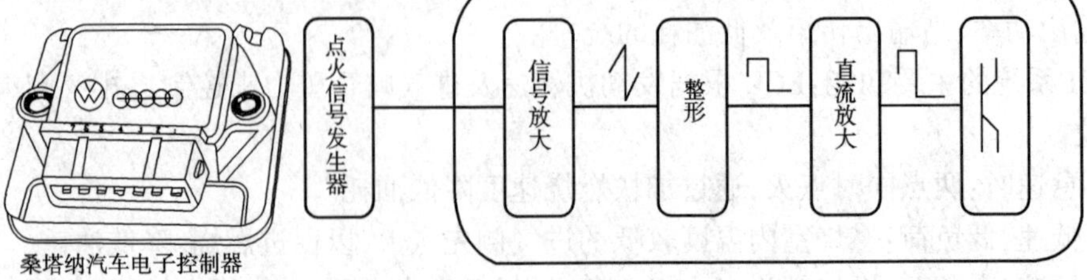

图4-9　电子控制器

3 各模块的功能

(1)脉冲整形电路:将点火信号发生器送来的脉冲信号整形,使其幅值不受发动机转速的影响。

(2)点火线圈通电时间控制电路:根据数字脉冲整形电路输入的信号,确定初级绕组通电的开始时刻,从而达到控制初级绕组通电时间的长短,以适应发动机转速的变化。

(3)功放电路:将通电时间控制电路输出的信号进行放大,实现对初级电流的控制。

(4)稳压电路:为电子控制器提供稳定的电压,以保证点火装置正常工作。

4 电子控制器工作原理

现代汽车的电子控制器均采用集成电路,其内部结构非常复杂,且对维修点火系统都无太大的作用。为了掌握其基本工作原理,简化电路来说明电子控制器的工作过程,如图4-10所示。

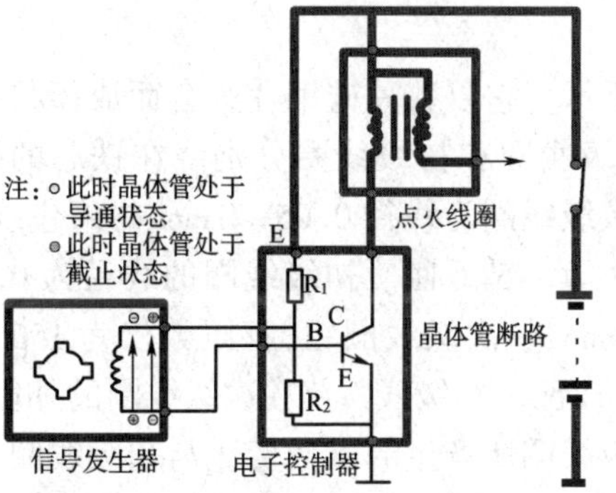

图4-10 电子控制器工作过程

基本工作过程:接通点火开关而发动机未运转时,点火信号发生器无信号电压,蓄电池电压经 R_1、R_2 分压后为电子控制器的控制晶体管提供偏置电压,此电压不超过0.6V,不足以使晶体管导通,使晶体管处于截止状态,切断了点火系统的初级电路,实现了停车保护。

发动机起动后,信号发生器不断产生交变的电压信号,该信号电压与电源提供的偏置电压叠加在电子控制器的控制晶体管和基极上。当信号电压为上"-"下"+"时,在信号电压与电源电压的共同作用下,使得晶体管基极电压升高,晶体管由截止变为导通,接通初级电路。当信号电压为上"+"下"-"时,晶体管由导通变为截止,切断初级电路,在次级电路产生高压,实现点火控制。不同的电路,控制的方式不同。有正信号控制,也有负信号控制。

二 点火线圈

1 结构

通常的点火线圈里面有两组线圈:初级线圈和次级线圈。初级线圈用较粗的漆包线,通常用0.5~1mm的漆包线绕200~500匝;次级线圈用较细的漆包线,通常用0.1mm左右的漆包线绕15000~25000匝。初级线圈一端与车上低压电源(+)连接,另一端与开关装置(断电器)连接。次级线圈一端与初级线圈连接,另一端与高压线输出端连接,输出高压电。

2 工作原理

点火线圈之所以能将车上低压电变成高电压,是由于有与普通变压器相同的形式,初级线圈与次级线圈的匝数比大。但点火线圈工作方式却与普通变压器不一样,普通变压器是连续工作的,而点火线圈则是断续工作的,它根据发动机不同的转速以不同的频率反复进行储能及放能。

当初级线圈接通电源时,随着电流的增加,四周产生一个很强的磁场,铁芯储存了磁场能;当开关装置使初级线圈电路断开时,初级线圈的磁场迅速衰减,次级线圈就会感应出很高的电压。初级线圈的磁场消失速度越快,电流断开瞬间的电流越大,两个线圈的匝比越大,则次级线圈感应出来的电压越高。

3 分类

点火线圈依照磁路分为开磁式及闭磁式两种。

1)开磁路式点火线圈

开磁路式点火线圈一般为罐状结构,如图4-11所示。它以数片硅钢片叠合而成棒状铁芯,次级线圈和初级线圈分别绕在铁芯的外侧。次级线圈为线径0.05~1mm的漆包线,匝数2万~3万匝。初级线圈的线径为0.5~1.0mm,较次级线圈粗,且匝数仅为150~300匝而已。初级线圈绕在次级线圈的外侧,故次级线圈所产生的磁通变化与初级线圈完全相同。初级线圈和次级线圈的绕线方向相同,次极线圈的始端连接高压输出接头,其末端则连接于初级线圈的始端,并连接于外壳的"+"接柱,初级线圈的末端连接于外壳的"-"接柱,并接于电子控制器内功率晶体管的集电极上,由电子控制器控制其初级线圈电流的通断。

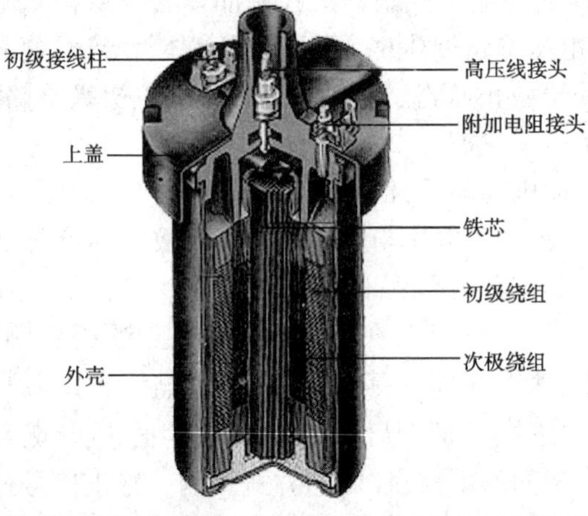

图4-11 开磁路式点火线圈

2)闭磁路点火线圈

闭磁路点火线圈的铁芯是封闭的,如图4-12、图4-13所示。磁通全部经过铁芯内部,铁芯的导磁能力约为空气的一万倍,故开磁路点火线圈欲获得与闭磁路点火线圈相同的磁通,则其初级线圈非有较大的磁动势(安培匝数)不可。因此,必须采用匝数较多、线径较大的初级线圈;初级线圈的匝数多,如欲获得同样匝数比,则次级线圈的匝数也需增加,因此,开磁路点火线圈的小型化是办不到的。反之,闭磁路点火线圈,由于磁阻小,可有效降低线圈的磁动势,将点火线圈小型化。目前,闭磁路点火线圈已相当小型化,可与电子控制器合二为一,甚至可与火花塞连体化。经火花塞点燃汽缸内的可燃性压缩气体。传统的点火线圈是用开磁式，其铁芯用0.3mm左右的硅钢片叠成，铁芯上绕有次级与初级线圈。闭磁式则采用形似Ⅲ的铁芯绕初级线圈，外面再绕次级线圈，磁力线由铁芯构成闭合磁路。闭磁式点火线圈的优点是漏磁少、磁路的磁阻小，能量损失小、体积小、有些点火线圈没有附加电阻，因此电子点火系统普遍采用闭磁式点火线圈。

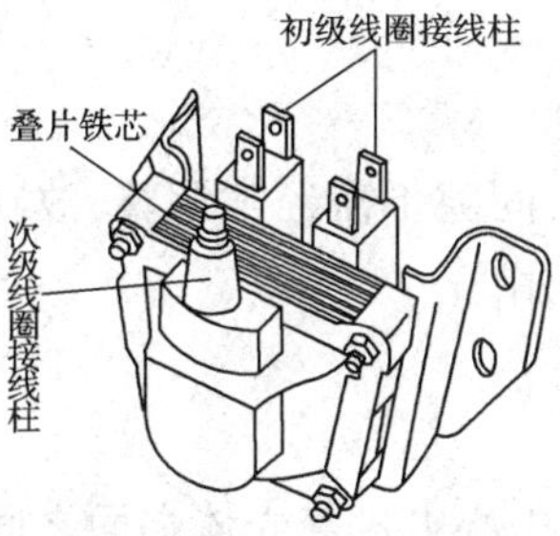

图4-12 闭磁路点火线圈

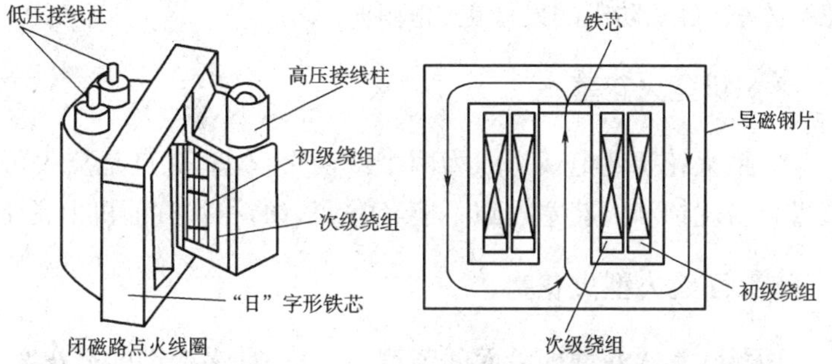

图4-13 闭磁路点火线圈的组成

三 火花塞

(一)功用

火花塞，俗称火嘴，它的作用是把高压导线(火嘴线)送来的脉冲高压电放电，击穿火花塞两电极间空气，产生电火花以此引燃汽缸内的混合气。高性能发动机的基本条件：高能量稳定的火花、混合均匀的混合气、高压缩比。

(二)火花塞的类型

按照热值高低来分，有冷型和热型；按照电极材料来分，有镍合金、银合金和铂合金等。火花塞的类型大体上有如下六种。

1 准型火花塞

准型火花塞绝缘体裙部略缩入壳体端面，侧电极在壳体端面以外，是使用最广泛的一种，如图4-14所示。

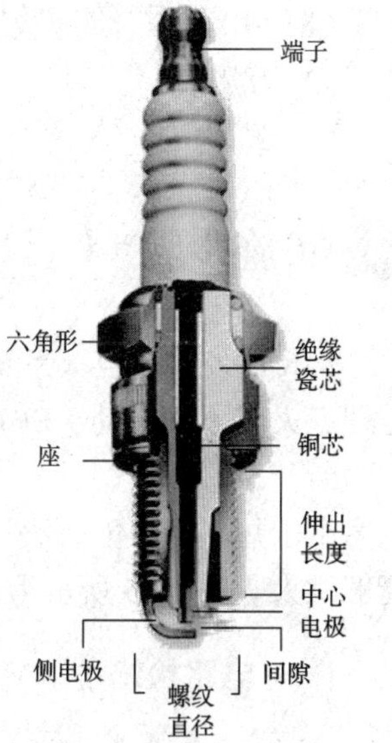

图4-14 准型火花塞的结构

2 缘体突出型火花塞

缘体突出型火花塞绝缘体裙部较长，突出于壳体端面以外。它具有吸热量大、抗污能力好等优点，且能直接受到进气的冷却而降低温度，因而也不易引起炽热点火，故热适应范围宽。

3 电极型火花塞

电极型火花塞电极很细，特点是火花强烈，点火能力好，在严寒季节也能保证发动机迅速可靠地起动，热范围较宽，能满足多种用途。

4 座型火花塞

座型火花塞壳体和旋入螺纹制成锥形，因此不用垫圈即可保持良好密封，从而缩小了火花塞体积，对发动机的设计更为有利。

5 极型火花塞

极型火花塞侧电极一般为两个或两个以上，优点是点火可靠，间隙不需经常调整，故在电极容易烧蚀和火花塞间隙不能经常调节的一些汽油机上常常采用。

6 面跳火型火花塞

面跳火型火花塞即沿面间隙型，它是一种最冷型的火花塞，其中心电极与壳体端面之间的间隙是同心的。

此外，为了抑制汽车点火系统对无线电的干扰，又生产了电阻型和屏蔽型火花塞。电阻型火花塞是在火花塞内装有 5～10kΩ 的电阻，屏蔽型火花塞是利用金属壳体把整个火花塞屏蔽密封起来。屏蔽型火花塞不仅可以防止无线电干扰，还可用于防水、防爆的场合。

任务实施

一 任务实施准备

(1) AJR 空气流量型发动机。
(2) 万用表。
(3) 试灯。

二 实施步骤

AJR 型发动机点火系统采用无分电盘双火花直接点火系统。点火器发生故障，发动机立即熄火或不能起动。ECU 不能检测到该故障信息。如果一个火花塞由于开路使这个点火回路断开，那么和它共用一个点火线圈的火花塞也因电气线路故障而不能跳火，如果一个火花塞由于短路而不能跳火，但电气回路没有断开，那么和它共用一个点火线圈的火花塞仍然能够跳火。图 4-15 所示为 AJR 型发动机点火系统电路接线图。

(一) 电路检修

拔下点火器 4 针插头，用发光二极管测试灯连接蓄电池正极和插头上端子 4，发光二极管测试灯应亮。如果测试灯不亮，检查端子 4 和搭铁点的线路是否有断路。

测试点火器的供电电压：拔下点火器的4针插头，用发光二极管测试灯连接在发动机搭铁点和插头上端子2之间，打开点火开关，发光二极管测试灯应亮。如果测试灯不亮，检查中央电器D插头23端子与4针插座端子2之间线路是否断路。

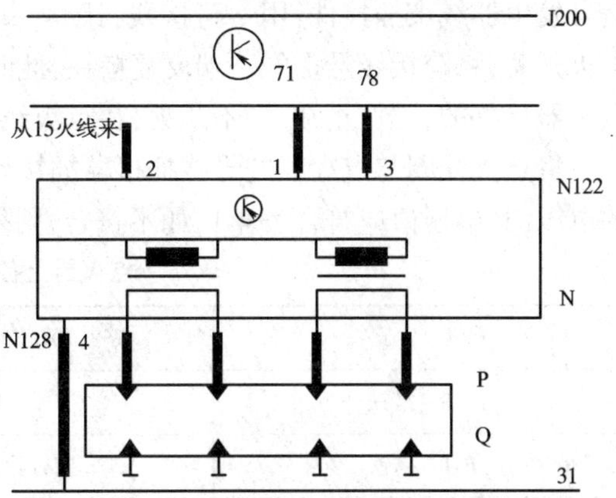

图4-15　AJR型发动机点火系统电路接线图

测试点火器工作：拔下4个喷油器的插头和点火器的4针插头，打开点火开关，用发光二极管测试灯连接发动机搭铁点和插头上端子1，接通起动机数秒，测试灯应闪亮，然后用测试灯连接发动机搭铁点和端子3，接通起动电动机数秒，测试灯应闪亮。如果测试灯不闪亮，检查点火器插头上端子和发动机控制单元线束的插头间导线是否开路或短路，如果线路正常，应更换发动机ECU。

（二）电阻测试

（1）线束导通性测试：将数字万用表设置在电阻200Ω挡，按电路图找到点火器与ECU信号测试端口图相应的针脚号，分别测试点火器针脚对应至电控单元针脚的电阻，所有电阻都应低于1Ω。

（2）线束短路性测试：将数字万用表设置在电阻200kΩ挡，测量点火器针脚与其不相对应的电控单元针脚之间电阻应为∞。

（三）电压测试

本项目电压测试有电源电压测试和信号电压测试两部分，其中信号电压测试是确定点火线圈是否失效的主要依据。

1 电源电压测试

打开点火开关，将数字万用表设置在直流电压20V挡，测量点火器脚1与搭铁之间电压，应显示12V。关断点火开关，连接好点火器插接件，拔下分电器霍尔信号发生器插接件，将电压表两触针接在点火线圈的15(+)和1(-)接柱上。

2 信号电压测试

起动发动机至工作温度，拔下4个喷油器的插头和点火器的4针插头，打开点火开关，用发光二极管测试灯连接发动机搭铁点和插头上端子1，接通起动机数秒，测试灯应闪亮，然后用测试灯连接发动机搭铁点和端子3，接通起动电动机数秒，测试灯应闪亮。

3 用旁路信号发生器检查点火器

关断点火开关，拔下分电器盖上的中央高压线，使其端部距缸体5~7mm。拔下分电器信号发生器线束插接件,用一跨接线,让其一端接在信号线插头上,另一端暂时悬空。接通点火开关,将跨接线悬空的一端反复搭铁,此时观察中央高压线端部是否跳火,如跳火,说明点火器是好的,工作正常;如不跳火,在点火线圈及连接导线正常时,说明点火器有问题。

将点火线圈与点火器的导线插接器插接好,用电压表或示波器检查发动机 ECU 端子间的电压,其电压值应符合表 4-1,如不符合,则须更换点火器或 ECU。

点火器上各端子间电压　　表 4-1

端　子	标准电压	条　件
+B ~ 搭铁	9 ~ 14V	点火开关处于"ON"
IGT ~ 搭铁	应有脉冲发生	起动或怠速
IGF ~ 搭铁	应有脉冲发生	起动或怠速

(四)点火线圈的检测

1 外部检验

目测点火线圈,若有绝缘盖破裂或外壳碰裂,就会受潮而失去点火能力,应予以更换。

2 初次级绕组断路、短路和搭铁检验

(1)测量电阻法:用万用表测量点火线圈的初级绕组、次级绕组以及附加电阻的电阻值,应符合技术标准,否则说明有故障,应予以更换。

(2)试灯检验法:用 220V 交流电试灯,接在初级绕组的两接线柱上,若灯不亮则是断路;当检查绕组是否有搭铁故障时,可将试灯的一端与初级绕组相连,一端接外壳,如灯亮,便表示有搭铁故障;短路故障用试灯不易查出。

3 次级绕组的检验

因为次级绕组的一端接于高压插孔,另一端与初级绕组相连,所以检验中,当试灯的一个触针接高压插孔,另一触针接低压接柱时,若试灯发出亮光,说明有短路故障;若试灯暗红,说明无短路故障;若试灯根本不发红,则应注意观察,当将触针从接柱上移开时,看有无火花发生,如没有火花,说明绕组已断路。因为次级绕组和初级绕组是相通的,若次级绕组有搭铁故障,在检查初级绕组时就已反映出来了,无须检查。

拔下点火线圈的连接线,用电阻表检测点火线圈的电阻,其阻值应符合表 4-2 的电阻值。如不符合,则须更换点火线圈。

点火线圈的电阻　　表 4-2

点火线圈	条件	电阻	点火线圈	条件	电阻
一次线圈	冷态	0.36 ~ 0.55Ω	二次线圈	冷态	9.0 ~ 15.4kΩ
	热态	0.45 ~ 0.65Ω		热态	11.4 ~ 13.8kΩ

4 发火强度检验

用对比跳火法检验:将被检验的点火线圈与好的点火线圈分别接上进行对比,看其火花强度是否一样。点火线圈经过检验,如内部有短路、断路、搭铁等故障,或发火强度不符合要求时,一般均应更换为新品。

知识拓展

高性能点火线圈

高性能点火线圈是动力提升的改装配件。采用了国际先进技术,参照赛车点火线圈参数并改良制造。适合用于大众系列车型、富康,别克、奇瑞、哈飞等国内几十种主力车型。

当点火线圈装上后,起动发动机,1min 内排气管明显看到滴水现象,说明燃油得到了充分燃烧,1000km 后燃烧室积炭彻底剥落。新车动力明显提升开一个空调的功率,旧车提升动力开两个空调的功率,加速踏板感觉到很轻,超车提速迅猛,极致发挥发动机的潜能,使燃油得到了充分的利用。

使用方法:安装完成后,起动发动机,怠速 5min 后熄火。将蓄电池线负级拆下 5min,让电脑重新自动调整供油状态。如是化油器将怠速调低,以达到最佳节油效果。

作用:

(1)提升动力,省油,最明显的效果是提升行驶时的中低速转矩。

(2)消除积炭,更好的保护发动机,延长发动机的寿命。

(3)减少或消除发动机的共振。

(4)充分燃烧,减少排放。

高性能点火线圈型号及适用车型见表 4-3。

说明:提升动力的代价,往往是牺牲油耗来达到的。此产品在提升动力的同时,不增加油耗。通过充分燃烧,提升动力,提高制动泵真空度,使制动更加灵敏。

高性能点火线圈型号及适用车型 表 4-3

型号	适用车型
ZN-492	桑塔纳 2000/3000,高尔夫 1.6/1.8/2.0,宝来 1.6/1.8,捷达 8V/5V,POLO1.6
ZN-493	富康 1.6-1.4/8V,爱丽舍 1.6/8V 吉利华普,长城系列,新哈飞赛马,路宝,赛欧,中华
ZN-127	普通桑塔纳,国产 465 发动机系列,奇瑞 QQ1,北斗星,长安,奥拓,福莱尔,哈飞百利,江苏悦达,高尔夫
ZN-126	得利卡,富利卡,猎豹

任务三　凸轮轴、曲轴位置传感器构造与检修

任务导入

一辆别克汽车，行驶里程8万km，发动机在行驶过程中突然熄火，再起动时，无法起动。经检查发现发动机不点火、不喷油，经验分析，问题可能出在主继电器和曲轴位置传感器上。打开点火开关，主继电器正常工作，喷油器、点火器有电源12V，电源电路无故障。检查曲轴位置传感器，传感器无故障，再测量传感器至ECU的导线，测量后，发现传感器与ECU的导线电阻很大，推断可能是接触不良，在插接器处发现有水，且很脏。可能是这个插接器接触不良，经清洁后，故障排除。

学习指引

凸轮轴、曲轴位置传感器是电控发动机重要的传感器，是检测凸轮轴、曲轴位置的传感器，如果传感器失效，将引发动机严重的故障。学习本节内容应从传感器的类型、结构、工作原理及检修入手，重点掌握工作原理和检修。

相关知识

一　凸轮轴/曲轴位置传感器的功用

1　凸轮轴位置传感器

凸轮轴位置传感器又称判缸传感器，也称霍尔效应式传感器，一般都用CIS表示。用于给ECU提供曲轴转角基准位置（第一缸压缩上止点）信号，作为燃油喷射控制和点火控制的主控信号。

2　曲轴位置传感器

曲轴位置传感器又称转速传感器，检测曲轴转角位移，给ECU提供发动机转速信号和曲轴转角信号，作为燃油喷射和点火控制的主控信号。

二　安装位置

凸轮轴/曲轴位置传感器安装在曲轴、凸轮轴、飞轮或分电器处。有两个传感器安装在一起的，也有分开安装的。

三 分类

凸轮轴/曲轴位置传感器分为电磁感应式、霍尔效应式和光电式。

四 电磁感应式曲轴位置传感器的结构和工作原理

以丰田公司电磁感应式曲轴位置传感器为例,该公司TCCS系统采用的电磁感应式曲轴位置传感器安装在分电器内,其结构如图4-16所示。

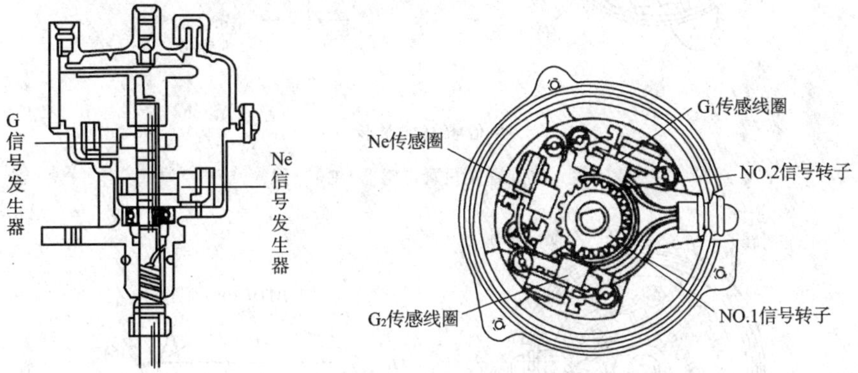

图4-16 丰田电磁感应式曲轴位置传感器

该传感器分成上、下两部分,上部分产生G信号,下部分产生Ne信号,都是利用带有轮齿的转子旋转时,使信号发生器感应线圈内的磁通变化,从而在感应线圈里产生交变的感应电动势,再将它放大后,送入ECU。Ne信号是检测曲轴转角及发动机转速的信号,相当于日产公司电磁感应式曲轴位置传感器的1°信号。该信号由固定在下半部具有等间隔24个轮齿的转子(No.2正时转子)及固定于其对面的感应线圈产生(图4-17a))。当转子旋转时,轮齿与感应线圈凸缘部(磁头)的空气间隙发生变化,导致通过感应线圈的磁场发生变化而产生感应电动势。轮齿靠近及远离磁头时,将产生一次增减磁通的变化,所以,每一个轮齿通过磁头时,都将在感应线圈中产生一个完整的交流电压信号。No.2正时转子上有24个齿,故转子旋转1圈,即曲轴旋转720°时,感应线圈产生24个交流电压信号。Ne信号如图4-17b)所示,其一个周期的脉冲相当于30°曲轴转角(720°÷24=30°)。更精确的转角检测,是利用30°转角的时间由ECU再均分30等份,即产生1°曲轴转角的信号。同理,发动机的转速由ECU依照Ne信号的两个脉冲(60°曲轴转角)所经过的时间为基准进行计测。G信号用于判别汽缸及检测活塞上止点位置,相当于日产公司电磁感应式曲轴位置传感器120°信号。G信号是由位于Ne发生器上方的凸缘转轮(No.1正时转子)及其对面对称的两个感应线圈(G1感应线圈和G2感应线圈)产生的。其构造如图4-18所示。其产生信号的原理与Ne信号相同。G信号也用作计算曲轴转角时的基准信号。G1、G2信号分别检测第6缸及第1缸的上止点。由于G1、G2信号发生器设置位置的关系，当产生G1、G2信号时，实际上活塞并不是正好达到上止点(BTDC)，而是在上止点前10°的位置。图4-19所示为曲轴位置传感器G1、G2、Ne信号与曲轴转角的关系。

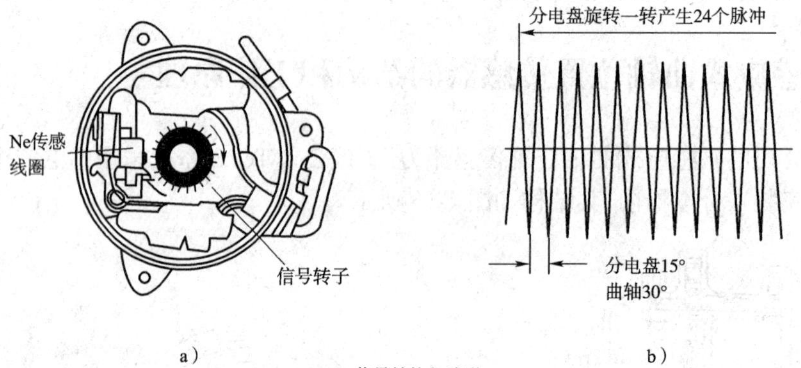

Ne信号结构与波形

图4-17　曲轴位置传感器NE信号

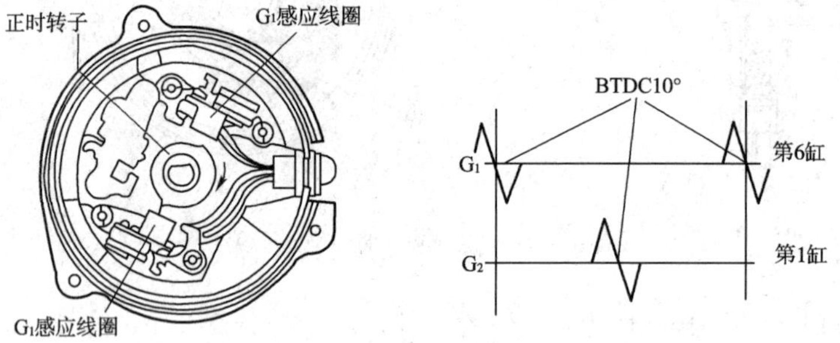

G信号发生器的结构及波形

图4-18　曲轴位置传感器G信号

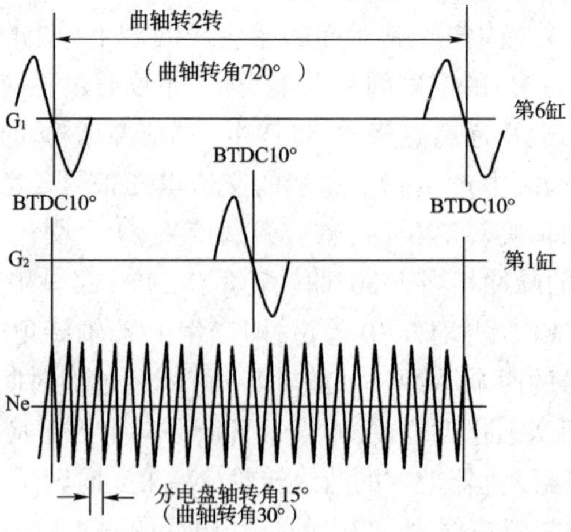

图4-19　曲轴位置传感器G1、G2、Ne信号与曲轴转角的关系

五 光电式曲轴位置传感器

1 日产公司光电式曲轴位置传感器的结构和工作原理

日产公司光电式曲轴位置传感器设置在分电器内，它由信号发生器和带缝隙和光孔的信号盘组成(图4-20)。信号盘安装在分电器轴上，其外围有360条缝隙，产生1°(曲轴转角)信号；外围稍靠内侧分布着6个光孔(间隔60°)，产生120°信号，其中有一个较宽的光孔是产生对应第1缸上止点的120°信号的。

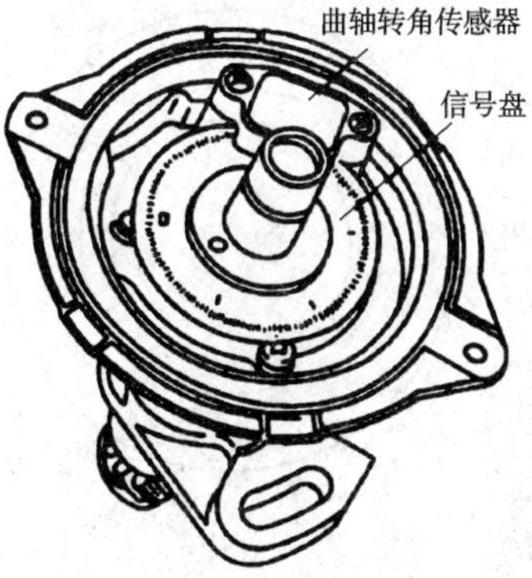

a)光电式曲轴转角传感器

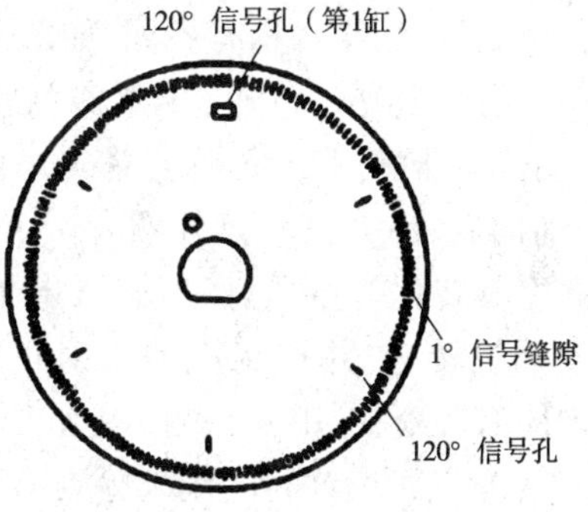

b)信号盘的结构

图4-20 日产光电式曲轴位置传感器

信号发生器固装在分电器壳体上，主要由两只发光二极管、两只光敏二极管和电子电路组成。两只发光二极管分别正对着光敏二极管，发光二极管以光敏二极管为照射目标。信号盘位于发光二极管和光敏二极管之间，当信号盘随发动机曲轴运转时，因信号盘上有光孔，产生透光和遮光的交替变化，造成信号发生器输出表征曲轴位置和转角的脉冲信号。图4-21所示为光电式信号发生器的工作原理。

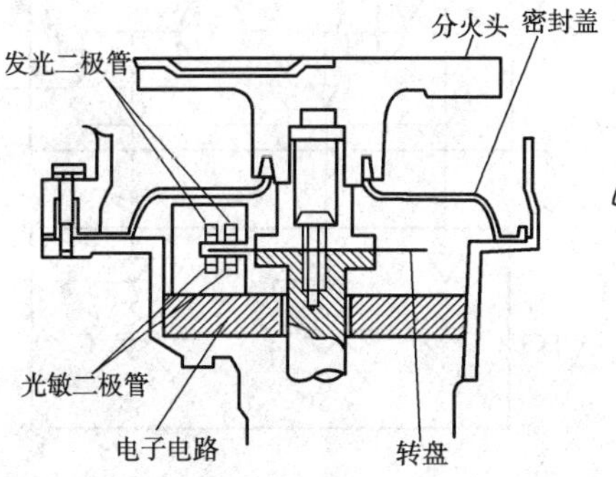

a)信号发生器的布置

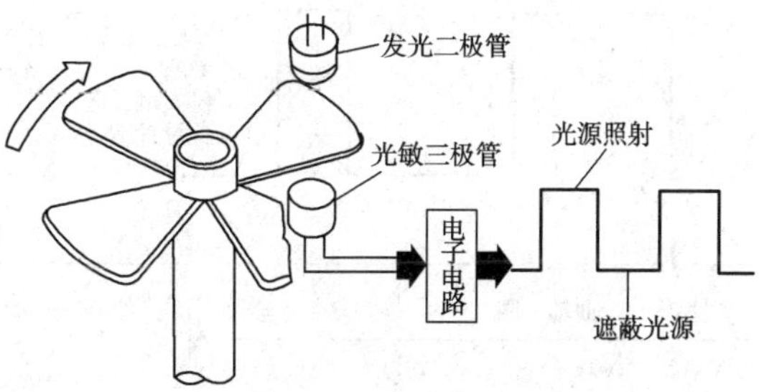

b)光电式信号发生器工作原理

图4-21 光电式曲轴传感器工作原理

当发光二极管的光束照射到光敏二极管上时,光敏二极管感光而导通;当发光二极管的光束被遮挡时,光敏二极管截止。信号发生器输出的脉冲电压信号送至电子电路放大整形后,即向电控单元输送曲轴转角1°信号和120°信号。因信号发生器安装位置的关系,120°信号在活塞上止点前70°输出。发动机曲轴每转2圈,分电器轴转1圈,则1°信号发生器输出360个脉冲,每个脉冲周期高电位对应1°,低电位亦对应1°,共表征曲轴转角720°。与此同时,120°信号发生器共产生6个脉冲信号。

2 现代SONATA汽车用光电式曲轴位置传感器的结构和工作原理

现代SONATA汽车光电式曲轴位置传感器的工作原理与日产公司光电式曲轴位置传感器相似,其信号盘的结构稍有不同,如图4-22所示。

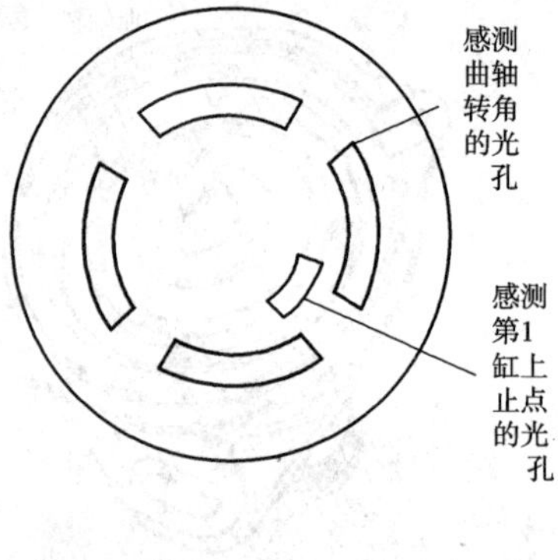

图4-22　现代SONATA汽车光电式曲轴位置传感器信号盘

对于带有分电器的汽车,传感器总成装于分电器壳内;对于无分电器的汽车,传感器总成安装在凸轮轴左端部(从车前向后看)。信号盘外圈有4个孔,用来感测曲轴转角并将其转化为电压脉冲信号,电控单元根据该信号计算发动机转速,并控制汽油喷射正时和点火正时。信号盘内圈有一个孔,用来感测第1缸压缩上止点(在有些SONATA车上,设有两孔,用来感测第1、4缸的压缩上止点,目的是为了提高精度),并将它转换成电压脉冲信号输入到电控单元,电控单元根据此信号计算出汽油喷射顺序。其输出特性如图4-23所示。

曲轴位置传感器的线路连接如图4-24所示。其内设有两个发光二极管和两个光敏二极管,当发光二极管照射到信号盘光孔中的某一孔时,光线便照射到光敏二极管上,使电路导通。

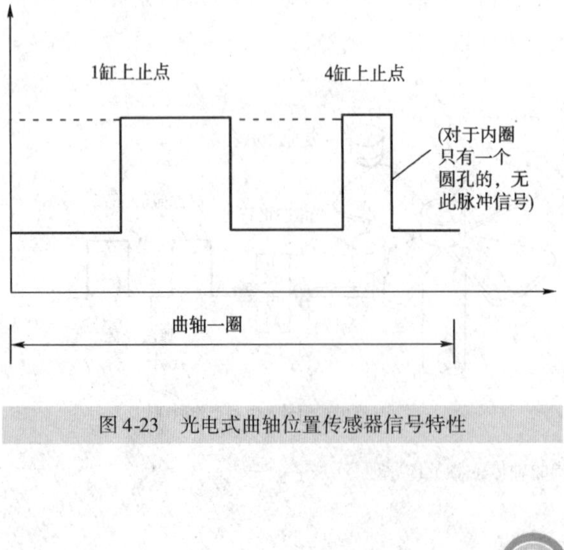

图4-23　光电式曲轴位置传感器信号特性

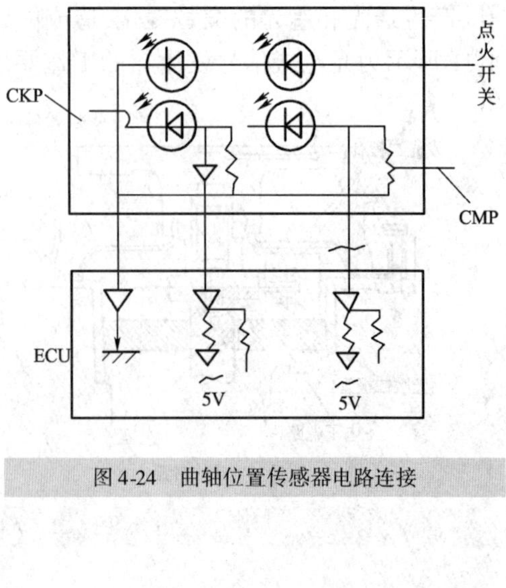

图4-24　曲轴位置传感器电路连接

六 霍尔式曲轴位置传感器的结构和工作原理

1 采用触发叶片的霍尔式曲轴位置传感器

美国 GM 公司的霍尔式曲轴位置传感器安装在曲轴前端,采用触发叶片的结构形式,如图 4-25 所示。在发动机的曲轴带轮前端固装着内外两个带触发叶片的信号轮,与曲轴一起旋转。外信号轮外缘上均匀分布着 18 个触发叶片和 18 个窗口,每个触发叶片和窗口的宽度为 10°弧长;内信号轮外缘上设有 3 个触发叶片和 3 个窗口,3 个触发叶片的宽度不同,分别为 100°弧长、90°弧长和 110°弧长,3 个窗口的宽度亦不相同,分别为 20°弧长、30°弧长和 10°弧长。由于内信号轮的安装位置关系,宽度为 100°弧长的触发叶片前沿位于第 1 缸和第 4 缸上止点(TDC)前 75°,90°弧长的触发叶片前沿在第 6 缸和第 3 缸上止点前 75°,110°弧长的触发叶片前沿在第 5 缸和第 2 缸上止点前 75°。

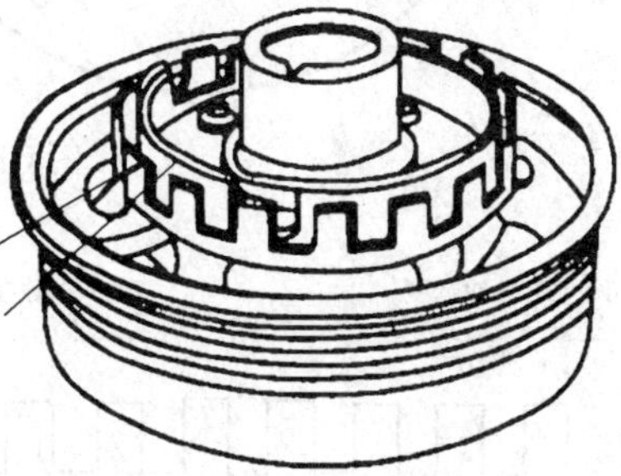

图 4-25 霍尔传感器信号盘

霍尔信号发生器由永久磁铁、导磁板和霍尔集成电路等组成。内外信号轮侧面各设置一个霍尔信号发生器。信号轮转动时,每当叶片进入永久磁铁与霍尔元件之间的空气隙时,霍尔集成电路中的磁场即被触发叶片所旁路(或称隔磁),如图4-26a)所示。这时不产生霍尔电压;当触发叶片离开空气隙时,永久磁铁的磁通便通过导磁板穿过霍尔元件(图 4-26b)),这时产生霍尔电压。将霍尔元件间歇产生的霍尔电压信号经霍尔集成电路放大整形后,即向 ECU 输送电压脉冲信号,如图 4-27 所示。外信号轮每旋转 1 周产生 18 个脉冲信号(称为 18X 信号),1 个脉冲周期相当于曲轴旋转 20°转角的时间,ECU 再将 1 个脉冲周期均分为 20 等份,即可求得曲轴旋转 1°所对应的时间,并根据这一信号,控制点火时刻。该信号的功用相当于光电式曲轴位置传感器产生 1°信号的功能。内信号轮每旋转 1 周产生 3 个不同宽度的电压脉冲信号(称为 3X 信号),脉冲周期均为 120°曲轴转角的时间,脉冲上升沿分别产生于第 1、4 缸、第 3、6 缸和第 2、5 缸上止点前 75°作为 ECU 判别汽缸和计算点火时刻的基准信号,此信号相当于前述光电式曲轴位置传感器产生的 120°信号。

2 采用触发轮齿的霍尔式曲轴位置传感器

克莱斯勒公司的霍尔式曲轴位置传感器安装在飞轮壳上,采用触发轮齿的结构。同时在分电器内设置同步信号发生器,用以协助曲轴位置传感器判别缸号。北京切诺基车的霍尔式曲轴位置传感器如图 4-28 所示,在 2.5L 四缸发动机的飞轮上有 8 个槽,分成两组,每 4 个槽为一组,两组相隔 180°,每组中的相邻两槽相隔 20°。在 4.0L 六缸发动机的飞轮上有 12 个槽,4 个槽为一组,分成三组,每组相隔 120°,相邻两槽也间隔 20°。

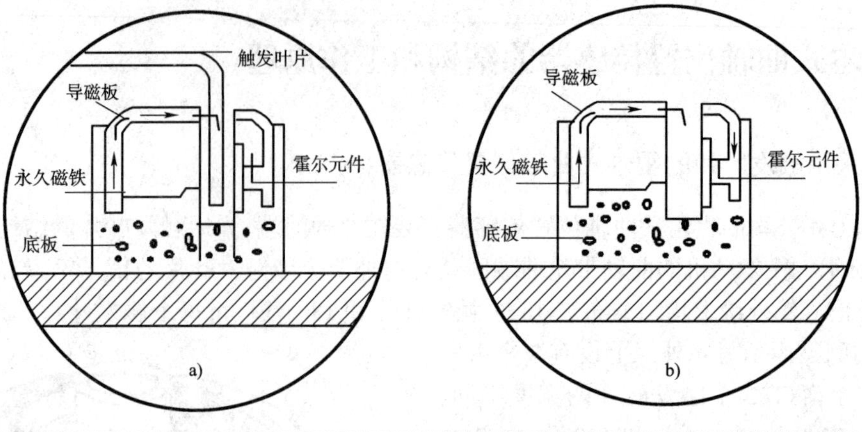

图 4-26　霍尔信号发生器的工作原理

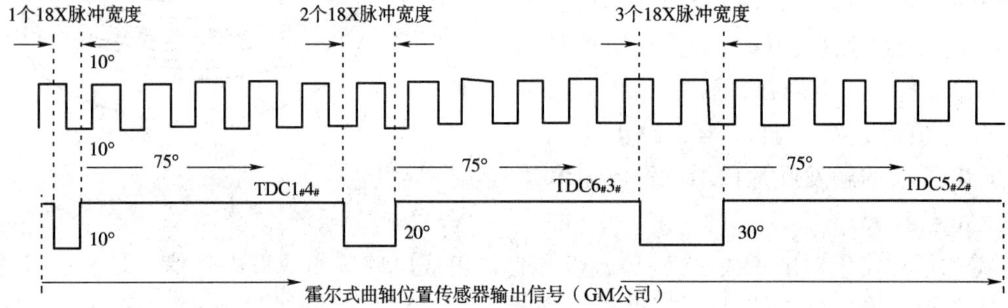

图 4-27　传感器信号特性

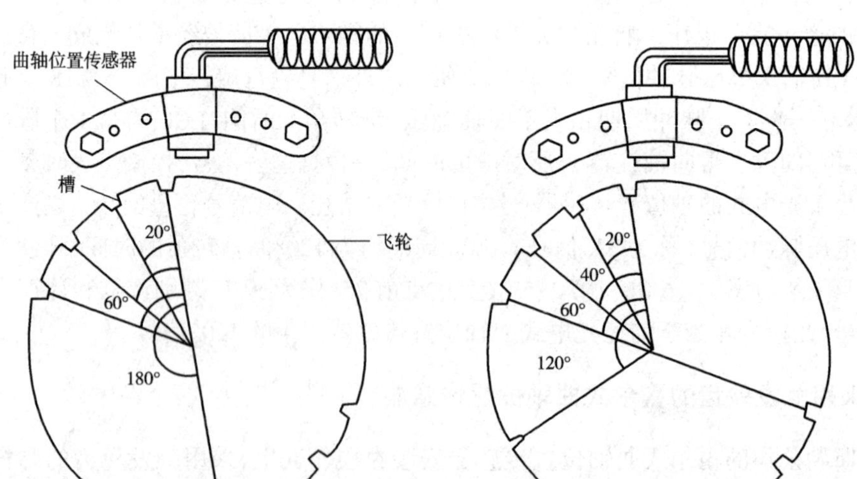

图 4-28　北京切诺基车用霍尔曲轴位置传感器

当飞轮齿槽通过传感器的信号发生器时，霍尔传感器输出高电位(5V)；当飞轮齿槽间的金属与传感器成一直线时，传感器输出低电位(0.3V)。因此，每当1个飞轮齿槽通过传感器时，传感器便产生1个高、低电位脉冲信号。当飞轮上的每一组槽通过传感器时，传感器将产生4个脉冲信号。其中四缸发动机每1转产生2组脉冲信号，六缸发动机每1转产生3组脉冲信号。传感器提供的每组信号，可被发动机ECU用来确定两缸活塞的位置，如在四缸发动机上，利用一组信号，可知活塞1和活塞4接近上止点；利用另一组信号，可知活塞2和活塞3接近上止点。故利用曲轴位置传感器，ECU可知道有两个汽缸的活塞在接近上止点。由于第4个槽的脉冲下降沿对应活塞上止点(TDC)前4°，故ECU根据脉冲情况很容易确定活塞上止点前的运行位置。另外，ECU还可以根据各脉冲间通过的时间，计算出发动机的转速。

任务实施

一 任务实施准备

(1)PASSAT 1.8L发动机实验台架。
(2)丰田皇冠2JZ-FE发动机实验台架。
(3)现代SONATA发动机实验台架。
(4)万用表。
(5)导线。
(6)扳手。
(7)螺丝刀。

二 任务实施步骤

(一)凸轮轴位置传感器的检测

PASSAT 1.8L发动机凸轮轴位置传感器检修，电路如图4-29所示。

1 检测传感器电源电压

(1)断开点火开关，拔下霍尔传感器插座上的线束插头，将万用表的正、负表笔分别连接插头端子“1”与“3”；

(2)接通点火开关，测得电压标准值应当高于4.5V。如电压为零，说明线束断路、短路或ECU有故障；

(3)断开点火开关，继续检测导线是否短路或断路。

2 检测线束导线有无断路和短路故障

(1)在断开点火开关的情况下拔下控制单元线束插头。

(2)检查短路故障。将万用表拨到电阻 OHM×200Ω 挡,两只表笔分别连接传感器插头端子"1"与控制单元插头端子"62"、传感器插头端子"2"与控制单元插头端子"76"、传感器插头端子"3"与控制单元插头端子"67"。测得各导线的电阻值应不大于 1.5Ω。如阻值过大或为无穷大,说明线束与端子接触不良或导线断路,应予维修或更换线束。

(3)检查短路故障。万用表仍拨到电阻 OHM×200Ω 挡,一只表笔连接传感器插头端子"1"(或控制单元插头端子"62"),另一只表笔分别连接传感器插头端子"2"和"3"(或连接控制单元插头端子"76"和"67")测得电阻值应为无穷大。如阻值不是无穷大,说明线束导线短路,应予更换。

3 根据检测结果,判断故障部位

如线束导线无短路或断路故障,且传感器电源电压高于 4.5V,说明霍尔式凸轮轴位置传感器故障,应予维修或更换传感器。

如线束导线无短路或断路故障,但传感器电源电压为零,说明控制单元故障,需要更换控制单元。

(二)电磁感应式曲轴位置传感器的检测

以皇冠 3.0 汽车 2JZ-GE 型发动机电子控制系统中使用的电磁感应式曲轴位置传感器为例说明其检测方法,曲轴位置传感器电路如图 4-30 所示。

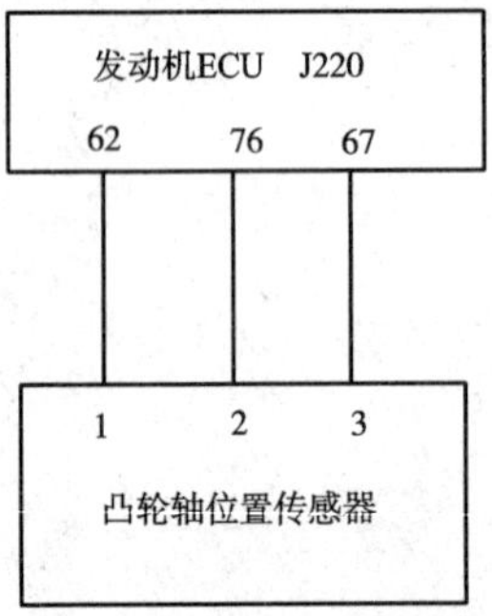

图 4-29　凸轮轴位置传感器电路图

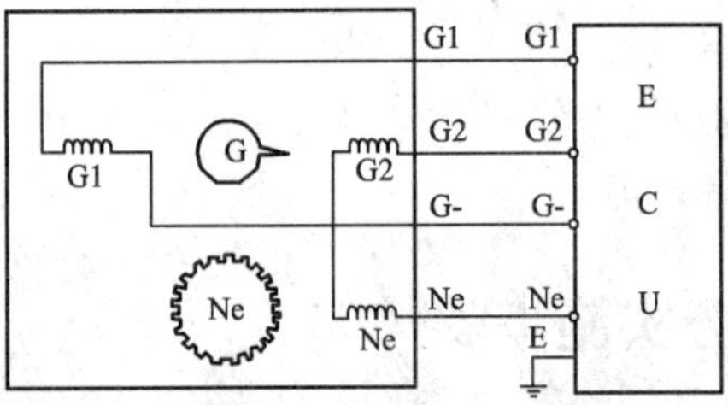

图 4-30　曲轴位置传感器电路图

1 曲轴位置传感器的电阻检查

点火开关置于"OFF"位置,拔掉曲轴位置传感器的导线插接器,用万用表的电阻挡测量曲轴位置传感器上各端子间的电阻值(表 4-4)。如电阻值不在规定的范围内,必须更换曲轴位置传感器。

曲轴位置传感器上各端子间的电阻值　　表 4-4

端　子	条　件	电阻值(Ω)
G1-G-	冷态	125~200
	热态	160~235

续上表

端　子	条　件	电阻值(Ω)
G2-G-	冷态	125～200
	热态	160-235
Ne-G-	冷态	155～250
	热态	190～290

2 曲轴位置传感器输出信号的检测

拔下曲轴位置传感器的导线插接器，当发动机转动时，用万用表的电压挡检测曲轴位置传感器上G1-G-、G2-G-、Ne-G-端子间是否有脉冲电压信号输出。如没有脉冲电压信号输出，则需更换曲轴位置传感器。

3 感应线圈与正时转子的间隙检查

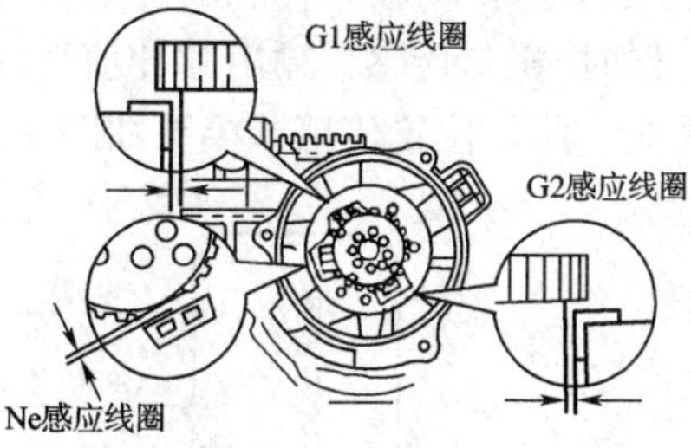

图4-31　检查感应线圈与正转子

用塞尺测量正时转子与感应线圈凸出部分的空气间隙(图4-31)，其间隙应为0.2～0.4mm。若间隙不符合要求，则须更换分电器壳体总成。

(三)光电式曲轴位置传感器的检测

1 曲轴位置传感器的线束检查

图4-32所示为韩国“现代SONATA”汽车光电式曲轴位置传感器插接器(插头)的端子位置。检查时，脱开曲轴位置传感器的导线插接器，把点火开关置于“ON”，用万用表的电压挡(图4-32)测量线束侧4#端子与搭铁间的电压应为12V，线束侧2#端子和3#端子与搭铁间的电压应为4.8～5.2V，用万用表的电阻挡测量线束侧1#端子与接地间的电阻应为0Ω(导通)。

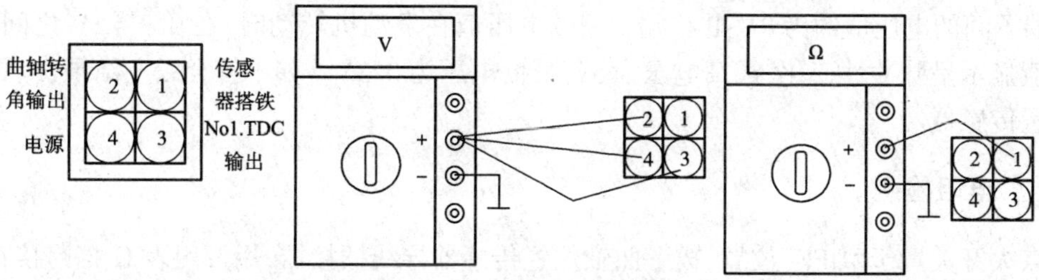

图4-32　曲轴位置传感器线束检测

2 光电式曲轴位置传感器输出信号的检测

用万用表电压挡接在传感器侧3#端子和1#端子上，在起动发动机时，电压应为0.2～

1.2V。在起动发动机后的怠速运转期间,用万用表电压挡检测 2#端子和 1#端子电压应为 1.8 ~2.5V。否则应更换曲轴位置传感器。

(四)霍尔式曲轴位置传感器的检测

霍尔式曲轴位置传感器的检测方法有一个共同点,即主要通过测量有无输出电脉冲信号来判断其是否良好。下面以北京切诺基的霍尔式曲轴位置传感器为例来说明其检测方法。

曲轴位置传感器与 ECU 有三条引线相连,如图 4-33 所示。其中一条是 ECU 向传感器加电压的电源线,输入传感器的电压为 8V;另一条是传感器的输出信号线,当飞轮齿槽通过传感器时,霍尔传感器输出脉冲信号,高电位为 5V,低电位为 0.3V;第三条是通往传感器的搭铁线。曲轴位置传感器接头如图 4-33 所示。

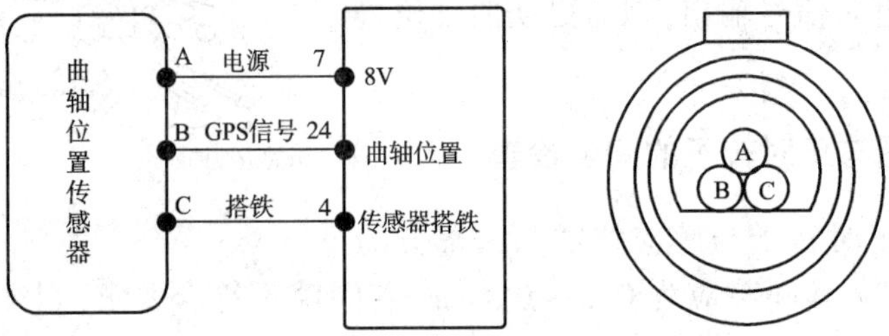

图 4-33　北京切诺基的霍尔式曲轴位置传感器

1 传感器电源、电压的测试

点火开关置于“ON”,用万用表电压挡测量 ECU 侧 7#端子的电压应为 8V,在传感器导线插接器“A”端子处测量电压也应为 8V,否则为电源线断路或接头接触不良。

2 端子间电压的检测

用万用表的电压挡,对传感器的 ABC 三个端子间进行测试,当点火开关置于“ON”时,A-C 端子间的电压值约为 8V;B-C 端子间的电压值在发动机转动时,在 0.3 ~5V 之间变化,且数值显示呈脉冲性变化,最高电压为 5v,最低电压为 0.3V。如不符合以上结果,应更换曲轴位置传感器。

3 电阻检测

点火开关置于“OFF”位置,拔下曲轴位置传感器导线插接器,用万用表 Ω 挡跨接在传感器侧的端子 A-B 或 A-C 间,此时万用表显示读数为∞(开路),如果指示有电阻,则应更换曲轴位置传感器。

GM(通用)公司触发叶片式霍尔传感器的测试方法与上述相似,只是端子为 4 个,上止点信号(内信号轮触发)输出端与搭铁端为脉冲电压显示。

知识拓展

日产公司电磁感应式曲轴位置传感器

日产公司电磁感应式曲轴位置传感器，结构如图 4-34 所示。

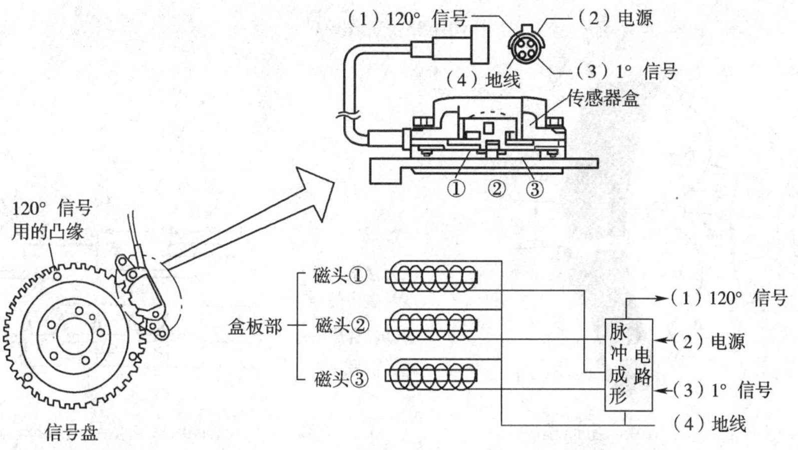

图 4-34 日产电磁感应式曲轴位置传感器

该曲轴位置传感器安装在曲轴前端的带轮之后，如图 4-35 所示。在带轮后端设置一个带有细齿的薄圆齿盘(用以产生信号，称为信号盘)，它和曲轴带轮一起装在曲轴上，随曲轴一起旋转。在信号盘的外缘，沿着圆周每隔 4°有一个齿。共有 90 个齿，并且每隔 120°布置 1 个凸缘，共 3 个。安装在信号盘边沿的传感器盒是产生电信号的信号发生器。信号发生器内有 3 个在永久磁铁上绕有感应线圈的磁头，其中磁头②产生 120°信号，磁头①和磁头③共同产生曲轴 1°转角信号。磁头②对着信号盘的 120°凸缘，磁头①和磁头③对着信号盘的齿圈，彼此相隔了曲轴转角安装。信号发生器内有信号放大和整形电路，外部有四孔插接器，孔“1”为 120°信号输出线，孔“2”为信号放大与整形电路的电源线，孔“3”为 1°信号输出线，孔“4”为搭铁线。通过该插接器将曲轴位置传感器中产生的信号输送到 ECU。发动机转动时，信号盘的齿和凸缘引起通过感应线圈的磁场发生变化，从而在感应线圈里产生交变的电动势，经滤波整形后，即变成脉冲信号(图 4-36)。发动机旋转一圈，磁头②上产生 3 个 120°脉冲信号，磁头①和③各产生 90 个脉冲信号(交替产生)。由于磁头①和磁头③相隔 3°曲轴转角安装，而它们又都是每隔 4°产生一个脉冲信号，所以磁头①和磁头③所产生的脉冲信号相位差正好为 90°。将这两个脉冲信号送入信号放大与整形电路中合成后，即产生曲轴 1°转角的信号，如图 4-37 所示。

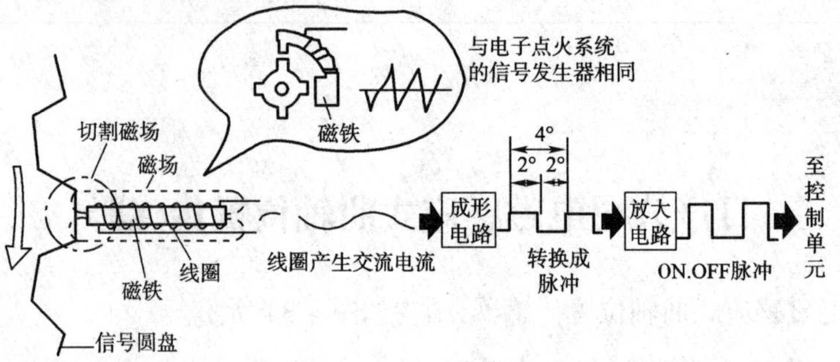

图 4-35　工作原理

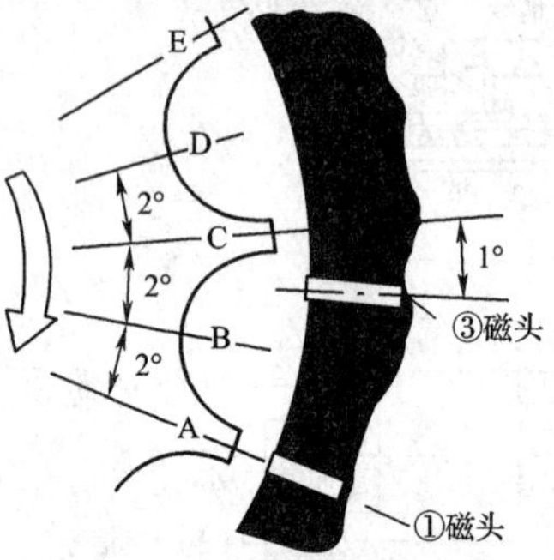

图 4-36　信号产生原理

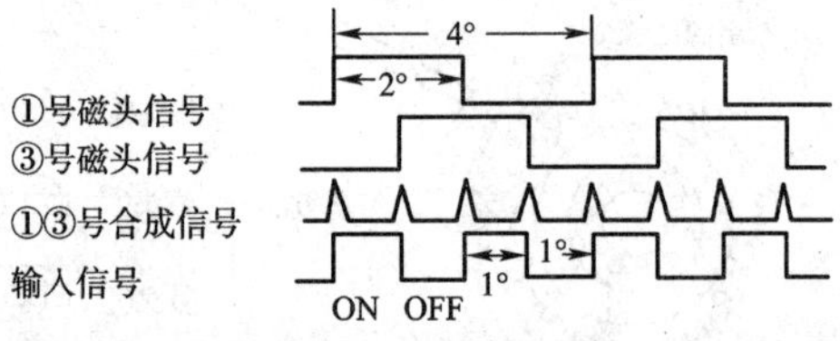

图 4-37　产生曲轴 1°转角信号的原理

任务四　点火提前角控制与检修

任务导入

一辆本田汽车怠速运转不平稳，易熄火；加速时，发动机有严重的爆震声。

学习指引

点火控制主要有两种：一种是点火提前角控制；另一种是点火线圈初级线圈通电时间控制。要求掌握点火提前角、初级线圈通电时间控制方法。

相关知识

普通电子点火系统仍然使用真空和离心机械式点火提前机构对点火提前角进行控制。其主要缺点是：点火提前角的控制精度不高，不能充分考虑各影响因素；为了避免出现大负荷时的爆震现象，其采用妥协的方式减小点火提前角；仍然离不开机械控制范围。

而计算机控制的电子点火提前控制(ESA)系统则能很好地根据转速、负荷等因素进行综合考虑,以电子的手段控制发动机各工况下的点火提前角,并进行通电时间控制和爆震控制,使发动机的功率、经济性和排放等各方面指标达到最佳。

一 影响点火提前角的因素

1 发动机转速对点火提前角的影响

发动机转速升高,点火提前角均应增大。从图4-38中可以看出ESA相对于采用机械式离心调节器的普通点火系统,发动机的实际点火提前角更接近于理想的点火提前角。

2 进气歧管绝对压力(负荷)对点火提前角的影响

如图4-39所示,歧管压力高(真空度小、负荷大)时,要求点火提前角小;歧管压力低(真空度高、负荷小)时,要求点火提前角大。在EFI中,废除了真空提前调节器,采用ESA的发动机的实际点火提前角更接近于理想的点火提前角。

3 辛烷值对点火提前角的影响

汽油的辛烷值越高,抗爆震性越好,点火提前角可越大。为了适应不同辛烷值的燃油的需要,有的发动机在ECU中存储了两张点火定时图,使用时可根据不同的燃油品种进行选择。在出厂时,一般开关设定在无铅优质汽油的位置上。

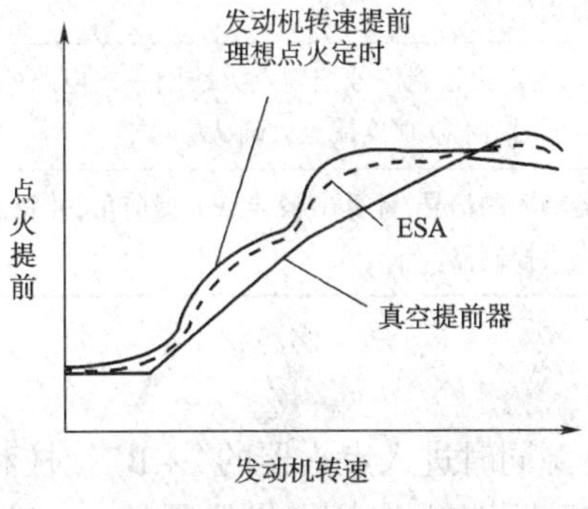

图4-38 发动机转速对点火提前角的影响

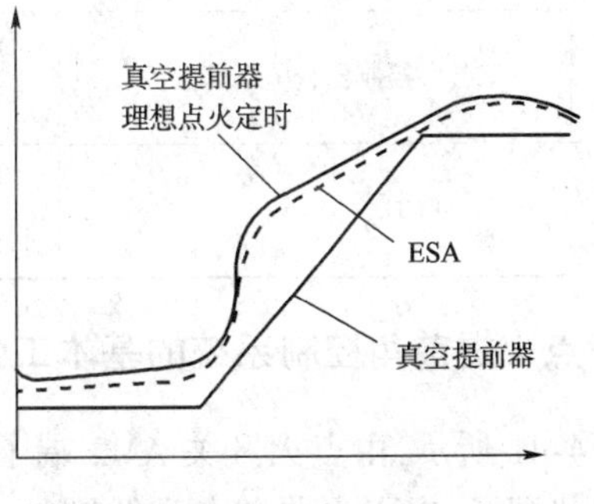

图4-39 进气歧管绝对压力(负荷)对点火提前角的影响

4 影响点火提前角的其他因素

点火提前角除了与发动机的转速、进气歧管绝对压力(负荷)和辛烷值有关之外,还与发动机燃烧室形状、燃烧室内温度、空燃比、燃油品种、大气压力、冷却液温度等因素有关。而计算机控制点火系统能综合地考虑发动机工况的变化和运行条件,选择最佳的点火提前角,不仅能保证发动机的动力性和燃油经济性都达到最佳值,还能使排放污染最小。

二 电子点火提前控制系统的组成和工作原理

（一）点火提前角控制系统的组成

计算机控制点火系统主要由监测发动机运行状态的传感器、处理信号和发出指令的ECU、响应指令的点火器以及点火线圈等组成。点火提前角控制系统的组成如图4-40所示。系统各组成部分及其功用见表4-5。

点火提前角控制系统的组成　　表4-5

组　件			功　能
传感器	空气流量计		检测进气歧管压力或进气量,向ECU输出信号
	进气压力传感器		
	曲轴位置传感器	Ne信号	检测曲轴N角度或发动机转速,向ECU输出信号
		G1、G2信号	检测凸轮轴、曲轴角度基准位置,向ECU输出信号
	节气门位置传感器		向ECU输出点火提前角修正信号
	冷却液温度传感器		检测发动机冷却液温度,向ECU输出点火提前角修正信号
	起动开关(起动信号)		向ECU输出发动机正在起动中的信号
	空调开关(A/C)		向ECU输出空调的工作状态(ON、OFF)信号
	车速传感器		检测车速,向ECU输出车速信号
	空挡起动开关		检测变速杆置于N挡或P挡
	爆震传感器		检测发动机爆震信号
执行器	点火控制器(点火模组)		根据ECU输出的点火控制信号控制点火线圈一次电路的通断,产生二次高压。同时,向ECU反馈点火确认信号
ECU			根据各传感器输入的信号,计算出最佳点火提前角,并将点火控制信号输送给点火控制器

（二）点火提前角控制系统的基本工作原理

如图4-41所示,由点火开关AM2端子提供的电源同时进入点火器的“+B”接柱和点火线圈的“+”端子,向点火器和点火线圈的一次线圈通电,该电流从点火线圈的“-”端子流出,由点火器的“C-”接柱流入点火器搭铁,从而形成一次电流。而后ECU根据转速信号(Ne)和曲轴位置信号(G1,G2)、进气歧管真空度(或进气流量)信号以及起动开关信号等计算最佳点火提前角,通过“IGT”端向点火器输出点火正时信号,控制点火器“C-”搭铁切断的时刻,与此同时,在点火线圈的二次线圈产生高压跳火。点火器的“IGF”向ECU反馈点火确认信号,当ECU接受不到该信号时,便切断燃油喷射,使发动机熄火。

（三）点火提前角的控制方式

在计算机控制点火系统中,ECU综合有关传感器的输入信号,计算出最佳点火时刻,控制点火器点火。

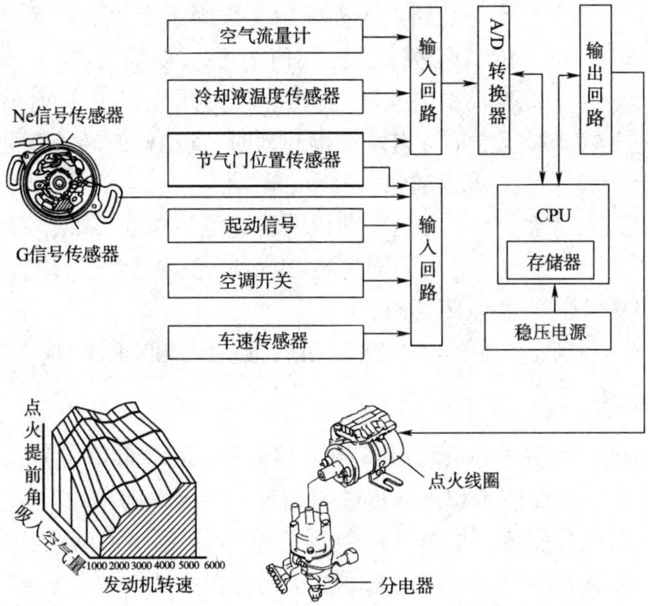

图4-40　点火提前角控制系统的组成

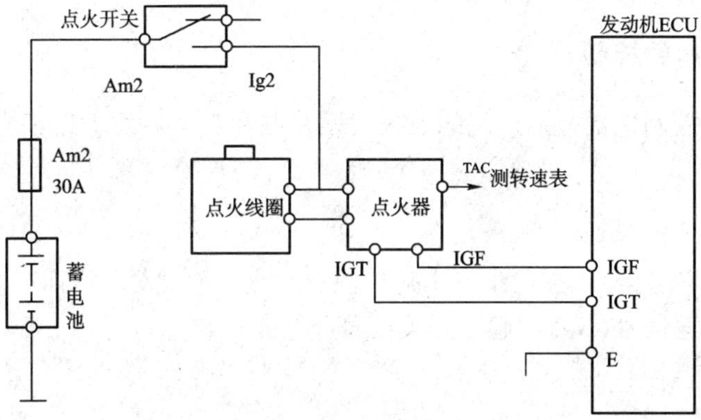

图4-41　点火控制电路

1 点火提前角的计算

对丰田汽车计算机控制系统(TCCS)而言,其实际点火提前角＝初始点火提前角＋基本点火提前角＋修正点火提前角(或延迟角)。ECU根据进气歧管压力或进气量和发动机转速,从存储器存储的数据中找到相应的基本点火提前角,再根据有关传感器信号值加以修正,得出实际点火提前角,如图4-42所示。

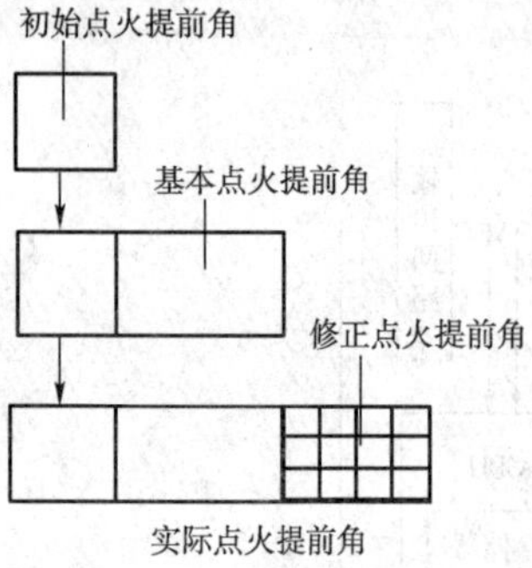

图 4-42　点火提前角的计算

1）初始点火提前角

初始点火提前角又称固定点火提前角。例如：丰田汽车的 IG-GEL 发动机，其值为上止点前 10°，在下列情况下，IG-GEL 发动机的实际点火提前角为固定点火提前角。

（1）当发动机起动时，发动机的转速变化大，无法正确计算点火提前角；

（2）当发动机的转速低于 400r/min；

（3）当车速在 2km/h 时，或节气门位置传感器怠速（IDL）触点闭合时；

（4）当 ECU 由后备系统控制工作时。

2）基本点火提前角

ECU 根据发动机转速信号和进气歧管压力信号（或进气量信号）等，从存储器中获得。它分为怠速时的基本点火提前角和正常行驶时的基本点火提前角。

怠速时的基本点火提前角是指节气门位置传感器怠速（IDL）触点闭合时，ECU 根据发动机转速和空挡开关是否接通而确定的基本点火提前角。

3）修正点火提前角

初始点火提前角和基本点火提前角相加得到的点火提前角必须根据相关因素加以修正。修正项目因发动机而异，且应根据发动机各自的特性曲线进行修正。

2 点火提前角的控制

点火提前角的控制包括起动期间的点火时间控制和起动后发动机正常运行期间的点火时间控制。

1）起动期间的点火时间控制

在起动期间，其实际点火提前角等于初始点火提前角（因发动机而异）。此时的控制信号主要是发动机转速信号（Ne）和起动开关信号（STA）。

2）起动后点火时间控制

（1）基本点火提前角的控制。怠速时的基本点火提前角是指节气门位置传感器怠速触点闭合时，ECU 根据发动机转速和空调开关是否接通而确定的基本点火提前角，如图 4-43 所示。在空调工作时，其基本点火提前角要大一些，以防因空调负荷使发动机工作不稳。

在怠速工况运行时，控制信号主要有：节气门位置信号（IDL）、发动机转速信号（Ne）、空调开关信号（A/C）。

在正常运行工况下运转时，节气门位置传感器的怠速（IDL）触点断开，ECU 根据存储器的数据确定基本点火提前角，数据表格存储形式如图 4-44 所示。

在正常运行工况运行时，控制信号主要有：进气歧管压力或进气量信号、发动机转速信号（Ne）、节气门位置信号（IDL）、燃油选择开关或插头（R-P）、爆震信号（KNK）等。

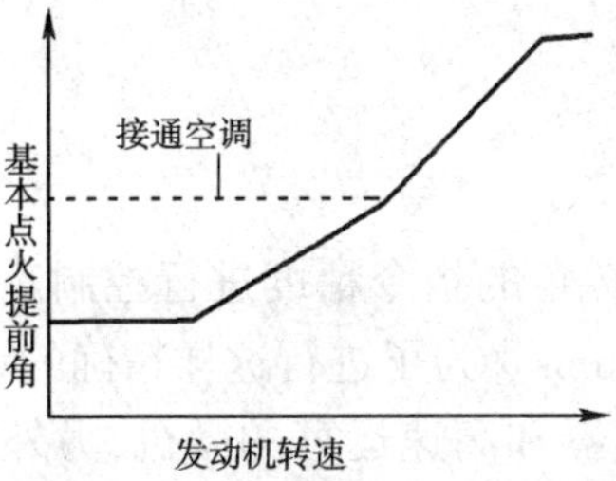

图 4-43　怠速工况基本点火提前角

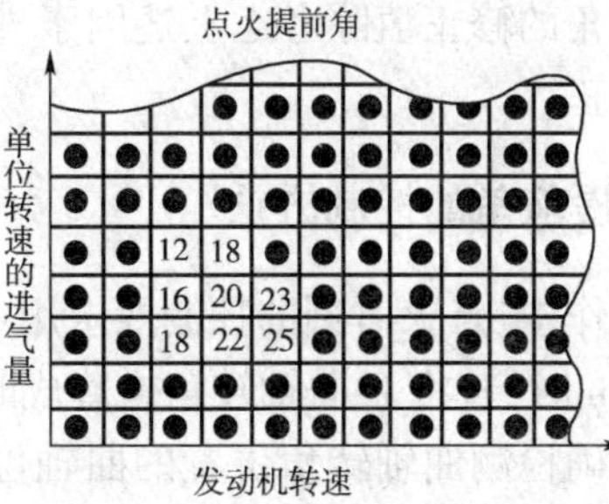

图 4-44　数据表格存储形式

在某些发动机中，按燃油辛烷值不同，在存储器中存放着两张基本点火提前角的数据表格。驾驶人可根据使用燃油的辛烷值，通过燃油选择开关或插头进行选择。

具有爆震控制功能的 ESA，ECU 中还存有专用于爆震控制点火时间的数据。

（2）点火提前角的修正。

①暖机修正。暖机点火提前角是指节气门位置传感器怠速触点闭合时，ECU 根据冷却液温度传感器进行修正的点火提前角。当发动机冷却液温度较低时，应增大点火提前角，以促使发动机尽快暖机，当冷却液温度较高时，如超过 90℃，为避免发动机过热，其点火提前角必须减小。

暖机过程中，控制信号主要有：冷却液温度信号（THW），如图 4-45 所示。进气歧管压力或进气量信号、节气门位置信号（IDL）等。

②怠速稳定性的修正。稳定怠速点火提前控制是指为了使怠速稳定运转而对点火提前角进行修正。由于发动机负荷变化等原因引起发动机转速变化时，ECU 根据转速信号和规定的怠速转速进行比较，相应地增加或减小点火提前角，以保证发动机怠速时稳定运转，防止发动机怠速熄火，如图 4-46 所示。

怠速稳定修正信号主要有：发动机转速信号（Ne）、节气门位置信号（IDL）、车速信号（SPD）、空调信号（A/C）等。

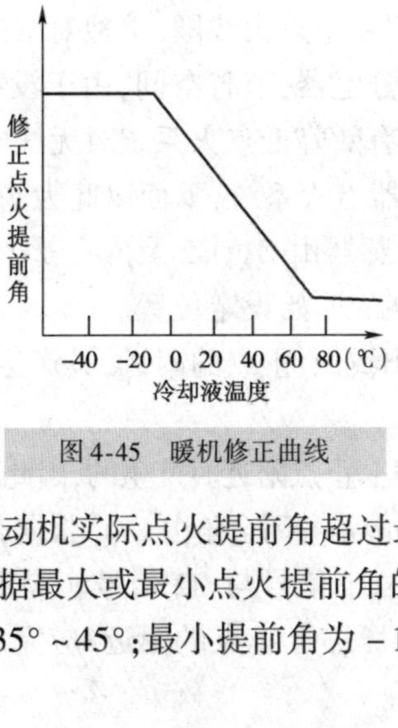

图 4-45　暖机修正曲线

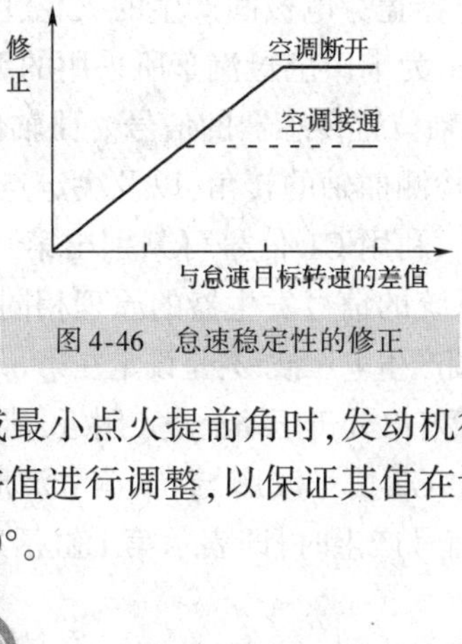

图 4-46　怠速稳定性的修正

另外，当发动机实际点火提前角超过最大或最小点火提前角时，发动机很难正常运转。此时 ECU 便根据最大或最小点火提前角的允许值进行调整，以保证其值在设定的范围内：最大提前角为 35°～45°；最小提前角为 -10°～0°。

点火提前角的修正值除考虑上述因素外，一些点火控制系统点火提前角的修正还包括空燃比反馈修正。

3 点火提前角的控制方法

发动机工作中，点火时刻的控制要求用1°曲轴转角的指令精度进行控制。当发动机转速为6000r/min时，若将1°曲轴转角换算成时间为36ms。为了进行这样精确的计时控制，需要具有能够准确检测曲轴转角位置的曲轴位置传感器和高速运算的微机，另外还需要有能够巧妙利用它们的控制方式。

目前，许多车型的控制方式是由曲轴位置传感器产生180°曲轴转角的G信号(6缸机为120°)和1°曲轴转角的Ne信号，以G信号为基准，按每1°曲轴转角分频，用既定的曲轴角度产生点火正时信号(IGT)。

以日产L20E型发动机为例，在某种运转状态下，ECU选出最佳点火提前角为上止点前40°，而其在上止点前70°时开始输入120°信号，因此当ECU读到120°信号时，即表示某缸活塞处于压缩上止点前70°位置，这时ECU开始计数30个1Ne信号，在第31个Ne信号输入的同时，控制点火器点火。点火时刻基准信号如图4-47所示。

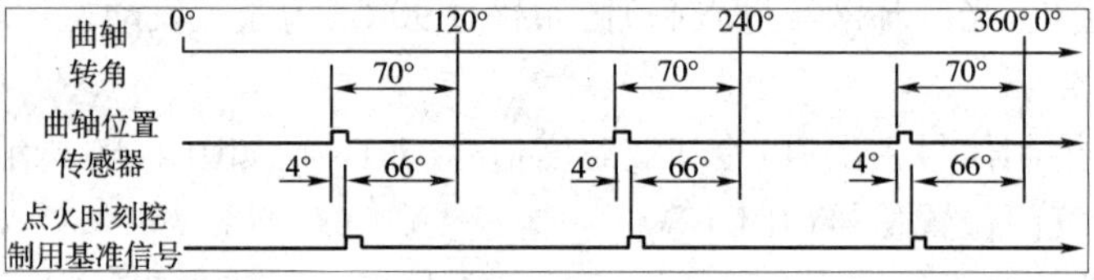

图4-47　点火时刻基准信号

在无分电器点火(DLl)系统中，ECU除了向点火器输出点火正时信号(IGT)外，还需向点火器输出汽缸缸序判别信号(IGd)。

无分电器点火系统目前常采用以下两种方式：一是同时点火方式，指两个汽缸合用一个点火线圈，即一个点火线圈有两个高压输出端，分别与一个火花塞相连，负责对两个汽缸点火；二是单独点火方式，指每个汽缸的火花塞上配用一个点火线圈，单独对本汽缸进行点火。

无分电器点火系统还具有以下优点：由于废除分电器，节省空间；由于没有配电器，不存在分火头与分电器盖旁电极间产生的火花，因此可有效降低点火系统对无线电的干扰。

图4-48所示为丰田皇冠汽车所采用的无分电器点火系统，下面以此为例加以说明。

(1)来自曲轴位置传感器的信号。曲轴位置传感器由G1、G2及Ne三个线圈组成，其功能是判别汽缸，检测曲轴的转角，以及决定点火时期的原始设定位置。

①G1信号。利用G1信号可判别出第6缸在压缩上止点的附近，其产生信号的原理与普通电子点火系统的信号发生器的原理相同。

G1传感线圈产生电压波形，是设定在第6缸压缩上止点附近时产生的，因此只要G1线圈产生信号，就表示第6缸处于压缩上止点附近，其点火提前角和闭合角由ECU根据Ne信号决定。

②G2信号。G2信号波形与G1信号波形相同，G1信号与G2信号相隔180°(曲轴转角360°)。当G2信号产生时，即表示第1缸活塞处于压缩上止点的附近，应完成其点火准备，

点火正时也由 Ne 信号决定。

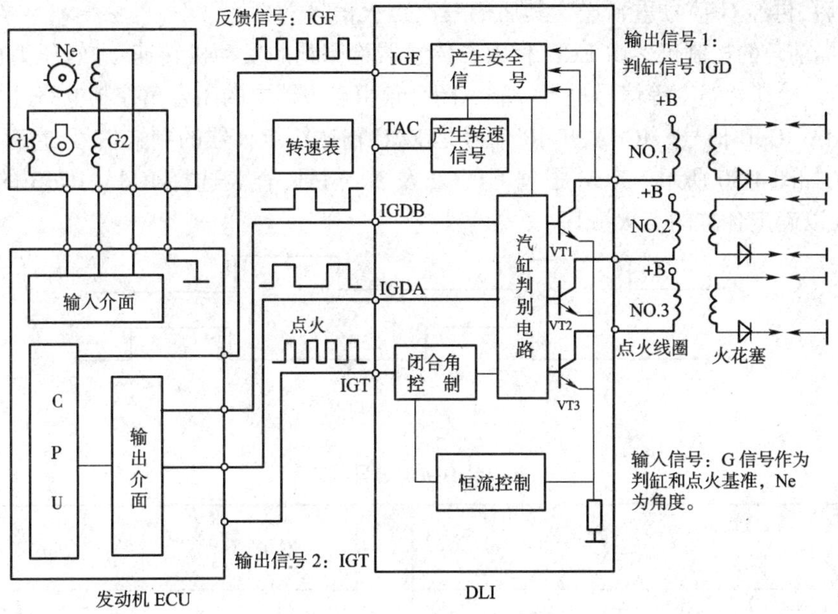

图 4-48　丰田皇冠汽车分电器电子点火系统

③Ne 信号。Ne 正时转子有 24 个齿，它每转一转，产生 24 个信号波形，其波形与 G1、G2 信号波形相似，每个波形表示 Ne 正时转子角度为 15°或发动机曲轴转角 30°。这个数值在点火控制中会引起较大误差，为了保持一定的精度，需将这些脉冲电压信号整形，再通过转角脉冲发生器，把 24 个脉冲转变为曲轴一转产生 720 个脉冲，即转变为每 0.5°曲轴转角发生 1 个脉冲。

当发动机起动的瞬间，已超过了产生 G1 信号时期，而 G2 信号又未产生，此时无法判别汽缸，因此必须等到产生 G 信号判别汽缸后才能执行实际点火控制。

当 G1 或 G2 信号产生时，可用来判别第 6 缸或第 1 缸处于压缩上止点前，因此必须对该缸完成点火准备，G1 或 G2 信号产生后所产生的 Ne 信号即成为第 6 缸或第 1 缸的点火正时的基准信号，如图 4-49 所示。

(2) ECU 的输出信号。ECU 通过曲轴位置传感器接收到 Gl、G2、Ne 信号，向点火器输出 IGT、IGdA、IGdB 三个信号。

①IGT 信号。IGT 信号就是点火正时信号，如图 4-49 所示。

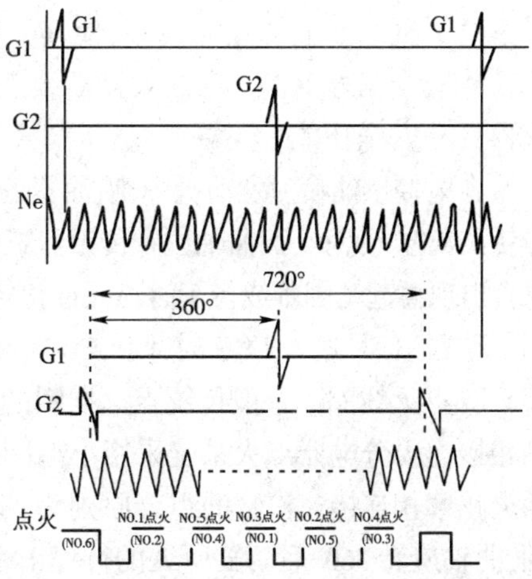

图 4-49　点火控制方式

当 G1 或 G2 信号产生时，ECU 以此信号为基准，根据 Ne 信号控制其后的三次点火信号，即每 4

个 Ne 信号产生一次点火信号(4 个 Ne 信号为 60°,相当于曲轴转角为 120°),而每产生三次点火信号后,再经 G 信号重新设定其后的三次点火信号。

点火提前角的控制仍然由 ECU 利用各传感器检测到的发动机转速、进气压力(真空度)、节气门位置、冷却液温度等信号进行控制。闭合角由点火器中的闭合角控制电路进行控制。

②IGdA、IGdB 信号。IGdA、IGdB 信号是 ECU 输送给点火器的判缸信号,它存于 ECU 的存储器中,如图 4-50 所示。ECU 根据 G1、G2 及 Ne 信号,查表选择 IGdA、IGdB 的信号状态(表 4-6),以确定各缸的点火顺序。

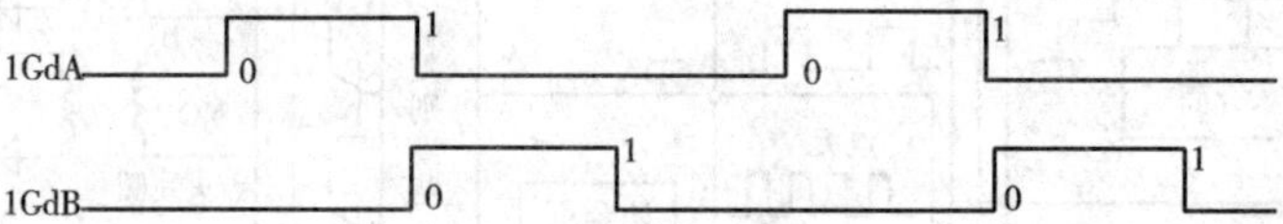

图 4-50　IGdA、IGdB 信号

IGdA、IGdB 信号状态　　表 4-6

点火线圈 \ 信号状态	IGdA	IGdB	结　果
NO.1、NO.6	0	1	点火
NO.5、NO.2	0	0	点火
NO.3、NO.4	1	0	点火

③点火器。点火器内有汽缸判别、闭合角控制、恒流控制、安全信号等电路,其主要功能是接收 ECU 发出的 IGT、IGdA、IGdB 信号,并依次驱动各个点火线圈工作。另外它还向 ECU 输入安全信号(1GF)。其具体工作过程如下:

点火器中的汽缸判别电路根据判缸信号 IGdA、IGdB 的信号状态,决定哪条驱动电路接通,并将 IGT 点火正时信号送往与此驱动电路相连接的点火线圈,完成对某缸的点火。例如,如果 IGdA/IGdB 的信号状态分别为 0 和 1 时,汽缸判别电路使 VT_1 导通,将点火正时信号送给 1 缸和 6 缸的点火线圈,使其工作、完成对 1 缸和 6 缸的点火。

④安全信号 IGF。将点火器断续点火线圈的初级电流的信号反馈给 ECU 的信号,使点火器具有安全功能。

在电控燃油喷射发动机中,喷油器的驱动信号来自曲轴位置传感器。如果点火系统出现故障使火花塞不点火,而曲轴位置传感器工作正常时,喷油器会照常喷油,造成汽缸内喷油过多,结果会出现再起动困难或行车时三元催化转化器过热。为避免这种现象发生,当 IGF 信号连续 3 ~ 5 次无反馈信号送入 ECU 时,则 ECU 判断点火系统有故障,并强制停止喷油器工作。

⑤点火线圈。一般传统点火线圈的二次线圈的一端通过配电器接火花塞,一端与一次线圈相接。无分电器点火系统采用小型闭磁路的点火线圈,二次线圈的两端分别与两个汽缸上的火花塞相连接。汽缸的组合原则为:一缸处于压缩行程的末期,另一缸处于排气行程的末期,曲轴旋转 360°后两缸所处的行程正好相反。对于六缸发动机来讲,其汽缸的组合为第 1 缸与第 6 缸、第 2 缸与第 5 缸、第 3 缸与第 4 缸,即每两缸一个点火线圈,火花塞串联同时点火。

由于压缩缸的汽缸压力较高,放电较为困难,因此所需击穿电压较高,而排气缸的压力接近大气压力，放电容易，所需的击穿电压较低。因此当两缸火花塞同时跳火时，阻抗几乎都在压缩缸。即在串联点火电路中，压缩缸承受大部分电压降，与普通只有一个火花塞跳火的点火系统比较，击穿电压相差不大，而排气缸损失的电能也不大。

点火线圈由一次线圈、二次线圈、铁芯、高压二极管、外壳等组成。

三 通电时间（闭合角）控制

根据点火原理，对于电感储能式电子点火系统，当点火线圈的一次电路被接通后，其一次电流是按指数规律增长的，一次断开电流直接影响点火能量和二次电压最大值 $U_{2,\max}$。一次电路被断开瞬间，一次电流所能达到的值即断开电流与一次电路接通的时间长短有关。只有通电时间达到一定值时，一次电流才可能达到饱和，进而获得较高的二次电压。因此，必须保证有足够的通电时间（闭合角）。但如果通电时间过长，点火线圈又会发热并使电能消耗增大。考虑到上述两方面的要求，必须要控制一个最佳通电时间。另外，蓄电池电压变化也会影响一次电流，如蓄电池电压下降时，在相同的通电时间里一次电流所达到的值将会减小，因此必须对通电时间进行修正。图 4-51 所示为蓄电池电压与通电时间的修正曲线。

在有些点火装置中，为了减小转速对二次电压的影响，提高点火能量，采用了一次线圈电阻很小的高能点火线圈，其饱和电流可达 30A 以上。使用这种的高能点火线圈，虽能保证高速时有足够大的断电电流，但在发动机低速工作时，则会由于闭合时间过长而使点火线圈的电流过大。这样不仅造成电能的浪费，更主要的是会使点火线圈和点火电子组件过热而损坏。因此，在点火控制电路中增加了恒流控制电路，使任何转速下一次电流都能达到规定值——7A，从而既保证了点火能量和点火电压在各种工况下基本不变，又可以避免点火线圈和点火电子组件在低速时因过热而损坏。

初级线圈通电时间的长短取决于发动机转速和电源电压大小。在不同的转速、不同的供电电压下，都应保证有一定的初级断开电流。随着发动机转速的升高，应适当延长通电时间，以防止初级断开电流过小、点火线圈储能下降，造成次级高压降低而点火困难。理想初级线圈通电时与发动机转速的关系如图 4-52 所示。

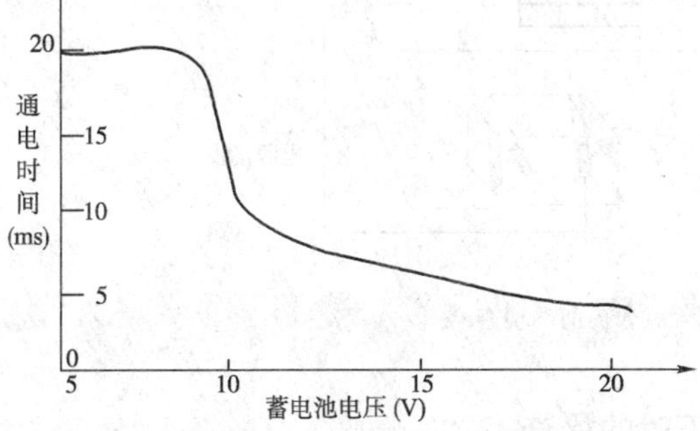

图 4-51　蓄电池电压与通电时间的修正曲线

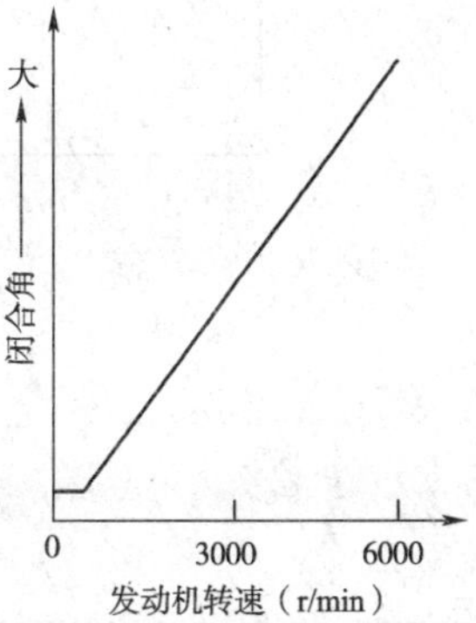

图 4-52　初级线圈通电时间与发动机转速的关系

任务实施

一 任务实施准备

(1)丰田花冠发动机实验台架。

(2)丰田5A发动机实验台架。

(3)点火正时灯。

(4)扳手。

二 任务实施步骤

检查点火正时一般使用点火正时灯,正常范围为8°~38°,检查方法如图4-53所示。有分电器的点火系统正时调整:逆着分电器凸轮旋转方向转动分电器外壳,点火提前;顺着分电器凸轮旋转方向转动外壳,点火延迟。无分电器的点火系统正时一般不能调整。

为了避免伤人和破坏喷油及点火系统,在使用与维修过程中要注意:在发动机运转或处于起动转速时不允许触摸或拔下高压线;只能在关闭点火开关时才能拆下或连接喷油器与点火系统以及测试仪器的导线;如果需要使发动机处于起动运转但不起动,如在进行压缩压力检测时,要分开转速传感器的插头连接。完成工作后要查询故障码。

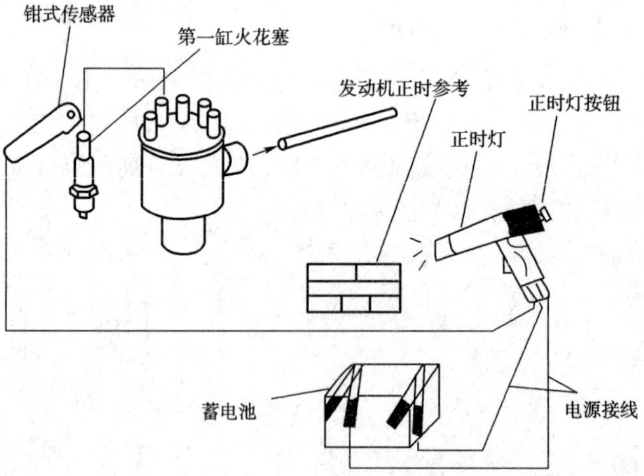

图4-53　点火提前的检查

1 丰田车系直接点火发动机点火正时的检查

(1)起动发动机,使其达到正常工作温度。

(2)发动机熄火后,连接转速表及正时灯到发动机上,变速器置于N挡。

(3)起动发动机并加速到2500r/min,保持90s,然后降回怠速。

(4)检查怠速应为750r/min。

(5)发动机熄火,将诊断座中的TE1与E1用导线跨接。

(6)再起动发动机并保持在750r/min怠速运转,检查基本正时,应为10°,如果不正确,则检查正时齿形带是否有跳齿,或检查节气门怠速接点IDL与E2之间是否接通。

(7)如果传动带正常,怠速接点接触良好,检测空气流量计、压力传感器及冷却液温度传感器。另外要注意发动机是否漏气,若一切正常则说明发动机电脑不正常。

2 丰田车系有分电器发动机基本点火正时的检查与调整

(1)发动机达到正常工作温度。

(2)发动机熄火后,连接转速表及正时灯到发动机上,变速器置于N挡。

(3)将诊断座中的TE1与E1用导线跨接。

(4)再起动发动机并保持在750r/min怠速运转,检查基本正时,应为10°。

(5)如果正时不在标准范围,则直接调整分电器。

任务五　爆震传感器构造与检修

任务导入

发动机正常运转,如果开/闭前照灯或其他电气设备就会出现排气管放炮现象,严重时可将排气管炸裂。

学习指引

发动机爆震产生时,生成的以声速传播的压力峰值猛烈冲击活塞、汽缸盖,将会损坏活塞、汽缸盖、缸体和汽缸垫。同时,燃烧室内温度急剧升高,长时间会烧熔活塞、气门、火花塞,导致整台发动机损坏。这种峰值压力的上升和下降非常迅速,基本不产生有效功率,所以发动机功率明显降低,加速性差,燃油消耗增加。

相关知识

一 爆震传感器的作用及安装的位置

采用爆震传感器的目的是为了在提高发动机的动力性能。它安装在发动机汽缸壁上,用于检测发动机是否发生爆震，将检测到的发动机爆震信号，送到电脑，控制点火时刻，防止爆震，有爆震则推迟点火时刻，无爆震则提前点火时刻，使点火时刻在任何工况都保持最佳值。

二 爆震传感器的类型

爆震传感器分为电感式和压电式两种，压电式又分为共振式、非共振式和火花塞座金属垫型。

三 压电式爆震传感器

工作原理：利用压电效应原理检测发动机爆震。

1 压电式共振型爆震传感器

爆震传感器由压电元件、振子、基座、外壳等组成，如图4-54所示。当发生爆震时，振子与发动机共振，压电元件输出的信号电压也有明显增大，易于测量，如图4-55所示。

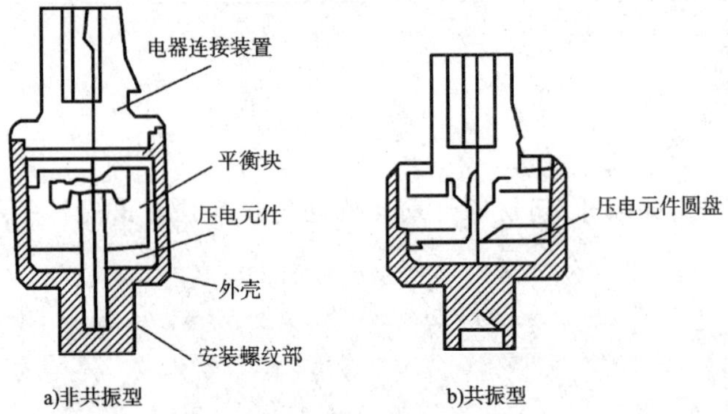

图4-54　压电式爆震传感器

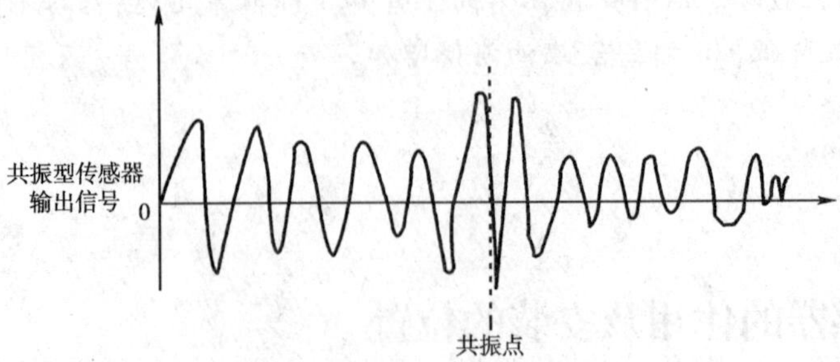

图4-55　共振型传感器输出信号

2 压电式非共振型爆震传感器

与共振型相比，非共振型内部无振荡片，但设一个配重块，以一定的预紧压力压紧在压电元件上，如图4-56所示。当发动机发生爆震时，配重块以正比于振动加速度的交变力施加在压电元件上，压电元件则将此压力信号转变成电信号输送给ECU，如图4-56所示。

3 压电式火花塞座金属垫型爆震传感器

安装在火花塞的垫圈处，每缸一个，根据各缸的燃烧压力直接检测各缸的爆震信息，并转换成电信号输送给ECU。

4 爆震传感器控制电路

爆震传感器控制电电路如图4-57所示。

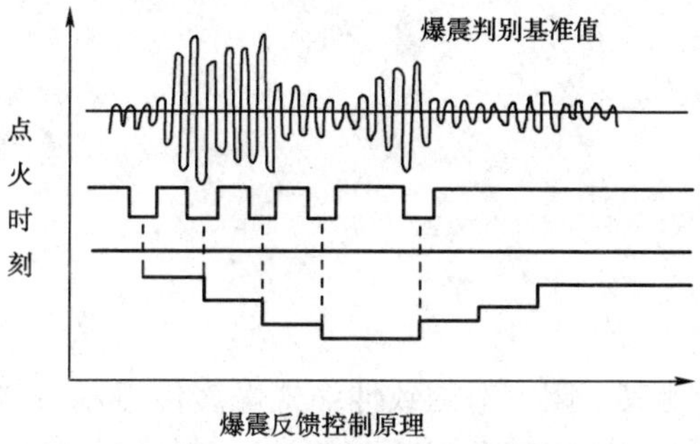

图4-56 非共振型传感器输出信号

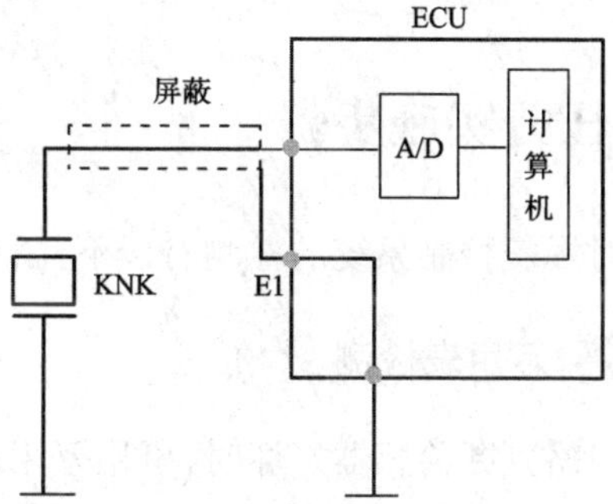

图4-57 爆震传感器电路图

四 发动机爆震与点火提前的关系

爆震与点火提前存在着密切关系，点火提前角越大，燃烧的最大压力就越大，就越容易产生爆震。实验证明，发动机输出最大转矩的点火时刻是在开始产生爆震点火时刻附近。而对机械控制点火、普通电子点火或电控电子点火（没有爆震反馈，即没有装备爆震传感器系统的点火系统），为了使其在最恶劣的条件下也不至于产生爆震，其点火提前角均设定在爆震边缘的范围以内，使其远离爆震界限并存在有较大的余量。这样势必会降低发动机功率，使发动机输出功率下降，燃油消耗增加。

五 爆震控制机理

电脑控制闭环点火系统，由安装在机体上的爆震传感器检测发动机的爆震强度，当爆震传感器检测到机体爆震时，电控电脑自动逐步减少点火提前角，直到发动机不产生爆震，当发动机不产生爆震时,在一定时间内维持当前的点火提前角,在此段时间,若有爆震产生,也同样减少点火提前角,若在这段时间内一直没有爆震产生,电控电脑又自动逐步增加点火提前角直到发动机产生爆震,这样控制电脑始终保持发动机工作在爆震边缘,从而提高发动机功率,降低燃油消耗。

任务实施

一 任务实施准备

(1)捷达王汽车一部。

(2)万用表。

(3)示波器。

二 任务实施步骤

对爆震控制系统的检测有以下几种方法:

1 万用表检测

粗略判断传感器好坏时,可用万用表检测其电阻。对磁致伸缩式爆震传感器,其内部有感应线圈,故用万用表检测时应有一定电阻值,若电阻值为零或无穷大,均表示感应线圈有短路或断路故障。对压电式爆震传感器,内部为压电材料制成,万用表检测时,其电阻应为无穷大,若电阻值为零,表示有短路故障。

用万用表按图 4-58 所示进行线路检测时,测量 G61 插头触点 1 与 ECU 处插头端子 68、触点 2 与端子 67;G66 插头触点 1 与端子 60、触点 2 与端子 67 间的电阻值,最大不超过 1.5Ω,否则检查是否有断路情况。同时插好 G61、G66 插头于传感器插座上,测量端子 68 与 67、60 与 67 间的电阻,电阻值不能为 0,否则线路间有短路情况,再检查传感器或线路短路处。

2 示波器检测

将示波器接线插针刺入 G61、G66 信号输出线 1 金属部分,起动发动机,逐步加大节气门开度,观察显示波形。波峰值电压和频率应随发动机负荷和转速的增加而增加。否则,按上述方法检修传感器和线路。

也可打开点火开关,发动机不起动,用金属物轻敲爆震传感器顶部,此时,示波器应显示一突变波形,振动越大幅值越大,如图 4-59 所示。如果波形显示只是一条直线,则说明爆震传感器没有信号输出,应检修传感器或线路。

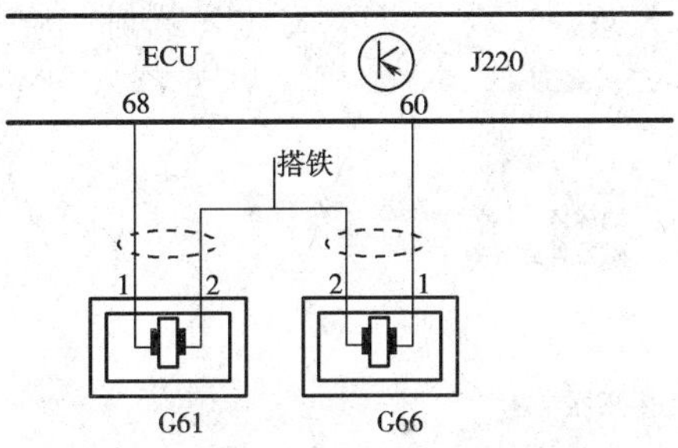

图 4-58　捷达王汽车爆震传感器电路

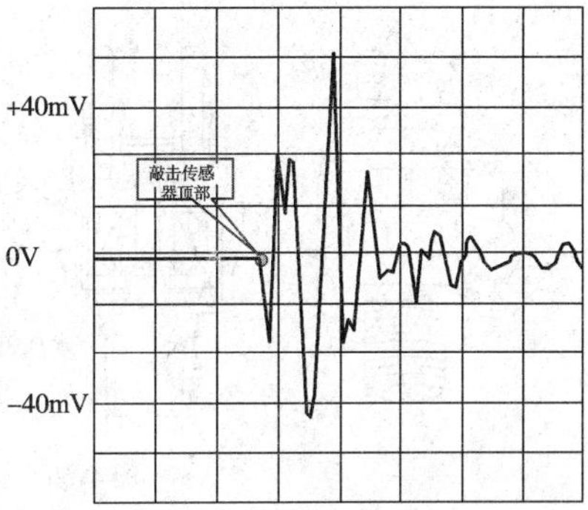

图 4-59　敲击爆震传感器顶部产生的波形

3 用诊断仪诊断(以捷达王汽车发动机为例)

用金奔腾彩圣解码器检测捷达王汽车爆震控制系统故障时,进发动机系统查询故障码,与爆震相关的故障代码及其含义是:00524——爆震传感器 G61 断路/搭铁短路;00540——爆震传感器 G66 断路/搭铁短路;00577——00580 分别指 1、2、3、4 缸的爆震调节超过调节界限。可能的故障原因有:燃油品质不好;发动机有不正常噪声;插头接触不良;爆震传感器屏蔽板导线断路;传感器拧紧力矩不当(松动);传感器失效等。按相应原因排除故障后清除故障码。

还可用数据分析。进入发动机系统,读取数据流,输入组号 13,读取 4 个缸的爆震控制点火滞后角数据(发动机大油门,3 挡行驶,冷却液温度大于 80℃),应在 0°~15°曲轴转角之间。输入组号 14 和 15,分别读取 4 个缸的爆震控制点火滞后角数据(在某一转速和负荷下),同样应在 0°~15°曲轴转角之间。输入组号 16,读取爆震传感器信号电压(发动机怠速),应为 0.4~1.3V,同时要求各缸信号电压之间的偏差不得大于 50%(在高转速大负荷时所显示的爆震传感器信号电压值可达 5.1V)。如果上述数据流不在规定范围,可能是连接插头锈蚀、传感器故障、线路故障、发动机机械部分故障、ECU 故障等,需仔细排除。

知识拓展

磁致伸缩式爆震传感器

磁致伸缩式爆震传感器应用的较早,它安装在发动机上,是一种电感式传感器,其内部有永久磁铁、强磁性铁芯以及电磁绕组等,如图 4-60 所示。

其工作原理是:当爆震发生,也就是当发动机汽缸体出现振动时,铁芯受振使电磁绕组的磁通发生变化,根据电磁感应原理,通过线圈的磁通变化时,线圈就会产生感应电动势,这个电动势就是爆震传感器的输出电压信号。当传感器的固有频率与发动机爆震时的振动频率相同时,传感器输出最大信号。

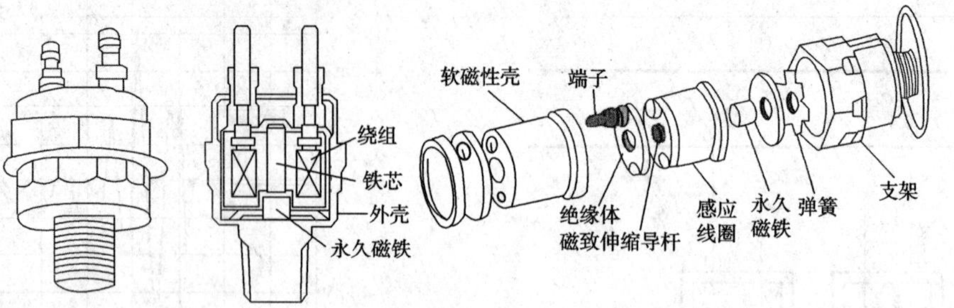

图 4-60　磁致伸缩式爆震传感器结构

习题及思考题

1. 点火提前角有哪些影响因素？
2. 计算机控制点火系统由哪几部分组成？各有何功能？
3. 无分电器点火系统有何优点？简述其工作原理。
4. 计算机控制点火系统如何控制点火提前角？
5. 为何需要对通电时间进行控制？
6. 如何检测曲轴位置传感器、爆震传感器等零部件？
7. 什么是爆震控制？
8. 爆震传感器故障对发动机性能有何影响？
9. 爆震传感器故障如何检测？

项目五 Project 5

辅助控制系统构造与检修

任务一 汽油机排放控制系统基本概念

任务导入

汽油机的有害排放包括因混合气燃烧不完全产生的碳氢化合物(HC)、一氧化碳(CO)、在高温燃烧中产生的氮氧化合物(NO_X)、油箱内汽油蒸发产生的汽油蒸气和曲轴箱漏气等。科学分析表明,汽车尾气中含有上百种不同的化合物,其中的污染物有固体悬浮微粒、一氧化碳、二氧化碳、碳氢化合物、氮氧化合物、铅及硫氧化合物等。一辆汽车一年排出的有害废气比自身质量大3倍。英国空气洁净和环境保护协会曾发表研究报告称,与交通事故遇难者相比,英国每年死于空气污染的人要多出10倍,所以对汽车尾气排放控制越来越严格。现在,我们来分析一下汽车尾气中的有害物质。

学习指引

常见的减少排放污染的装置有:曲轴箱强制通风系统、燃油蒸气回收系统、废气再循环系统、三元催化转换器等。

相关知识

一 三元催化转换器

催化转换系统是发动机排气后处理系统的重要组成部分,它利用安装在发动机排气系统中的催化转化装置，使发动机排出的 HC、CO、PM 氧化，或使 NO_X 还原转变为无害的二氧化碳、水和氮气，以达到降低排放污染的目的。

催化转化装置主要分两类：氧化催化转化装置和还原催化转化装置。目前，汽车发动机上装用的催化转换装置主要有三元催化转化器（TWC）、氧化催化转换器（DOC）、选择性催化还原系统（SCR）和吸附催化还原系统（NAC）等。三元催化转换器结构如图 5-1 所示。

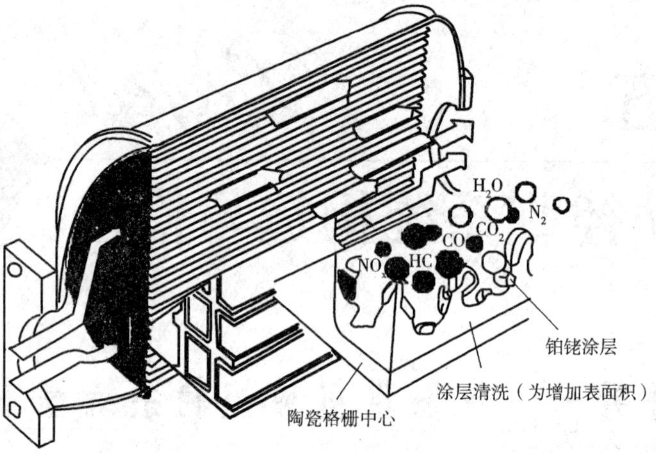

图 5-1　三元催化转换器结构图

当高温的汽车尾气通过净化装置时，三元催化转换器中的净化剂将增强 CO、HC 和 NO_X 三种气体的活性，促使其进行一定的氧化-还原化学反应，其中 CO 在高温下氧化成为无色、无毒的二氧化碳气体；HC 化合物在高温下氧化成水（H_2O）和二氧化碳；NO_X 还原成氮气和氧气。三种有害气体变成无害气体，使汽车尾气得以净化。

二 废气再循环（EGR 阀）

EGR 是英文 Exhaust Gas Recirculation 三个字的缩写，意思是废气再循环系统。它是针对发动机排气中有害气体之一的氮氧化合物 NO_X 所设置的排气净化装置。

ECU 根据发动机的转速、负荷（节气门开度）、温度、进气流量、排气流量和温度控制电磁阀适时地打开，进气管真空度经电磁阀进入 EGR 阀真空膜室，膜片拉杆将 EGR 阀门打开，排气中的少部分废气经 EGR 阀进入进气系统，与混合气混合后进入汽缸参与燃烧。少部分废气进入汽缸参与混合气的燃烧，降低了燃烧时汽缸中的温度，因 NO_X 是在高温条件下生成的，故抑制了 NO_X 的再次生成，从而降低了废气中的 NO_X 的含量。但是，过度的废气参与再循环，将会影响混合气的着火性能，从而影响发动机的动力性，特别是在发动机怠速、低速、小负荷及冷机时，再循环的废气会明显地影响发动机性能。所以，当发动机在怠速、低速、小负荷及冷机时，ECU 控制废气不参与再循环，避免发动机性能受到影响；当发动机超过一定的转速、负荷及达到一定的温度时，ECU 控制少部分废气参与再循环，而且，参与再循环的废气量根据发动机转速、负荷、温度及废气温度的不同而不同，以达到废气中的 NO_X 最低。

三 炭罐(EVAP 阀)

炭罐一般装在汽油箱和发动机之前。由于汽油是一种易挥发的液体,在常温下燃油箱经常充满蒸气,燃料蒸发排放控制系统的作用是将蒸气引入燃烧并防止挥发到大气中。这个过程起重要作用的是活性炭罐储存装置。

因为活性炭有吸附功能,当汽车运行或熄火时,燃油箱的汽油蒸气通过管路进入活性炭罐的上部,新鲜空气则从活性炭罐下部进入活性炭罐。炭罐结构如图 5-2 所示。

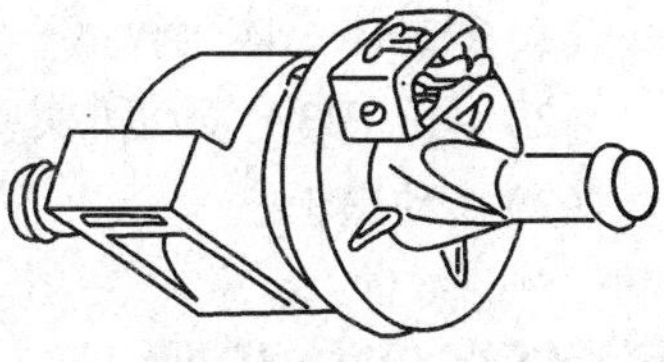

图 5-2　炭罐结构图

发动机熄火后,汽油蒸气与新鲜空气在罐内混合并储存在活性炭罐中,当发动机起动后,装在活性炭罐与进气歧管之间的燃油蒸发净化装置的电磁阀门打开,活性炭罐内的汽油蒸气被吸入进气歧管参加燃烧。

四 曲轴强制通风系统(PCV 阀)

在发动机工作时,总有一部分可燃混合气和废气经活塞环窜到曲轴箱内,窜到曲轴箱内的汽油蒸气凝结后将使机油变稀,性能变坏。废气内含有水蒸气和二氧化硫,水蒸气凝结在机油中形成泡沫,破坏机油供给,这种现象在冬季尤为严重;二氧化硫遇水生成亚硫酸,亚硫酸遇到空气中的氧生成硫酸,这些酸性物质的出现不仅使机油变质,而且也会使零件受到腐蚀。由于可燃混合气和废气窜到曲轴箱内,曲轴箱内的压力将增大,机油会从曲轴油封、曲轴箱衬垫等处渗出而流失。流失到大气中的机油蒸气会加大发动机对大气的污染。

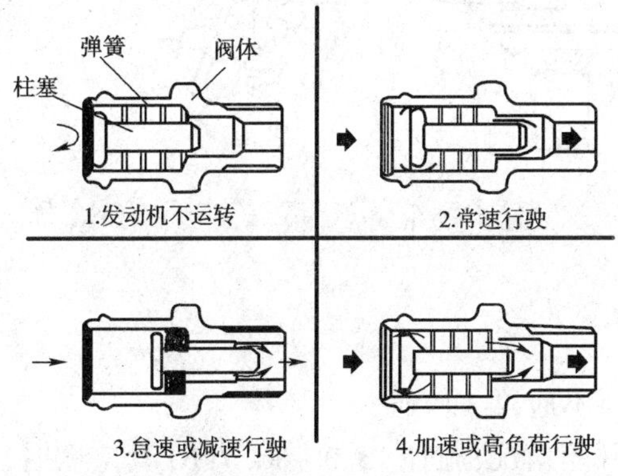

图 5-3　曲轴箱通风装置(PCV 阀)的构造

发动机装有曲轴箱通风装置(图 5-3)就可以避免或减轻上述现象,因此,发动机曲轴箱通风装置的作用是:

(1)防止润滑油变质,减少摩擦零件的腐蚀。发动机工作时有一部分可燃混合气和废气漏到曲轴箱内,漏到箱内的汽油蒸气凝结而将机油变稀,性能变坏,降低润滑效果。如果废气中含有水蒸气和硫的气体,则会形成硫酸,对零件产生腐蚀。

(2)降压降温防热,漏入曲轴箱内的气体使箱内压力温度升高,机油从油封衬垫处渗漏和变质。通风后对机油有一定的冷却降压防漏作用。

(3)减少对大气污染和回收可燃气体,有利于提高燃油的经济性,减少了排放的污染。

任务实施

一 任务实施准备

(1)多媒体一体化教室。

(2)本田 F23A 发动机实验台架一台、尾气监测仪一台。

(3)移动黑板。

二 任务实施步骤

(一)EGR 控制系统检修

(1)一般检查:冷机起动后或怠速时,拆下 EGR 阀上的真空软管,真空软管口应无吸力且发动机转速无变化;

发动机温度达到正常后将转速提高到 2500r/min 以上,按上述方法检查,EGR 阀上真空软管口应有吸力,发动机转速应有明显提高,如图 5-4、图 5-5 所示。

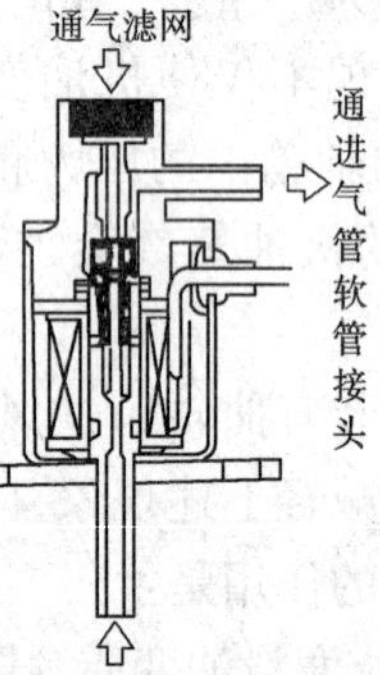

图 5-4　通 EGR 阀软管接头

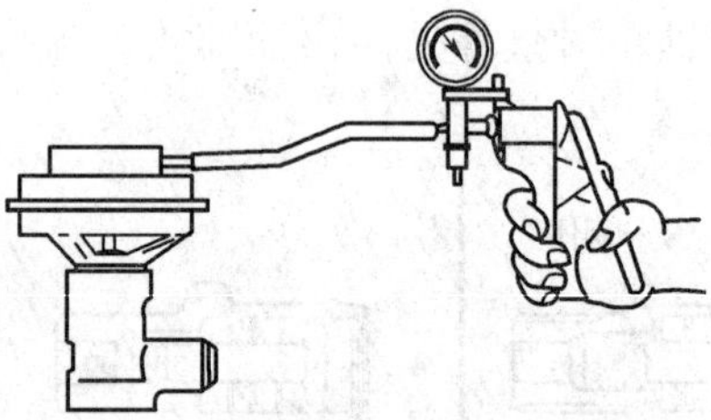

图 5-5　EGR 阀的压力检查

(2)测量电阻:应为 33 ~ 39Ω。

(3)工作情况检查:

通电时:1-3 口通,2-3 口不通;断电时:1-3 口不通,2-3 口通。

(4)EGR 阀的检查:用手动真空泵检查其开闭情况,施加 13.3 ~ 14.7kPa 真空度时,应完全开启。

①正常起动发动机检测尾气。

②拔掉三元催化器前后氧传感器,检测尾气与正常起动尾气进行分析。

③拔掉 PCV 阀、塞住 PCV 阀观察发动机工作情况以及尾气排放变化。

④断开 EVAP 阀电源,观察发动机变化以及尾气排放的变化。

⑤抖动节气门,观察在不同转速下 EGR 阀的变化,断开 EGR 阀的变化。

(二)PCV 系统进行检查

(1)从摇臂室盖上拆下 PCV 阀,使发动机怠速运转。

(2)将拇指按在 PCV 阀的末端,检查有无真空度。若没有真空度,则检查软管、进气歧管的接头或 PCV 阀有无堵塞。

(3)关闭发动机并拆下 PCV 阀,用手摇动 PCV 阀,听阀内的针阀有无"咔嗒"声,若听不到声音,应更换 PCV 阀。

PCV 系统能否正常工作,取决于发动机是否具有良好的密封性能,如 PCV 系统工作正常而发动机机油变稀或出现油泥,应对发动机工作状况进行检查。PCV 系统零部件应按要求定时更换 PCV 阀和空气滤清器分离器,定期检查软管和卡箍,如发现有老化迹象,应立即更换。

任务二　三元催化转换器、氧传感器与闭环控制

任务导入

随着人们环保意识的不断增强,对汽车尾气排放的要求也越来越严格,国内外汽车普遍安装了催化转化器以及氧传感器,对点火和喷油进行开环或闭环控制,以达到降低污染的目的。但三元催化器出现脏堵或工作不良时会造成加速不良、油耗升高、起动困难和尾气不达标等故障;而氧传感器出现问题时,会出现怠速和加速不良、尾气冒黑烟、油耗高等故障。

学习指引

汽油机的有害排放包括因混合气燃烧不完全产生的碳氢化合物(HC)、一氧化碳(CO)、在高温燃烧中产生的氮氧化合物(NO_X)、油箱内汽油蒸发产生的汽油蒸气和曲轴箱漏气等。

相关知识

一 三元催化转换器

(一)功用

三元催化转换器是汽车排气系统中最重要的机外净化装置,它可将汽车尾气排出的 CO、HC 和 NO_X 等有害气体通过氧化和还原作用转变为无害的二氧化碳、水和氮气。由于这

种催化器可同时将废气中的各种主要有害物质转化为无害物质,随着环境保护要求的日益苛刻,越来越多的汽车安装了废气催化转化器以及氧传感器装置。它安装在发动机排气管中,通过氧化还原反应,将有害气体转变为二氧化碳和氮气,故又称之为三元(效)催化转换器。

(二)结构与工作原理

1 结构

三元催化转换器安装在排气消声器前面,由三元催化转换芯子和外壳等构成,如图 5-6 所示。大多数三元催化转换芯子以蜂窝状陶瓷作为承载催化剂的载体,在陶瓷载体上浸渍铂(或钯)和铑的混合物作为催化剂,其寿命可达 8 万 ~ 10 万 km,催化剂内的触媒为将催化剂(铂与少量铑)附着在直径为 2 ~ 4mm 的 Al_2O_3 载体表面的颗粒。铂能促使 CO、HC 氧化,而铑则能加速 NO_X 的还原。催化剂表面的活性作用是由排气热量激发的,其使用温度范围,以活化开始温度(>250℃)为下限,以过热引起催化剂故障的极限温度(1000℃)为上限。保持催化剂高净化率、高使用寿命的使用温度范围为 400 ~ 800℃。

2 工作原理

三元催化剂是铂(或钯)和铑的混合物,它不仅能将 HC 和 CO 氧化变成 CO_2 和 H_2O,而且能促使 NO_X 和 CO 发生反应而转变成 CO_2 和 N_2,但只有当空燃比得到精确控制并保持稳定时,其转化效率才能最佳。图 5-7 为三元催化转化器转化效率与空燃比的关系曲线。从图中可看出,只有当发动机在标准的理论空燃比 14.7 运转时,三元催化转换器的转换效率最佳,因此必须对空燃比进行精确的控制,使其保持在理论值附近很窄的范围内。在发动机开环控制过程中,ECU 只是根据转速、进气量、进气压力、进气温度等信号确定喷油量,从而控制混合气空燃比的。因为系统是开环的,所以它的控制是不可能很精确的,很难将实际空燃比控制在 14.7 附近很窄的范围内。为了将实际空燃比精确地控制在 14.7 附近, 发动机

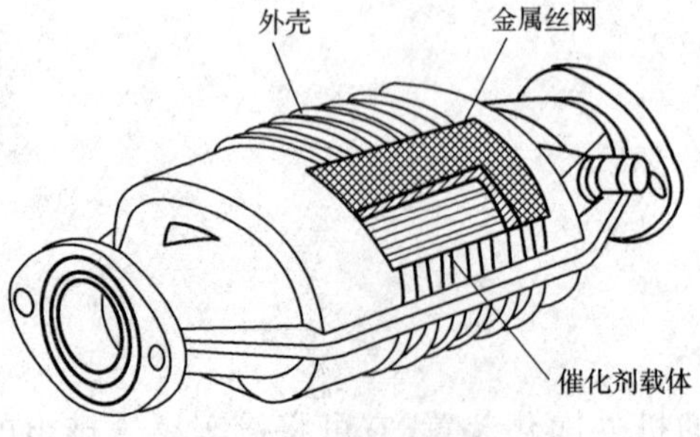

图 5-6　三元催化转换器的结构

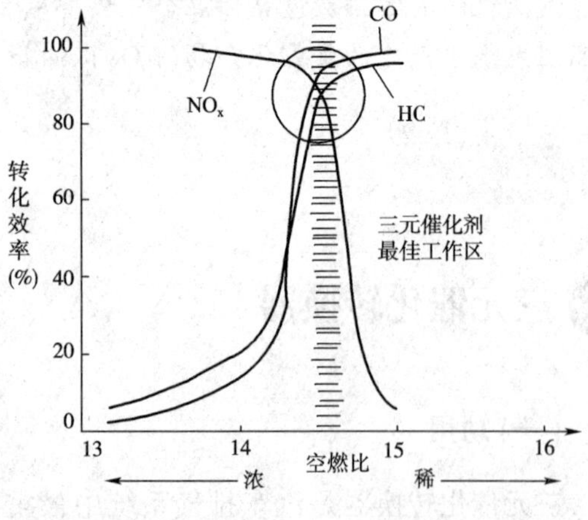

图 5-7　三元催化转换器转化效率与空燃比的关系

控制系统中现已普遍采用了由氧传感器组成的空燃比反馈控制方式,即闭环控制方式。在三元催化转换器前面的排气歧管或排气管内装设氧传感器,检测排气中的氧气含量,向ECU反馈相应的电压信号。

ECU根据氧传感器反馈的信号确定实际空燃比与理论空燃比的偏差;根据偏差确定喷油量应增加或减少,使实际空燃比被精确地控制在设定值。其控制系统原理如图5-8所示。

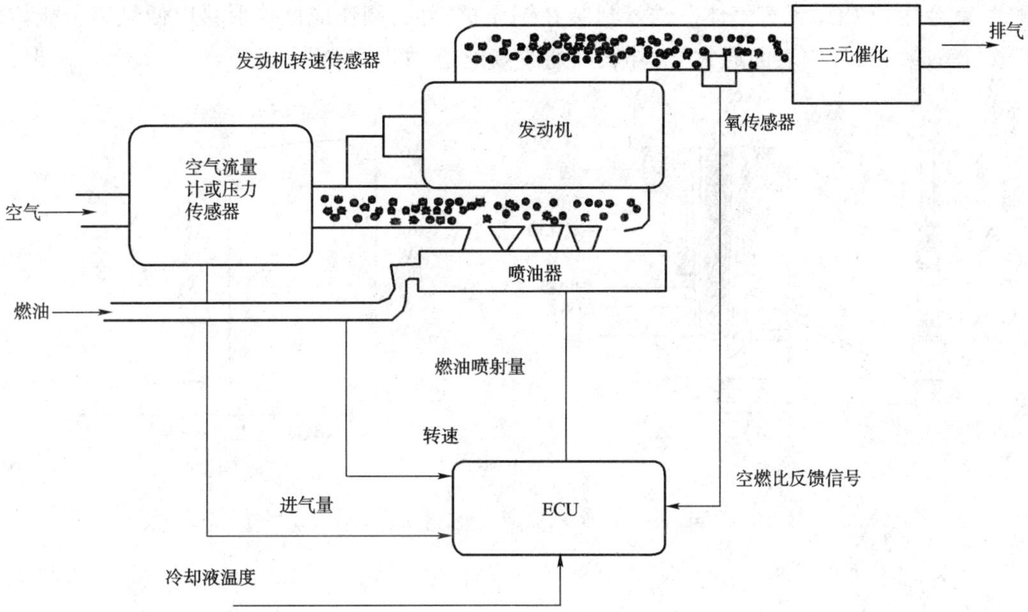

图5-8 三元催化转换器、氧传感器与闭环控制原理图

二 氧传感器

(一)功用

氧传感器是通过监测排气中氧离子的含量来获得混合气的空燃比信号,并将该信号转变为电信号输入ECU。ECU根据氧传感器信号,对喷油时间进行修正,实现空燃比反馈控制(闭环控制),从而将空燃比控制在理论值14.7附近,使发动机得到最佳浓度的混合气,从而降低有害气体的排放和节约燃油。

(二)类型

目前,实用化的氧传感器主要有氧化锆(ZrO_2)式和二氧化钛(TiO_2)式两种;氧化钛氧传感器的安装螺纹直径为14mm,而氧化锆氧传感器的安装螺纹直径为18mm,两者不能互换。

根据是否加热又分为加热型与非加热型,氧化钛式一般都为加热型。

按在排气管中的安装数量分类,氧传感器分为单氧传感器和双氧传感器。

1 氧化锆(ZrO_2)

1)结构

在锆管的内、外表面都涂有一层金属铂作为电极,并用金属线与传感器信号输出端子连接。金属铂更重要的是催化作用。在铂的作用下,当发动机排气中的 CO 有害气体与 O_2 接触时,就会生成 CO_2 无害气体。锆管封装在钢质护管内,制作成试管形状以便氧离子能均匀扩散与渗透。锆管内表面通大气,外表面通废气通道,如图 5-9 所示。

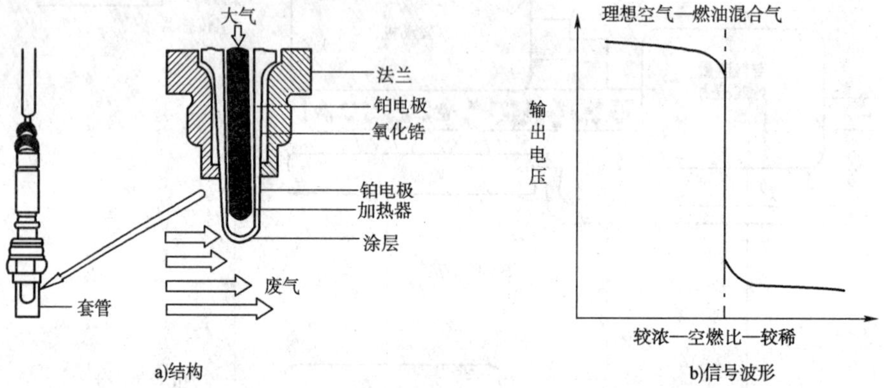

图 5-9　氧化锆式氧传感器及其输出特性

2)工作原理

氧化锆式氧传感器可认为是一个由氧浓度差驱动的"微电池"。中间的陶瓷氧化锆为电离式导体,其两个表面各镀一层铂膜作为电极。在接触排气的一侧带有多孔性的陶瓷保护层,另一侧直接接触大气。在 400℃以上的高温时,若氧化锆内表面处空气中氧的浓度与外表面处排气中氧的浓度有很大差别,氧化锆元件内外侧两个铂电极之间将会产生电压。当混合气稀(空燃比大)时,排气中氧的含量高,传感器元件内外侧氧浓度差小,氧化锆元件内外侧两电极之间产生的电压很低(接近 0V);反之,混合气浓(空燃比小)时,在排气中几乎没有氧,传感器元件内外侧氧浓度差很大,内外侧两电极之间产生的电压高(约 1V)。在理论空燃比附近,氧传感器输出电压信号值有一突变,如图 5-9 所示。在陶瓷材料氧化锆的表面覆盖铂层起催化作用,能使排气中的氧(O_2)与 CO 反应,减少排气中的含氧量,提高传感器的灵敏度。由于氧化锆只有在 400℃以上的温度时才能正常工作,为保证发动机在进气量小、排气温度低时也能正常工作,有的氧传感器中还装有对氧化锆元件进行加热的加热器,加热器亦受 ECU 控制。氧传感器与 ECU 的连接线路如图 5-10 所示。

2 氧化钛(TiO_2)

1)结构

氧化钛式氧传感器主要由氧化钛传感元件、钢质壳体、加热元件和电极引线等组成,如

图 5-11 所示。

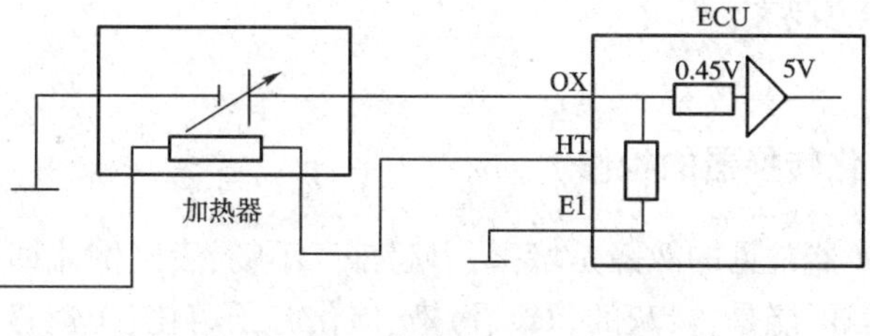

图 5-10 氧传感器与 ECU 的连接

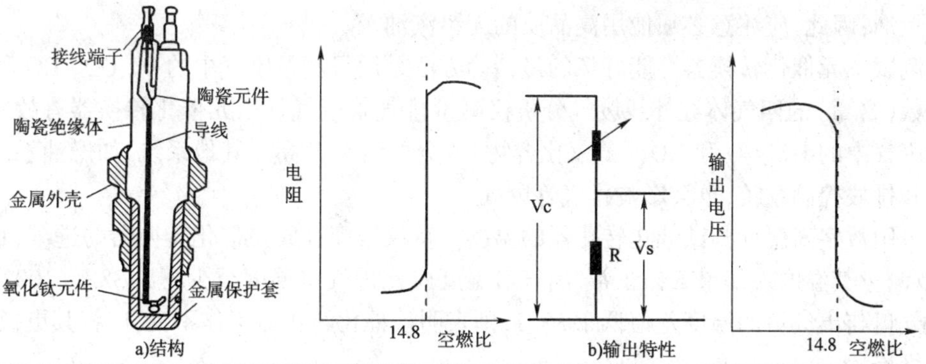

图 5-11 氧化钛式传感器结构及其输出特性

2) 工作原理

利用氧化钛与氧气接触时发生氧化还原反应,从而导致其电阻值变化的原理,测量废气中的氧浓度。随氧含量增高,氧化钛的电阻值增大。在闭环控制过程中,当实际空燃比比理论空燃比小(混合气浓)时,氧传感器向 ECU 输出的是高电压信号(0.75～0.9V)。此时 ECU 将减小喷油量,使空燃比增大。当空燃比刚增大到理论空燃比 14.7 时,氧传感器输出电压信号将突变下降至 0.1V 左右。此信号输入 ECU 后,ECU 立即控制增加喷油量,空燃比开始减小。当空燃比刚减到理论空燃比以下时,氧传感器输出电压信号又突变,上升至 0.75V以上,反馈给 ECU 后,ECU 又将减小喷油量。如此反复,就能将空燃比精确地控制在理论空燃比 14.7 附近一个极小的范围内。

任务实施

一 任务实施准备

(1) 多媒体一体化教室。
(2) 丰田威驰汽车或 5A-FE 发动机实验台架。
(3) 移动黑板。

二 任务实施步骤

(一)三元催化转换器的检修

三元催化转换器常见的故障是堵塞,引起排气不畅,废气倒流回到发动机内并产生过高压力。堵塞的原因可能是:炭灰的积聚、污染、催化芯子熔化、陶瓷芯子破裂。

催化剂过热,会加快其老化,使催化剂发生质的变化,完全丧失催化功能。为此,有的发动机安装温度报警装置,以提醒驾驶人注意。催化剂失效的另一个因素是排气中铅化物、炭烟及焦油,因此,应注意必须使用高品质的无铅汽油。

测试三元催化转换器性能好坏的最精确方法是用可测量废气中的 O_2、CO_2、CO 和 HC 体积分数(含量)的四气体红外线废气分析仪测量排气管废气。三元催化转换器有故障时,会导致废气中的 HC、CO 和 NO_X(氮氧化合物)成分的含量升高。其他系统,如燃油系统、点火系统和排放控制系统,也会影响排气管废气。

可用数字高温计测试催化转化器的温度。将仪表探针放在催化转换器的进气口与出气口,以测量其温度。如果工作正常,出气口温度应比进气口温度至少高出 38℃(100°F)。如果进气口与出气口的温度差值低于 38℃,则表明该催化转化器工作不良,应将其更换或对其进行维修。

有的系统在催化转换器的下游加装了一个氧传感器,其目的是监测三元催化转换器的工作。这一氧传感器信号被 ECU 用作自诊断的依据。一旦催化转换器失效,自诊断系统将闪亮故障指示灯。用示波器或发动机分析仪测试上下游两个传感器的信号波形也可以检测催化转化器。

1 目测检查

(1)检查转换器的外观。如发现外壳被压扁、锈蚀或出现凹痕,则应更换转换器。

(2)从汽车上拆除转换器时,用手电筒照转换器的排气口处,看是否被积炭或铅污染物堵塞。

(3)轻轻摇动催化转换器,听听内部元件有无松动的迹象。

(4)如果发生元件堵塞、熔化或者其他形式的损坏,都应更换转换器。

2 功能测试

(1)以 2500r/min 的转速运转发动机约 2min,将催化转换器加热至工作温度。

(2)在催化转换器的废气入口处和出口处分别接一支表面温度探头,测量温度。

(3)出口处温度至少应比进口处温度高 38℃。

(4)如果温差低于规定值,则应更换催化转换器。

3 排气受阻检测

在氧传感器或一氧化碳(CO)测试管处检测排气压力的方法:

(1)在氧传感器(或一氧化碳测试管)处安装排气压力表;

(2)在正常工作温度下发动机怠速时,压力表读数不应超过 8.6kPa;

(3)把发动机转速提高至 2000r/min,压力表的读数不应超过 20.7kPa;

(4)如果在两种转速中的任何一种情况下背压超出规定值,那么表明排气系统受阻;

(5)检查排气系统有无压扁的管路,系统是否发生热变形或者内部消声器是否出现故障;

(6)如果没有找到排气系统背压过高的明显原因,那么可能是催化转换器受阻;

(7)完成检测后,在重新安装前用防粘剂涂敷氧传感器的螺纹。

(二)氧传感器及反馈控制系统的检修

氧传感器及反馈控制系统如有故障,发动机运转中"发动机故障"警告灯会亮起。读取故障代码时会得到表示氧传感器损坏的故障代码。但除了氧传感器损坏外,线路短路、断路或 ECU 内反馈控制电路有问题等也会显示同样代码,因此,必须进一步检测,以找出故障原因。

(1)氧传感器加热器电阻的检修。拔下氧传感器线束插头,测量氧传感器接线端中加热器接柱和搭铁之间的电阻,其阻值应符合车型要求,如丰田汽车为 4~40Ω。如不符合应更换氧传感器。测量后,接好氧传感器线束插头,以便作进一步的检测。

(2)氧传感器反馈电压的测量。测量氧传感器反馈电压时,应先拔下氧传感器线束插头,对照车型的电路图,从氧传感器反馈电压输出端引出一条细导线,然后插好线束插头,在发动机运转中从引出的导线上测量反馈电压。

有些车型也可由故障检测插座内测得氧传感器反馈电压。如丰田汽车公司生产的小汽车,都可以从故障检测插座内的 OX_1 或 OX_2 插孔直接测得氧传感器反馈电压。用指针式电压表可直观地反映反馈电压的变化情况。

闭环控制时,用示波器、发动机分析仪测试氧传感器输出信号,其波形如图 5-12 所示。氧传感器失效后,一般进行换件维修。

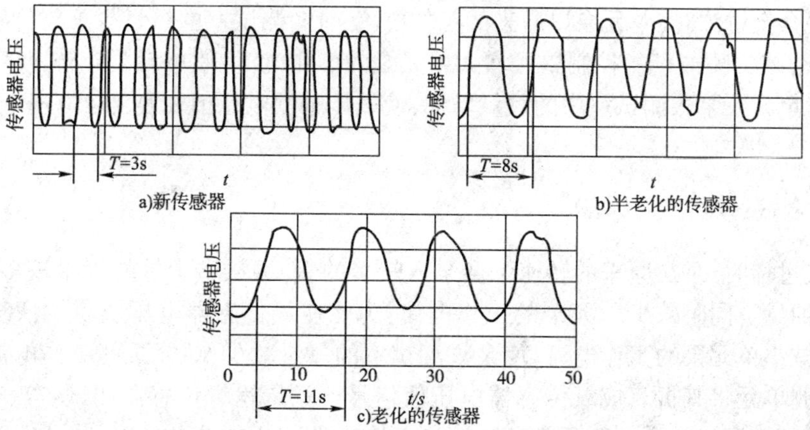

图 5-12　氧传感器老化对反应速度的影响

知识拓展

宽量程氧传感器

一 结构

宽量程氧传感器的结构如图5-13所示。主要由能斯托单元、单元泵、测量室、氧传感器加热器构成。

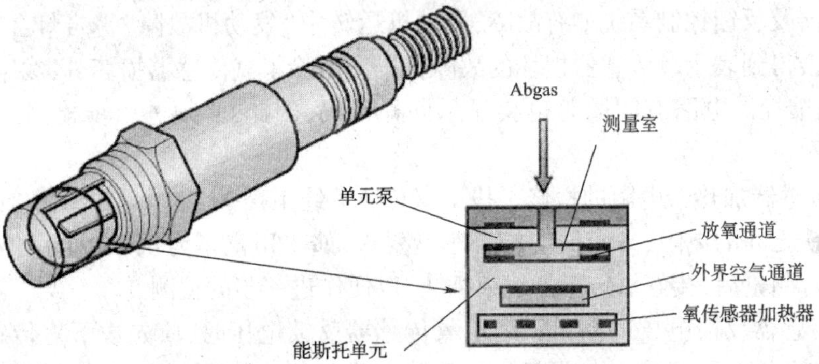

图5-13　宽量程氧传感器结构

二 工作原理

1 混合气过浓

泵入混合气过浓时，单元泵以原来的工作电流工作，测试室的氧量少。氧传感器电压值超过450mV，减少喷油量。控制单元增大单元泵的工作电流，使单元泵旋转速度增加，增加泵氧速度。单元泵泵入测试室中的氧量增加，使氧传感器电压值恢复到450mV，如图5-14a）所示。

2 混合气过稀

混合气过稀时，泵在原来的转速下会泵入较多的氧，测试室中氧的含量较多，电压值下降，加大喷油量。同时减少单元泵的工作电流，为能使氧传感器电压值尽快恢复到450mV的电压值，减小单元泵的工作电流，使泵入测试室的氧量减少，单元泵的工作电流传递给控制单元，控制单元将其折算成氧传感器电压值信号。宽量程氧传感器测试：77.5Ω（单元泵电阻），加热器电阻2.5～10Ω，无负荷时第二氧传感器不工作，断电0.4～0.5V，该电压要尽量保持恒定，变化过大会损坏三元催化器。更换氧传感器时，必须线与插头同时更换。这种传感器插头带有精密电阻。宽量程氧传感器单件检测只要 1 项:端子 3 和 4 加热器,不应该开路,加在上面的电压为 12V,端子 1 是信号输出,端子 5 和 6 是参考电压,端子 2 是泵电流输入。有的宽量程氧传感器端子 5 和 6 是作为同一个端子输出线,宽量程氧传感器的电压规定值为 1.0 ~2.0V。电压值大于 1.5V 时混合气过稀(氧多)电压值小于 1.5V 时混合气过浓(氧少),电压值为 0V、1.5V、4.9V 的恒定值时都说明氧传感器线路有故障。急加速与急减速时电压可能到 0.8V 与 4.9V,这是正常的。030 是传感器的工作状态,看 033 就是输出的电压值,如图 5-14b)所示。

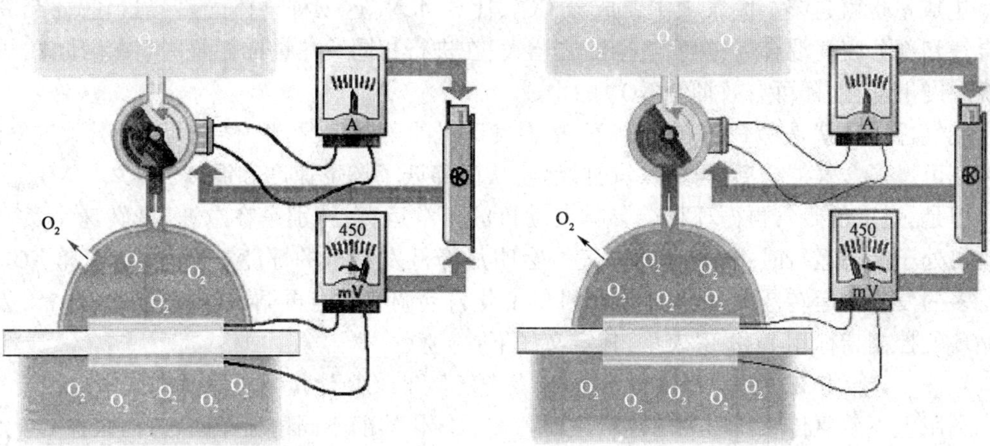

a)混合气过浓　　b)混合气过稀

图 5-14

任务三　废气再循环(EGR)系统构造及检修

任务导入

一辆奥迪 200 豪华型汽车,已行驶 11 万 km,其间除正常维护外,没有任何故障发生。一天早晨起动时,起动数次不能"着车",但有起动征兆,检查点火正常,油路及喷射系统也无故障,给予电脑一模拟指令,发动机还是不能起动,最后检查出废气再循环控制阀工作误导,更换新件后,即刻起动,且运转平稳。

学习指引

废气再循环 EGR 阀是当代汽车排放控制的重要环节,EGR 阀一旦出现问题不但会影响到汽车的排放,而且发动机的工作稳定性同时也会受到影响。EGR 阀卡滞开路现象在汽车中常有发生。出现这种故障时,发动机故障报警灯将点亮,以提醒尽快检修。此类故障轻则导致排放超标、怠速不稳,严重时会影响发动机的动力性。出现故障时应如何检查排除呢?

相关知识

一　废气再循环(EGR)系统结构、原理

当燃烧室温度高时，氧原子和氮原子会发生反应生成 NO_X，温度越高且持续时间越长，NO_X 生成量也就越多。废气中主要成分 CO_2、H_2O 和 N_2 这三种气体的热容量较高，当新鲜混合气和部分废气混合后，热容量会随之增大，在进行相同发热量的燃烧时，混入废气，可使燃烧温度下降，这样可有效抑制 NO_X 的生成。

废气再循环就是在 ECU 的控制下，根据发动机的不同工况，将一部分废气引入进气管，与新鲜可燃混合气混合后，再进入汽缸燃烧，从而降低了燃烧速度和温度，减少了 NO_X 生成量。但是，过度的废气再循环将会影响发动机的正常运行，特别是在怠速、低转速小负荷及发动机处于冷态运行时，再循环的废气将会明显降低发动机的性能。因此，应选择 NO_X 排放量多的发动机运转范围，根据工况条件的变化自动调节参与再循环的废气量。通常，废气再循环的控制指标用 EGR 率表示，其定义如下：

$$\text{EGR 率} = [\text{EGR 流量}/(\text{吸入空气量} + \text{EGR 流量})] \times 100\%$$

利用上下游氧传感器监测催化转换器工作。催化器的不同情况如图 5-15 所示。

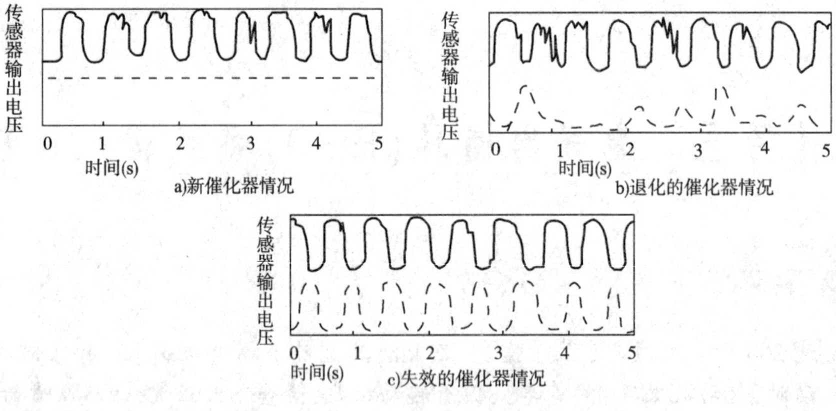

图 5-15　催化器的不同情况

注：实线——催化转换器上游氧传感器。

　　虚线——催化转换器下游氧传感器。

EGR 率一般控制在 5% ~15%，在低温和全负荷工况中，EGR 停止工作。

在 EGR 系统中，通过一个特殊的通道将排气歧管与进气歧管连通，在该通道上装有 EGR 阀，如图 5-16 所示，通过控制 EGR 阀的开度来控制 EGR 量。由于高温废气要流经 EGR 阀，因此除阀本身要能承受高温外，通常是经进气管的真空度间接控制的。

EGR 阀的控制系统有机械式和电控式两种。在现代汽车上，通常都采用电控式 EGR 控

制系统。下面,通过实例分析 EGR 系统的结构、原理及检修。

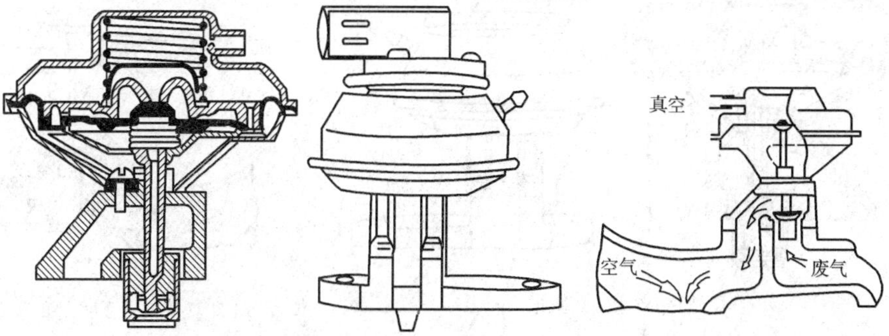

图 5-16 EGR 阀结构

二 2JZ-GE 发动机 EGR 系统结构、原理和检修

2JZ-GE 发动机 EGR 系统的结构和原理如图 5-17 所示,它主要由 EGR 阀、EGR 真空控制阀(VSV)、EGR 真空调节器和真空软管等组成。EGR 系统的工作原理:节气门上开有 E、R 孔,通过软管将进气管的真空度引入到 EGR 真空调节器,E 孔为负压的主要引入孔,R 孔用于进一步加强负压的作用。来自节气门的负压经 EGR 真空调节器和 VSV 后被送到 EGR 阀的上端,使其膜片被吸向上,从而令阀开启。一部分废气经 EGR 阀进入进气歧管,实现了废气再循环,另一部分被引入到 EGR 真空调节器的下部,用于调节 R 孔真空度的强弱影响,当废气循环量过大时,废气会将膜片推向上,削弱了 R 孔的负压作用,从而进一步减少了 EGR 阀上端的真空度,使膜片在复位弹簧的作用下向下移动而减少了 ECR 阀的开度,废气循环量也随之减少,从而实现了对废气循环量的控制,循环量应不大于 15%。ECU 根据冷却液温度、节气门开度和发动机转速等来控制 VSV 的开启。EGR 与发动机工况的对应关系见表 5-1,其工作示意图如图 5-18、图 5-19 和图 5-20 所示。

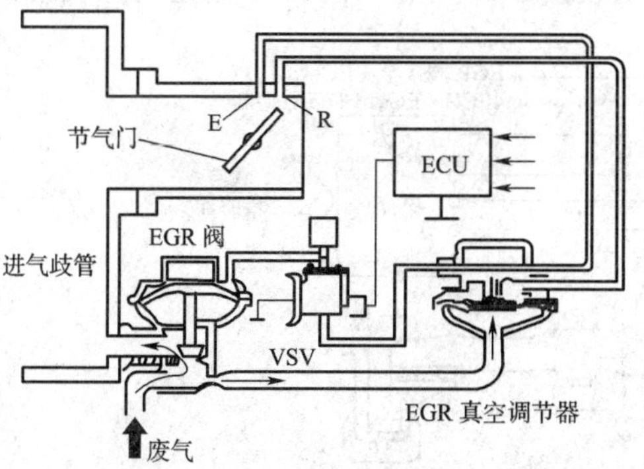

图 5-17 EGR 系统的结构和工作原理

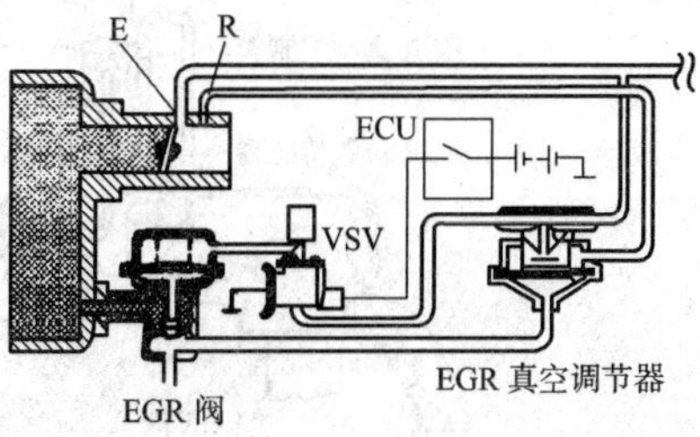

图 5-18 节气门开度在 E 孔之左

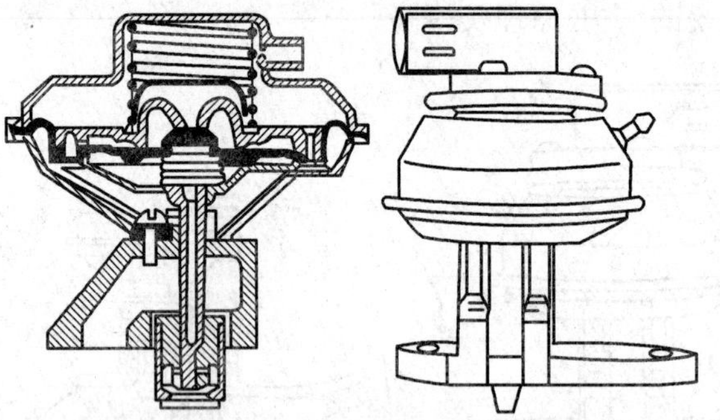

图 5-19　节气门开度在 E-R 之间

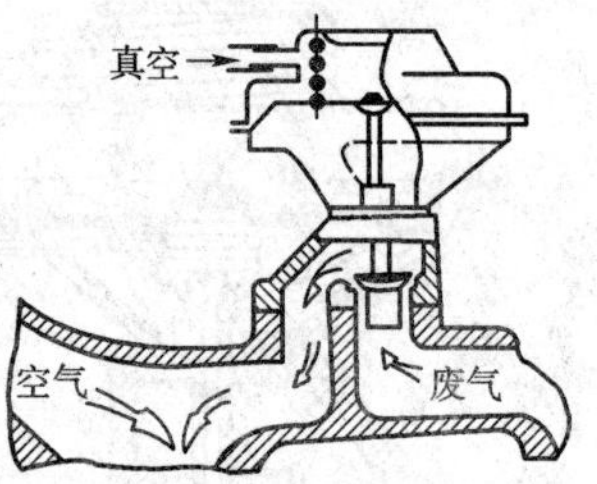

图 5-20　节气门开度在 R 孔之右

EGR 与发动机工况对应关系　　表 5-1

冷却液温度	发动机转速	节气门开度	VSV	EGR 阀压力室的压力	EGR 真空调节器	EGR 阀	废气循环
53℃以下			关闭	高		关闭	停止
55℃以上	3800r/min 以下	E 孔以左	关闭	高		关闭	停止
		E 孔以左	关闭	高		关闭	停止
		E-R 之间	开启	低	工作	开启	适度
		R 孔以右		低	工作	开启	增大
	4000r/min 以上		关闭	高		关闭	停止

三 本田雅阁 EGR 系统

1 系统结构与原理

图 5-21 所示为雅阁废气再循环系统。由进气歧管绝对压力进气温度、冷却液温度、EGR 阀的位置和 A/F 比等信号输入发动机控制模块(ECM),ECM 根据这些参数计算出 EGR 阀的开启位置;同时向 EGR 控制电磁阀发出指令、使 EGR 阀的阀门处在优先位置,让发动机

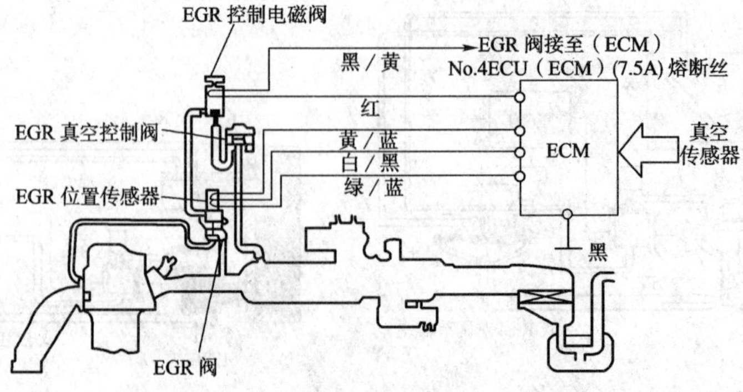

图 5-21　本田雅阁废气再循环系统原理图

燃烧生成的 NO_X 降低到最低限度而又不影响发动机的动力性。在 EGR 系统管路中，排气歧管与进气歧管相通，中间依靠 EGR 阀等执行元件控制开启。在 EGR 阀的上方安装有 EGR 阀位置传感器、EGR 真空控制阀、EGR 控制电磁阀，通过控制 EGR 阀的开度控制废气再循环量。EGR 阀的开启受真空度控制，真空度又由 EGR 真空控制阀控制，EGR 真空控制阀的作用是保持进入 EGR 控制电磁阀的真空度恒定。EGR 阀位置传感器安装在 EGR 阀的上部，它能准确地检测 EGR 阀阀门开启或关闭的大小，并把准确位置输入 ECM。ECM 根据这个位置和其他数据计算出最佳废气再循环量，进而控制 EGR 阀阀门变化，达到最佳废气循环量，使 NO_X 生成量减到最少。EGR 阀位置传感器，如图 5-22 所示。EGR 阀位置传感器与节气门位置传感器类似。当 EGR 阀工作时，传感器中电阻的变化与 EGR 阀阀杆的运动成正比，EGR 阀关闭时，传感器的电阻值最大，随着 EGR 阀的开启增大电阻逐渐减少，当 EGR 阀全部打开时，传感器中的电阻值达到最小。

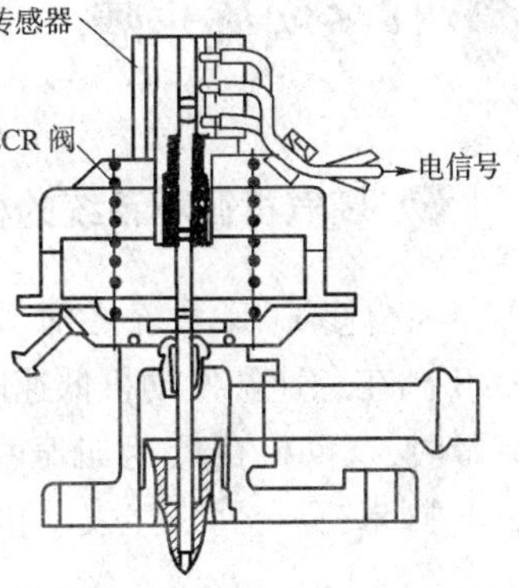

图 5-22　EGR 阀位置传感器

2 检修

本田雅阁 EGR 系统发生故障时，ECM 存储器内将存储相关的诊断码，此时应先按诊断码进行检修。EGR 电磁阀通过熔断器内的 ACG(s)15A 熔断丝供电到 A11 端子，ECM 在下列条件下使 A11 端子搭铁，从而控制 EGR 阀的工作：①当发动机预热到工作温度即风扇运转时；②变速器在低挡、保持发动机转速在 1700 ~ 2500r/min 时。检修时，应使点火开关在 ON，A6 端子电压为 +12V，发动机预热到正常温度、转速在 1700 ~ 2500r/min 时，A6 端子电压应为 7 ~ 11V。

对 EGR 阀进行真空检查，使用真空枪吸 EGR 阀真空膜片室，当真空压力为 2.7×10^4Pa 时，EGR 阀应开启，否则表示 EGR 阀工作不良。

EGR 阀位置传感器安装在 EGR 阀的上部，用于检测 EGR 阀开启的高度，并把信号输入 ECM。该传感器有三条线与 ECM 相连：D20 端子为 5V 电压的电源线、D22 为搭铁线、D12 端子为信号线。当点火开关在 ON 或怠速时、D12 与 D22 端子电压为 1.2V，当对 EGR 阀施加 2.7×10^4Pa 真空度时，D12 与 D22 端子间电压为 4.3V。

任务实施

一 任务实施准备

(1)2JZ-GE 发动机。

(2)万用表。

(3)相关导线。

(4)空气压缩机。

二 任务实施步骤

1 废气再循环系统的检修

在检修EGR系统之前,发动机必须处于正常的工作温度。在其他系统正常时,如果EGR阀在怠速和发动机低速时保持打开,怠速会不稳定,且在低速时会发生喘振。发生这种故障时,发动机在低速加速时会喘气,或减速之后过载熄火,或冷起动后过载熄火。如果EGR阀未打开,将发生发动机爆震,且NO_X排出成分的含量偏高。

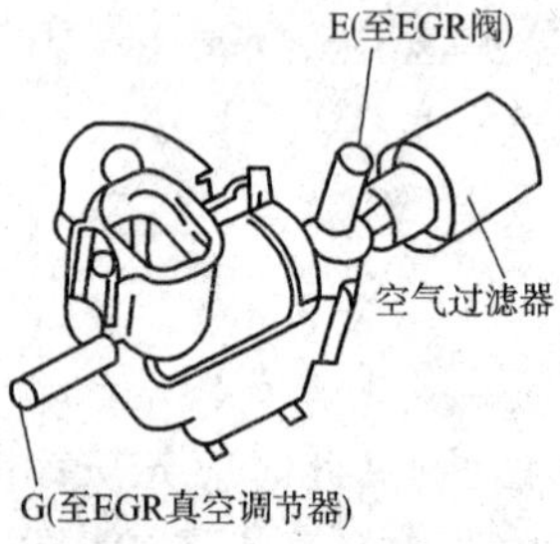

图5-23　电磁阀结构图

VSV为一只电磁阀,2JZ-GE发动机VSV阀电阻值(20Ω)为33~39Ω,其外形如图5-23所示。在常态下孔E与G相通,插接器连入蓄电池电压时,关闭G孔,由E孔通入压缩空气,应能从空气过滤器流出。

2 废气再循环系统的检查

(1)起动发动机,并以怠速(冷车)运转。

(2)将手指伸入废气再循环阀,按在膜片上,感觉膜片无动作。

(3)预热发动机至正常温度,再将发动机转速上升至2000r/min时,手指应能感觉到废气再循阀开启时膜片的动作。若废气再循环阀的动作与上述规定不符,说明废气再循环阀有故障,应检修或更换。

3 三通电磁阀的检查

(1)拔下三通电磁阀的线束插头及真空软管,拆下三通电磁阀。

(2)当电磁阀线圈不接电源时A-B、A-C之间应不通,B-C之间应通气。否则,为电磁阀损坏,应更换。

(3)接上电源,A-B之间应通气,A-C、B-C之间应不通气。否则,为电磁阀损坏,应更换。

4 废气再循环阀的检查

(1)起动发动机,并以怠速运转。

(2)拔下连接废气再循环阀与废气调整阀的真空软管。

(3)连接手动抽真空器,对废气再循环阀施以19.95kPa的真空度。若发动机怠速性能变差甚至熄火,说明此阀良好;若发动机性能无变化,说明废气再循环阀损坏,应予更换。

5 废气调整阀的检查

(1)起动发动机至正常工作温度。

(2)拔下连接废气调整阀与废气再循环阀的真空软管,用手指按住真空管接口。在发动机怠速运转时应无真空吸力,当发动机转速上升到2000r/min时,应有真空吸力。否则,说明废气调整阀损坏,应检修或更换。

(3)拆下废气调整阀,在真空管接口处(通节气门体)接上手动抽真空器,用手指堵住连接废气的废气再循环阀真空接口。

(4)向连接排气管的进气口内施加气压,同时扳动手动抽真空器,施加一定真空,手堵的接口处应能感到有真空吸力,抽真空停止后,吸力应能保持住,无明显下降,放松排气管进气口施加的气压,真空吸力应随之消失。如有异常,应更换废气调整阀。

因丰田汽车品牌较多且出厂年代不同,排放控制系统的装置也有差异。所以,在实际操作中,应针对具体车型进行故障分析与检修。

知识拓展

中冷废气再循环(EGR)技术

中冷废气再循环(EGR)技术是欧意德发动机搭载的一项关键技术,与电控高压共轨燃油喷射(CRDi)技术、可变截面涡轮增压(VGT)技术共同构成欧意德发动机的技术“三叉戟”,该技术可以分解为“中冷技术”和“废气再循环技术”两项技术,前者主要的作用在于提高发动机的进气效率,增加发动机的动力输出,后者则主要用以提高发动机的排放水平,特别是减少NO_X的生成量。

众所周知,空气在被压缩的过程中也会伴随着温度的升高,而温度的升高又反过来限制了空气的压缩,这也是发动机增压技术面临的难题。除了影响发动机的充气效率外,高温的增压空气进入燃烧室,还很容易导致发动机燃烧温度过高,造成爆震等故障,同时也会增加发动机废气中NO_X的含量,造成空气污染,要解决这个问题必须对增压后的空气进行冷却处理,于是“中冷技术”应运而生。

所谓中冷技术就是通过加装中冷器对增压后的高热空气进行先行冷却,待温度降低后再流进汽缸燃烧室,从而最大程度地降低过高温度对充气效率及燃烧质量的不利影响。

而废气再循环技术(EGR)则是通过将一部分废气引入燃烧室,吸收燃烧产生的部分热量来降低燃烧温度和压力,同时利用废气中惰性气体对氧气的稀释作用,来破坏NO_X产生的条件(NO_X在高温富氧的环境下产生),达到减少NO_X的生成量的效果,最终实现了发动机排放水平的提升。

任务四　燃油蒸气排放控制系统(EVAP)构造与检修

任务导入

一辆2000年3月韩国双龙汽车公司生产的奔驰MB100型旅行车,已行驶了25万km。燃油表指示总是偏高,特别是在高速公路上连续行驶几个小时后,燃油表指针会自动打满。

学习指引

为了减少汽车排放,当前汽车都装备了燃油蒸发排放控制(EVAP)系统。该系统主要由活性炭罐储存装置、燃油蒸发净化控制装置和燃油箱燃油蒸发控制装置组成。

相关知识

1 EVAP的功能

EVAP收集汽油箱和浮子室内蒸气的汽油蒸气,并将汽油蒸气导入汽缸参加燃烧,从而防止汽油蒸气直接排到大气而造成污染。同时,根据发动机工况,控制导入汽缸参加燃烧的汽油蒸气量。

2 燃油蒸气重新燃烧的时机

汽油蒸气应在发动机处于闭环控制时导入燃烧室燃烧,只有在闭环控制时才能对因额外蒸气作用导致混合气变浓的情况下调节喷油量。同时,还必须根据发动机工况,控制导入汽缸内参加燃烧的汽油蒸气量。EVAP不正确的操作会造成因混合气浓而出现驱动性下降、怠速不稳或排放不合格等问题。

3 EVAP结构与原理

为防止燃油箱向大气排放燃油蒸气而产生的污染,在发动机控制系统中普遍采用了由ECU控制的活性炭罐汽油蒸气排放控制系统。图5-24为凌志LS400型汽车的EVAP。该系统主要由加油口盖、活性炭罐、真空开关阀(VSV)和相应的连接软管等组成。

EVAP的工作原理是基于活性炭具有良好的吸附和脱附性能研制而成,故EVAP设有活性炭罐,其中充满了活性炭颗粒,上有软管通燃油箱和进气歧管。软管的入口有止回阀,当燃油箱内的燃油蒸气压力升高时,蒸气经软管和止回阀被吸附于炭罐内,称为吸附过程;当发动机起动并暖机后,ECU便开启VSV,让炭罐内的燃油蒸气被脱附,导入进气管内,此为脱附过程。加油口盖设有止回阀,当然油箱内的燃油蒸气被吸出、压力下降时,外界空气便通过加油口盖的止回阀进入燃油箱，使之达到内外压力平衡。

炭罐的下端有一通大气的孔口，其作用是燃油蒸气脱附被吸入进气管时，防止炭罐的负压太大，及时补充新鲜空气，使炭罐内的燃油蒸气脱附得更快、更彻底，如图 5-25 所示。

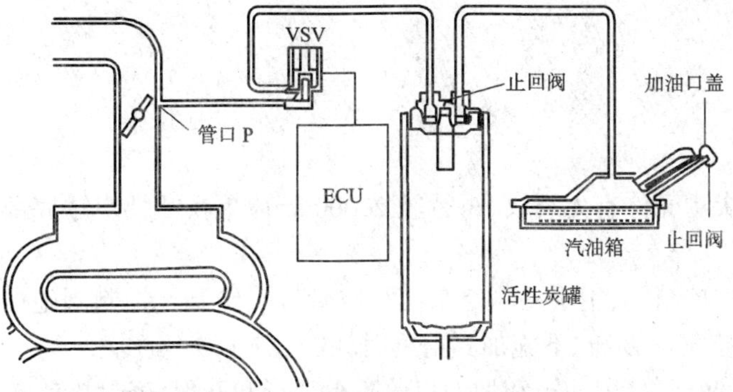

图 5-24　凌志 LS400 型汽车的 EVAP

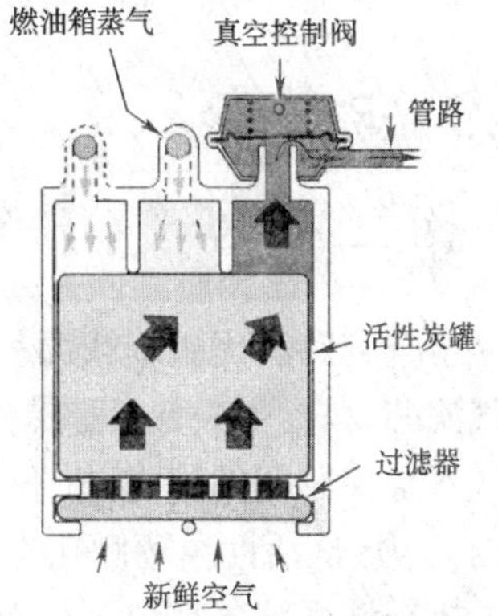

图 5-25　炭罐工作原理

在 ECU 的控制下，EVAP 按表 5-2 的工况进行控制。

燃油蒸气排放控制（EVAP）的控制工况　　表 5-2

工况	VSV	节气门开度	活性炭罐止回阀			加油口盖止回阀	燃油蒸气
			1	2	3		
油箱内正压	—	—	—	开启	关闭	关闭	来自油箱的燃油蒸气被吸收在活性炭罐中
油箱内负压	—	—	—	关闭	开启	开启	空气被导入燃油箱
冷却液 40℃以下	关闭	—	—	—	—	—	燃油箱内的燃油蒸气部分进入炭罐，被吸附在活性炭上
冷却液 40℃以上	开启	关闭或微开	—	—	—	—	
		开启	开启	—	—	—	炭罐内的燃油蒸气被适量地导入进气室

注：“—”表示将根据发动机的工况再决定开启状况。

任务实施

一 任务实施准备

（1）LS400 汽车。

（2）万用表。

（3）相关导线。

(4)空气压缩机。

二 任务实施步骤

EVAP 的检修

1 一般维护

检查管路有无破损或漏气,炭罐壳体有无裂纹,每行驶 20000 km应更换活性炭罐底部的进气滤芯。

真空控制阀的检查:拆下真空控制阀,用手动真空泵由真空管接头给真空控制阀施加约5kPa 压力,从活性炭罐侧孔吹入空气应畅通,不施加真空度时,吹入空气则不通。

检查该系统各部位不得有泄漏现象,燃油箱和加油口盖不得变形和开裂,密封垫良好。

2 活性炭罐的检修

拆下炭罐,外表检查应无破损,从 A 端(燃油蒸气输入端)吹入约 5kPa 的压缩空气,应能无阻地从箭头方向流出。从 B 端反向吹气时应不通,用手堵住 B 端,用 300kPa 的压缩空气从 A 端吹入,即可清洁过滤片,如图5-26所示。如上述检查不符合要求,应更换活性炭罐。

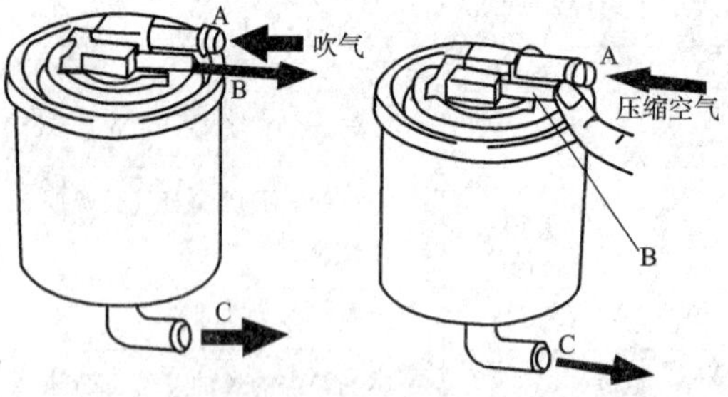

图 5-26 活性炭罐的检修

3 EVAP VSV 检修

该系统由电脑根据冷却液温度、转速、节气门开度等运转参数,通过燃油蒸发控制电磁阀来控制该系统的工作。若正常行车中,车厢内有燃油气味(若该装置工作不良,夏季尤甚)或发动机怠速不稳,而电脑自诊断系统又显示正常时,应按下述步骤检查。

(1)起动发动机至正常工作温度,并使之怠速运转。

(2)拔下蒸气回收罐上的真空软管,用手检查有无真空吸力。当系统工作正常时,在发动机怠速运转中,电磁阀应不通,无真空吸力。若此时有吸力,应检查电磁阀线束插头内的电源电压。有电压,为电脑故障;无电压,为电磁阀故障。

(3)使发动机转速保持在 2000r/min,再次检查有无真空吸力。有吸力,说明正常;无吸力时应检查电磁阀线束插头内的电源电压。若电压正常(通常为 12V),说明电磁阀有故障,若电压不正常或无电压,说明故障在电脑控制线路。

(4)单独检查电磁阀时,可拔下电磁阀线束插头,从 E 端吹入压缩空气,F 端应不通;将电源加在电磁阀两接线柱上,从 E 端吹入压缩空气,F 端应畅通,否则应更换电磁阀,如图5-27所示。

(5)用电阻表测量VSV电控插接器两端子的电阻,其标准值(20℃时)为30～34Ω。检查电控端子与外壳应保证绝缘。

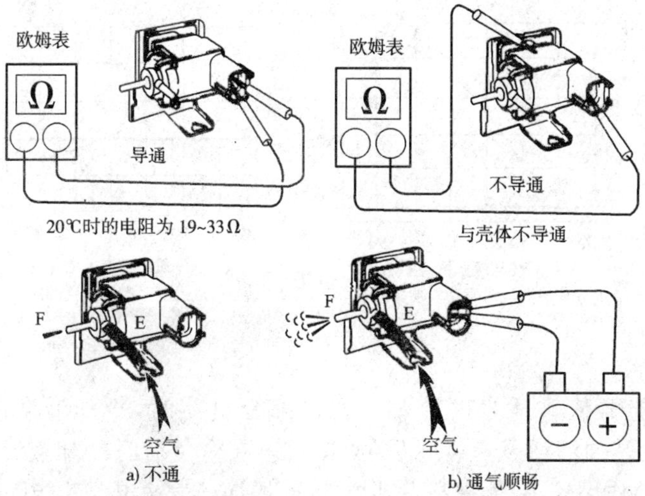

图5-27　EVAP VSV检修

任务五　电控冷却系统与冷却液温度传感器

学习指引

一台宝来汽车,发动机出现冷却液温度过高故障,检查电控发动机,发动机无异常。怀疑是冷却系统故障,在测试过程中,发动机冷却液温度达100℃时,风扇不转。如果发动机正常工作,风扇在95℃时就应该以低速工作,由于此车装备是电控冷却系统,所以检修起来应该先读取故障码,故障码显示是风扇控制单元故障,更换新的控制单元后,故障排除。

任务导入

电控冷却系统是未来冷却系统的发展趋势,且现在中低档车都装备了电控冷却系统。本节内容以宝来车为例,讲解电控冷却系统的组成、电控系统的工作原理。

相关知识

一　电控冷却系统

正确的发动机工作温度不仅对发动机的动力输出、燃油经济性影响较大(图5-28所示为发动机冷却液温度对发动机功率和燃油消耗率的影响),同时也有利于降低有害物质排放。

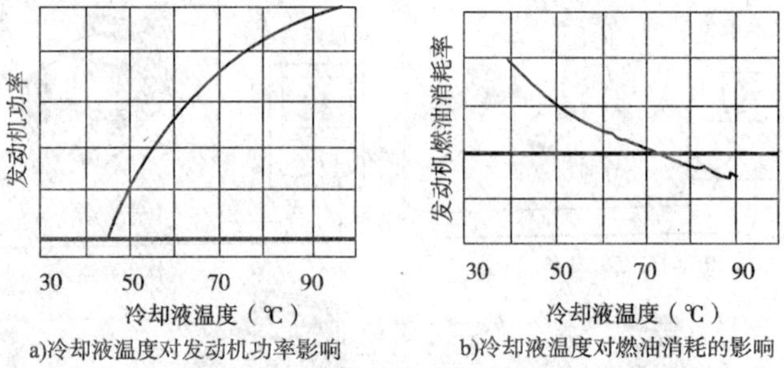

图 5-28　发动机冷却液温度对发动机功率和燃油消耗率的影响

发动机的性能要依靠适当的冷却。若在部分负荷时,冷却液温度较高一些(95～110℃),则能降低燃油消耗及有害物质的排放;若在全负荷时冷却液温度较低一些(85～95℃),则进气加热作用较小,能提高发动机性能,增加动力输出。若能依据发动机负荷使发动机在该状态下有一个适宜的温度,则能较大改善发动机的性能与降低有害物的排放,于是电子控制发动机冷却系统应运而生。冷却液的循环(节温器控制)、冷却风扇的介入控制均由发动机负荷决定是此种冷却系统的特征。图 5-29 所示为发动机冷却液温度在部分负荷和全负荷的温度控制。

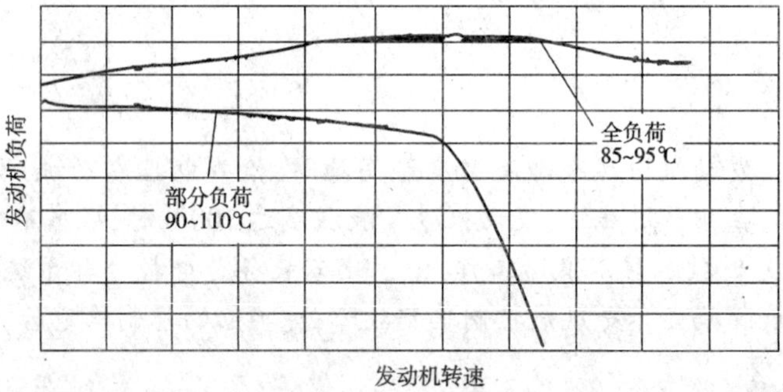

图 5-29　发动机冷却液温度在部分负荷和全负荷的温度控制

(一)冷却液温度调节的必要性

汽车发动机是在各种不同的气候条件下运转,且发动机的负荷变动也很大。为了使冷却液温度保持稳定在一个较小的范围内,必须对冷却液温度(也就是发动机温度)进行调节。适应于不同工况的有效方法是可以使用节温器来调节温度,该节温器装有对温度敏感的膨胀元件,节温器的工作不受冷却系统中压力上升和下降变动的影响。当冷却液温度下降时,节温器开启一个阀门使散热器旁通水道的流量增加,不走散热器。这种方法使工作温度稳定,汽车暖气系统的工作性能良好,排放中的污染物减少,也降低了发动机的磨损。进一步发展可采用脉谱图(MAP 图)控制的节温器。电子控制的节温器不同于单纯的膨胀元件控制的节温器。这种节温器在很大程度上取于电脑对节温器的加热控制。在 MAP 控制的节温器中，石蜡元件加热后，模拟增加的冷却液温度便设定在最佳温度水平。图 5-30 所示为冷却液温度调节单元 F265（温度调节执行机构，功能相当于传统的节温器）控制。

当处于起动或停车工况时，无电压加载，温度调节单元的加热系统不是加热冷却液，而是加热温度调节单元的石蜡体部分，使大循环打开；加热电阻位于膨胀式温度调节单元的石蜡中，电阻根据特性图加热石蜡，使石蜡膨胀发生位移，温度调节单元通过此位移进行机械调节；加热是由发动机控制单元发出的一个脉冲信号来完成的，加热程度由脉宽和时间决定。

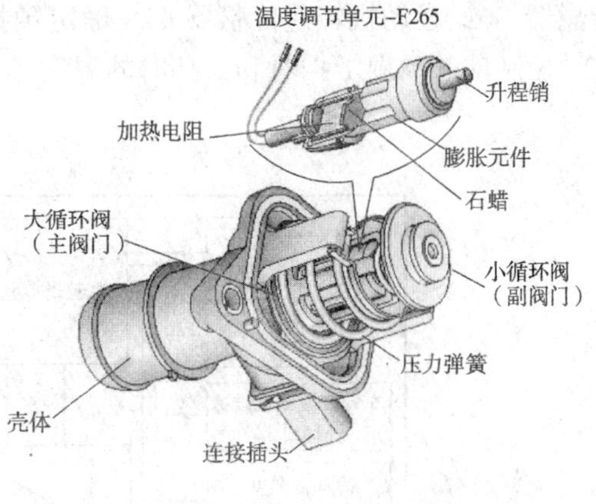

图 5-30 冷却液温度调节单元 F265

（二）风扇转速调节的必要性

在低速时，车辆需要高的冷却能力，因此散热器必须强制通风。乘用车通常用注模法制成单体塑料风扇；商用车用驱动功率高达 20kW 的风扇同样用注模法制成。功率消耗不大的风扇常用直流电动机驱动，功率可达 600W。虽然风扇在叶片形状及布置上是采用低噪声设计的，但由于风扇经常高速旋转，仍会产生较大的噪声。

对风扇的控制需要特别注意，视车辆的形式和行驶条件的不同而异。高速时，迎面气流可在高达 95% 的时间内提供足够的冷却。在此期间，电脑控制停止风扇运转，则用于驱动风扇的燃料可以节省下来。为此采用电驱动的风扇时，可以用一个多级或无级控制系统来控制，即只有当冷却液超过规定温度时，温度控制的电动开关或发动机电子装置才起动风扇。

此系统应用于大众宝来 APF 发动机上。该系统中的冷却液温度调节、冷却液的循环（节温控制）、冷却风扇的工作均由发动机负荷决定，并由发动机控制单元控制，使之相对于装备传统冷却系统的发动机在部分负荷时具有更好的燃油经济性及较低的 CO 和 HC 排放，未来生产的发动机上将逐步推广。发动机电动冷却风扇的工作是计算机根据冷却液温度、怠速开关状态及行驶车速，在需要时开关电扇。电扇在不需要时停止，交流发电机的发电电流自动变小，发动机可以节省燃料，提高经济性。

（三）控制系统原理示意图

图 5-31 所示为冷却液温度电子控制原理。

（四）控制系统组成和主要逻辑关系

图 5-32 所示为冷却液温度电子控制系统组成。其主要逻辑关系有发动机转速传感器 G28 和发动机负荷传感器 G70 确定冷却液温度“特定值 1”；车速 ABS 电脑 J104 传入发动机

电脑 J361 和空气流量计内的进气温度传感器 G42 确定冷却液温度“特定值 2”；发动机温度传感器 G62、发动机转速传感器 G28 确定预控制脉冲；负荷传感器 C70、发动机转速传感器 G28 控制散热风扇 1 挡时和 2 挡时的温度差异。

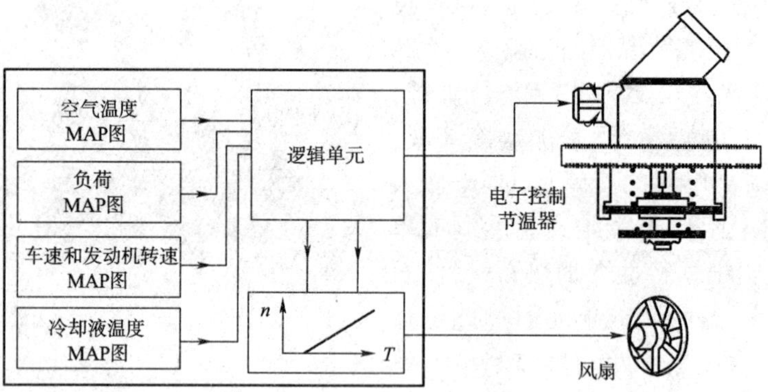

图 5-31　冷却液温度电子控制原理

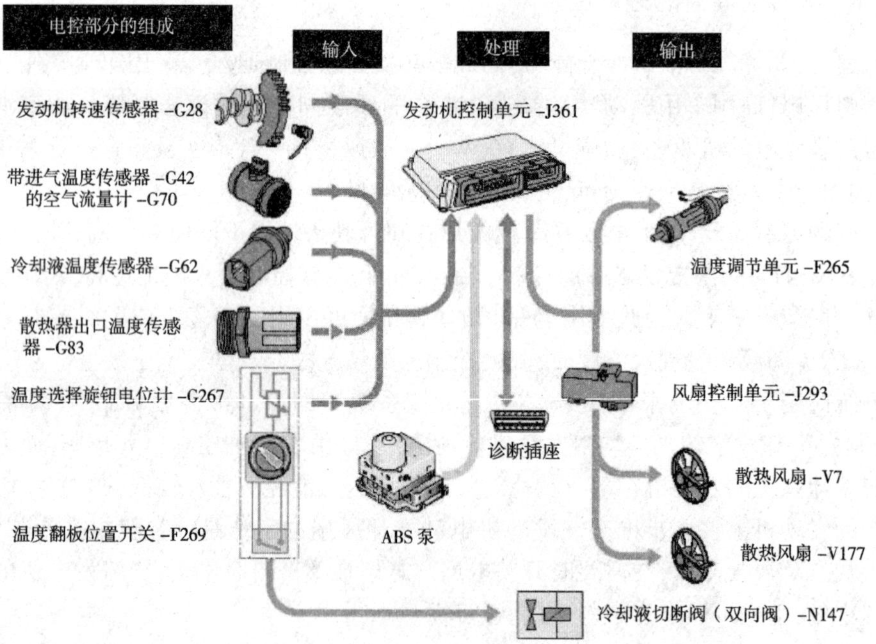

图 5-32　冷却液温度电子控制系统组成

传感器采集所有信息，发动机电脑 J361 对这些信息时刻进行计算，并根据计算结果，进行如下两项相应控制：

(1)激活加热电阻，打开大循环，调节冷却液温度；

(2)激活冷却风扇，迅速降低冷却液温度。

(五)冷却液分配单元

电子控制冷却系统以最小的更改改变了传统的冷却循环,完成了冷却循环的重新布置:冷却液分配法兰与节温器合成一体,发动机缸体上不需要任何温度调节装置。图 5-33 所示为冷却液分配单元图。

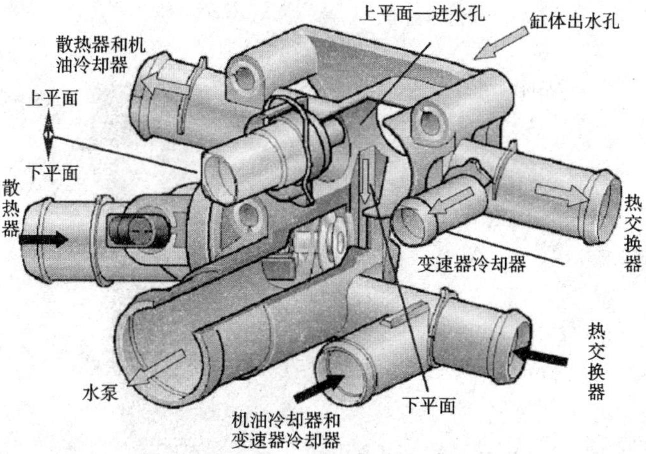

图 5-33　冷却液分配单元

(六)冷却系统布局与温度调节单元在各工况时的状态

图 5-34 所示为冷却系统布局和发动机冷起动、小负荷工况工作原理图。

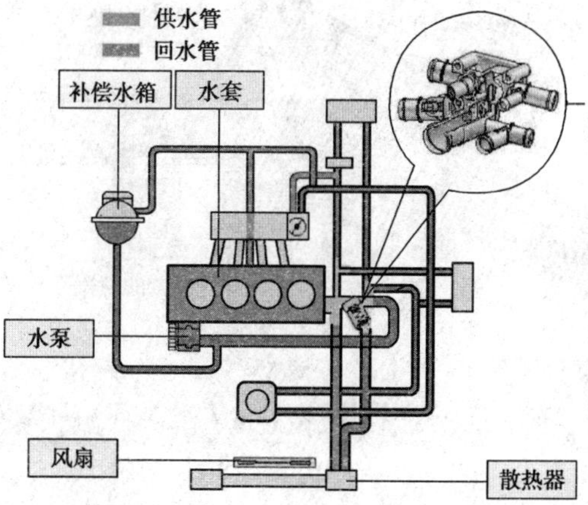

图 5-34　冷却系统布局和发动机冷起动、小负荷工况工作原理图

1 发动机冷起动、小负荷

当发动机冷车起动、暖机期间,与传统的冷却系统一样,为了使发动机尽快达到正常工

作温度，系统为小循环；在冷起动、暖机及小负荷时，冷却液经过发动机缸盖、分配器上平面流入，此时，小循环阀门打开，冷却液通过小阀门直接流回水泵处，形成小循环；在暖机后的小负荷时，冷却液温度为 95～110℃。图 5-35 所示为发动机冷起动、小负荷工况节温器状态图。

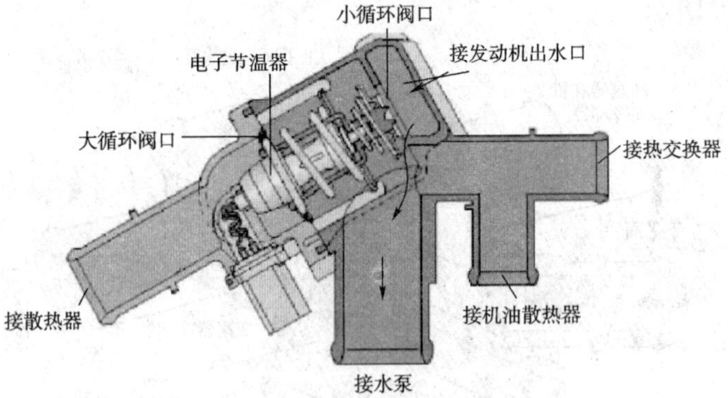

图 5-35　发动机冷起动、小负荷工况节温器状态图

2 发动机全负荷

当发动机全负荷运转时，要求较高的冷却能力。控制单元根据传感器信号得出的计算值对温度调节单元加载电压，溶解石蜡体，使大循环阀门打开，接通大循环；同时关闭小循环通道，切断小循环。在全负荷时，冷却液温度为 85～95℃。图 5-36 所示为发动机全负荷工况电子节温器状态图。

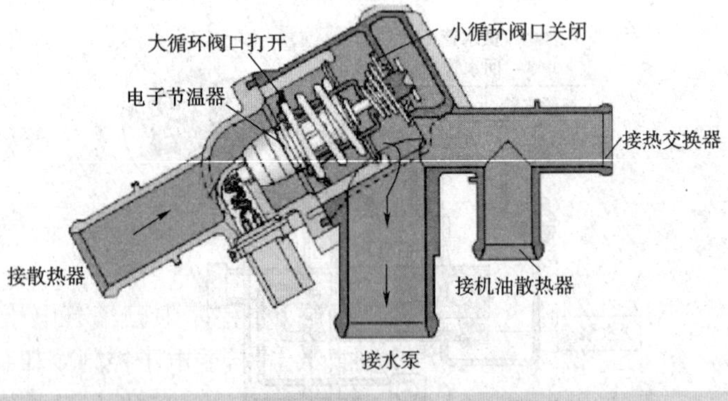

图 5-36　发动机全负荷工况电子节温器状态图

（七）带电子控制冷却系统的发动机控制单元与系统工作原理

图 5-37 所示为宝来 APF 电子控制冷却系统电路图。

西门子（SIMOS）3.3 发动机管理系统中设有电子控制冷却系统的特性图。发动机控制单元的功能已经扩展，与电子控制冷却系统的传感器、执行器相连接。调节单元加载电压（输出）、散热器回流温度（输入）、散热风扇控制（两个输出）、加热器控制电位计（输入）。

电子控制冷却系统具有自诊断功能。

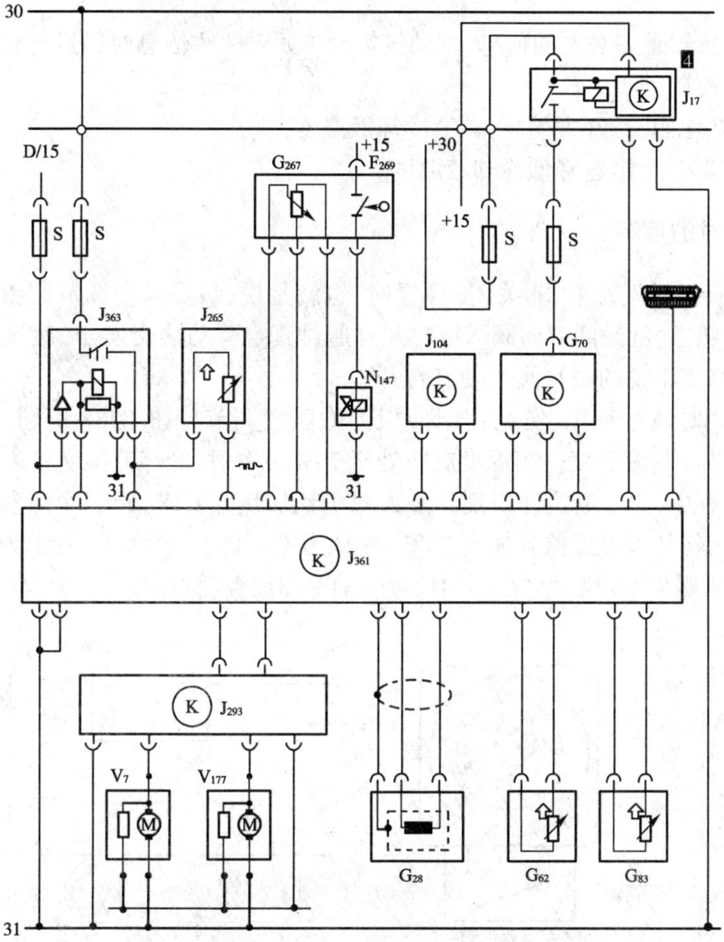

图 5-37　宝来 APF 电子控制冷却系统电路图

1 带电子控制冷却系统的发动机控制单元

该发动机的控制系统是 SIMOS3.3 系统,“电脑”在程序中已编有电子控制冷却系统的特性图,与传统的发动机控制单元相比功能增加了。它接受电子控制冷却系统的传感器送来的信号,驱动电子控制系统的执行器,并且设计了电子控制冷却系统的监控电路。因此电子控制冷却系统具有自诊断功能,并包括在发动机控制系统的自诊断中,可以用V. A. S5051、V. A. S5052、V. A. G1552 或 1551 进行自诊断。

2 输入与输出信号

输入发动机控制单元的信号有:散热器出口温度;冷/暖风控制电位计。

发动机控制单元输出信号有:温度调节单元加载到电子节温器的电压;散热风扇控制(两个风扇分别用单独的输出信号)。

3 基本工作原理

该系统的传感器采集必要的信息,发动机控制单元对这些信息时刻进行计算,并根据计算结果进行相应控制:

(1)激活加热电阻,打开大循环,调节冷却液温度;

(2)激活冷却风扇,迅速降低冷却液温度。

4 开暖风时的控制

(1)当温度旋钮开关处于"非关闭"位置时,也就是说,只要温度调节旋钮不关闭,微动开关就处于打开状态,就激活双向阀 N147,并且通过真空驱动热交换器(暖风散热器)的冷却液切断阀(维修工常说的暖水阀),使其打开。

(2)车辆使用暖风过程中,空调控制面板上的温度调节旋钮 C267 识别驾驶人的意图(温度),从而调节冷却液温度。当温度旋钮处于 70% 位置时,冷却液温度将达至 95℃。

车辆加热过程中,通过电位计识别驾驶人对车辆加热的要求,调节冷却液温度,使其处于合适的温度范围(如果温度差异达到 25℃,则认为不正确)。图 5-38 所示为暖风/冷风开关,图 5-39 所示为暖风/冷风开关在不同位置时的冷却液温度控制。

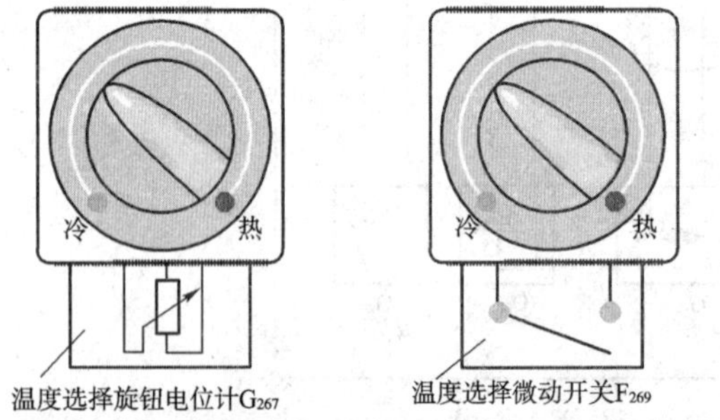

图 5-38　暖风/冷风开关

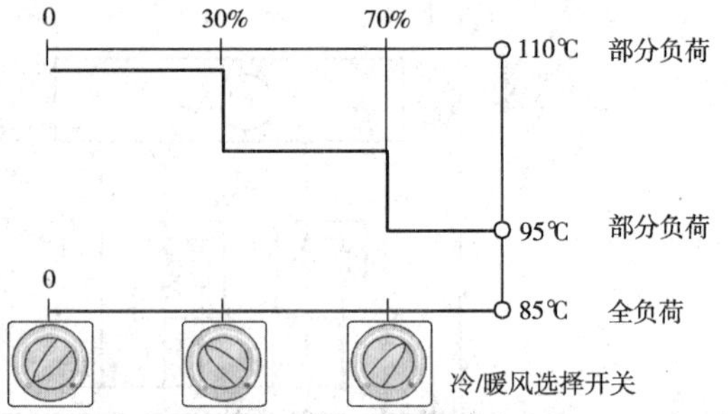

图 5-39　暖风/冷风开关在不同位置时的冷却液温度控制

5 两个冷却液温度传感器(G62 和 G83)及散热风扇控制

图 5-40 所示为冷却液温度传感器位置。冷却液温度传感器 G62 和 G83 的"特征值"存储于发动机控制单元中。实际的冷却液温度值通过循环系统中两个不同的位置识别,并且传输给发动机控制单元电压信号。冷却液温度实际值 1,即 G62 于冷却液法兰的冷却液出口处采集;冷却液温度实际值 2,即 G83 于散热器前出水口处采集。预编在"电脑"里的冷却液的"特性值"与温度值 1 相比较后,给出一个脉冲信号,为节温器的加热电阻加载电压;温度值 1 和 2 比较后,调节散热器电子扇。

(八)全负荷和高速时的冷却风扇的控制

全负荷时要求具有足够的冷却能力。为了提高冷却能力,控制单元为风扇电动机设置了两个转速,依靠发动机出水口与散热器出水口温度的差异来控制风扇的转速。发动机控制单元中储存有风扇介入或切断的两张特性图。它们的决定性因素是发动机转速传感器G28信号和空气流量传感器G70信号。

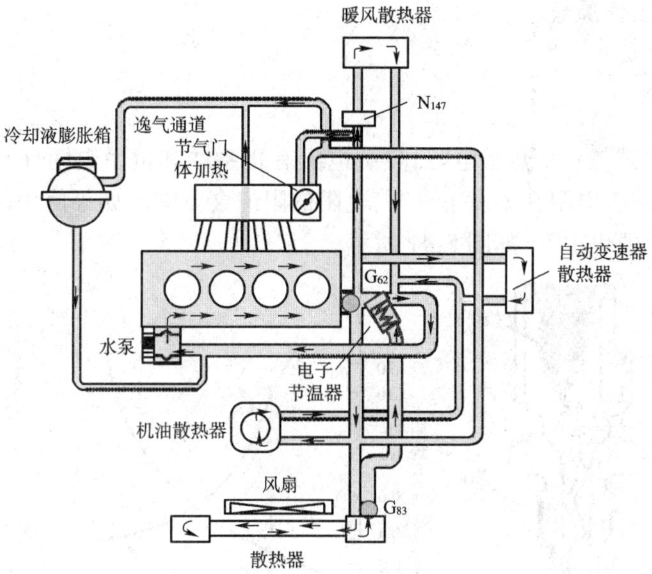

图5-40 冷却液温度传感器位置

车速超过100km/h,风扇不介入对发动机冷却,因为高于此车速使风扇无法提供额外的冷却。车辆带牵引或空调系统介入后,两个风扇电动机均工作(节温器开启大循环)。

(九)失效时的冷却风扇控制

如果故障发生在第一风扇的输出端,则第二风扇被激活(替代)。如果故障发生在第二风扇的输出端,则控制单元将节温器完全打开(安全模式)。关闭发动机后,由于温度的影响,风扇会继续运转一段时间。如果冷却液温度传感器G62损坏,冷却液温度控制以95℃为替代值,并且风扇以1挡常转;如果冷却液温度传感器G83损坏,控制功能保持,风扇1挡常转;如果其中一个温度超出极限,风扇2挡被激活;如果两个传感器都损坏,最大的电压值被加载于加热电阻,并且风扇2挡常转。

二 冷却液温度传感器

(一)功用

(1)修正喷油量和点火时刻。

(2)低温中断,超速挡工作,保证动力。

(3)发动机 ECU 根据冷却液温度传感器提供的温度信号,驱动步进电动机的动作步数,来控制怠速时的进气量。

(4)保证发动机在冷起动时,能适当加浓混合气浓度。

(二)结构与工作原理

1 结构

传感器内部大都是一个热敏电阻,热敏电阻有正系数和负系数两种。一般采用负系数热敏电阻,负系数热敏电阻在温度上升时,电阻的阻值会下降。如果使用的是正系数热敏电阻,温度上升时,阻值也上升,如图 5-41 所示。

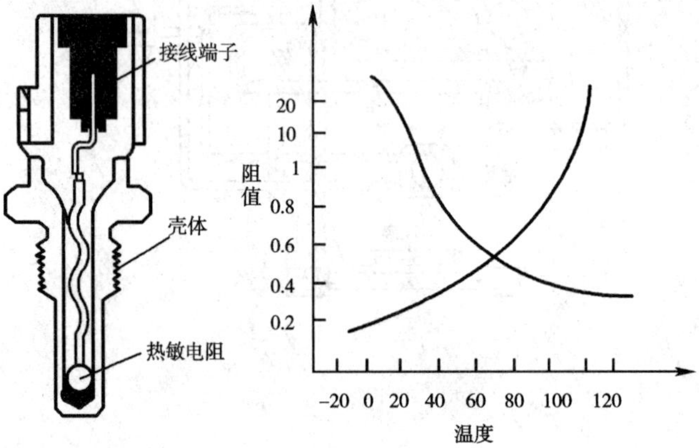

a)冷却液温度传感器结构　b)阻值与温度曲线

图 5-41　冷却液温度传感器

2 电路连接

在 ECU 中有一个标准电阻与传感器的热敏电阻串联,并由 ECU 提供标准电压,传感器搭铁通过 ECU 搭铁端子搭铁,如图5-42 所示。

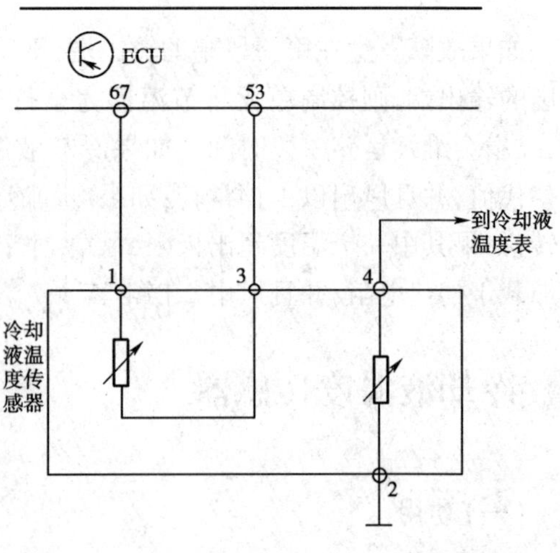

图 5-42　冷却液温度传感器连接电路图

3 工作原理

冷却液温度传感器的作用是向发动机控制单元提供一个温度变化的模拟量信号。它的供电电压是由控制单元提供的 5V 电源,返回控制单元的信号为 1.3 ~ 3.8V 的线性变化信号。主要作用是告诉发动机控制单元现在的温度有多少。温度越高,传感器的电阻值越小,传感器的信号电压越低。反之,其信号对于控制单元极为重要,因为发动机在不同的工作温度下有不同的工作方法。

任务实施

一 任务实施准备

(1)桑塔纳 AJR 发动机实验台架。
(2)万用表。
(3)水杯。
(4)热水。
(5)加热器。

二 任务实施步骤

温度传感器的检测

1 检测温度传感器热敏电阻阻值

断开点火开关,拔下温度传感器插头,拆下温度传感器,将温度传感器和温度表加热。在不同温度下,检测两端子间的电阻值,然后再与标准阻值进行比较,如图 5-43 所示。

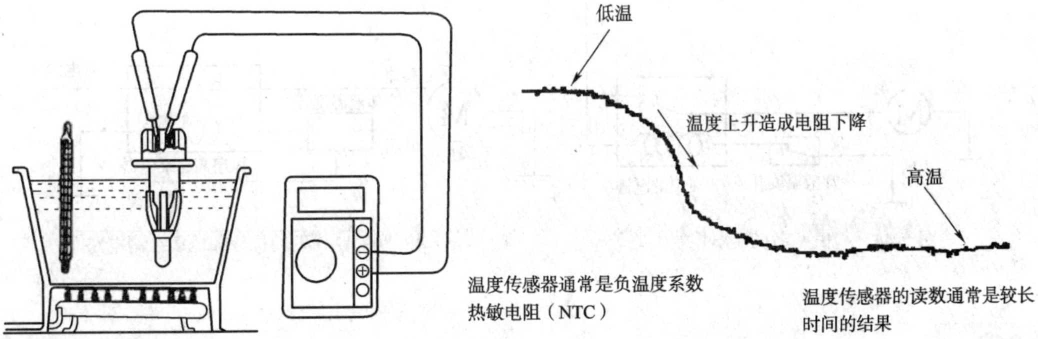

图 5-43　温度传感器电阻检测

2 检测电源电压

拔下温度传感器插头,接通点火开关,检测传感器线束插头上两端子间的电源电压应为

5V 左右。

3 检测信号电压

插上传感器插头，接通点火开关。当发动机工作时，温度高时电压低，温度低时电压高。

知识拓展

丰田 5A 发动机冷却风扇控制电路

丰田 5A 发动机的风扇主要由冷却液温度开关及风扇继电器控制，冷却液温度开关是常闭开关，风扇继电器也是常闭型，在常温下时，开关闭合，继电器在工作状态，继电器内部开关断开，风扇不转。当冷却液温度达到 93℃时，冷却液温度开关断开，风扇继电器停止工作，内部开关由于弹簧作用回到闭合位置，风扇转动，如图 5-44 所示。

帕萨特 ANQ 发动机冷却风扇控制电路

风扇有两个挡位，一个是高速挡，一个是低速挡。分别由冷却液温度开关控制，冷却液温度开关有三根线，开关内部是两个开关，分别是常电源线、高速低线和低速挡线，如图 5-45 所示。当冷却液温度在 93 ~ 100℃时，开关内电源线与低速挡连接，风扇低速挡接通电源，风扇低速挡工作；当冷却液温度高于 100℃时，开关内部电源线与高速挡线相接，电源线与低速挡断开，风扇高速继电器工作，风扇高速挡接通电源，风扇以高速挡工作。

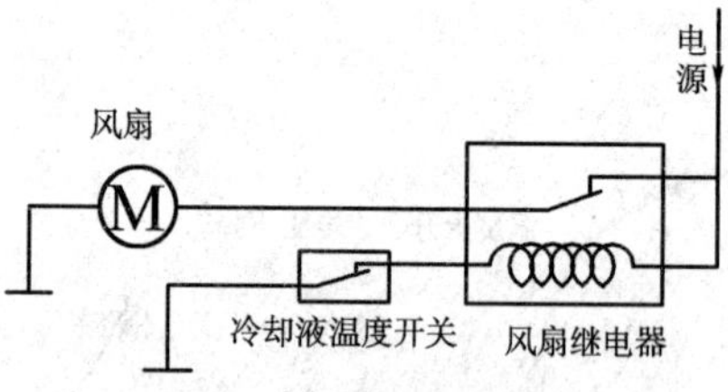

图 5-44　丰田发动机风扇控制电路

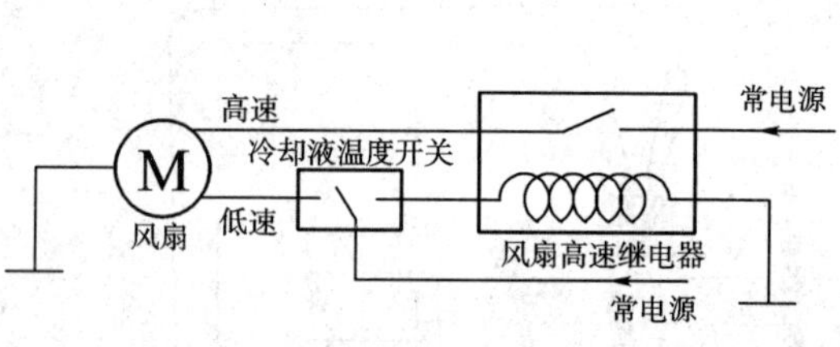

图 5-45　帕萨特 ANQ 发动机冷却风扇控制电路

习题及思考题

1. EVAP 阀、EGR 阀是如何工作的？
2. EVAP 装置有何功用？

3. 使用三元催化转换装置应注意什么?

4. 采用三元催化转换器必须安装在什么地方?

5. 为何要采用三元催化转换器?

6. 如何检查氧传感器?

7. 废气再循环阀的控制方式有哪些?

8. 简述两种电控废气再循环控制系统的工作原理。

9. EVAP 装置有何功用?

10. 冷却液温度传感器如何检修?

项目六 Project 6

电控诊断系统

任务一 常用诊断仪简介

任务导入

现代电控汽车的故障诊断方法，有一般方法和调取故障码方法，但这些方法只能确定汽车的一般故障或电控系统故障的大致范围和原因。因为一个故障码的出现，可能是某一元件的故障引起的，也可能是该元件的配线故障引起的，也可能是电脑本身故障引起的，还可能是由于其他有关系统的故障所造成的。最终诊断和排除故障，还必须通过各种仪器和专用设备，检测和读取有关资料和数据，进行分析比较，确定故障原因，才能加以排除。有时还必须通过专门仪器，模拟有关传感器控制元件的信号，采用置换对比的方法，去判断是传感器或元件本身的故障还是线路或电脑的故障。所以在现代电控汽车的检测诊断中，掌握仪器设备的正确使用，进行数据分析是十分重要的。

学习指引

目前，电控汽车检测诊断仪器主要有汽车电脑扫描诊断检测仪、多功能汽车专用数字电表、示波器、多功能信号模拟检测仪、发动机分析仪等，下面简单介绍这些仪器的种类与功用，详细使用方法可参阅这些仪器的使用说明书。

相关知识

一 汽车电脑扫描诊断检测仪功能及使用简介

汽车电脑扫描诊断检测仪是对汽车电控系统进行检测诊断的重要仪器,该仪器可快速调取汽车电脑所检测到的故障码和输入特定数据清除故障码;可读取电脑所存储的资料,如读取开关电路输入和输出的状态资料、传感器的工作状态资料;可测试和存储行驶中电脑的有关资料供分析和诊断故障之用;还可与多种诊断仪器连接,进行综合分析诊断。

有些汽车厂家配备有自己的专用检测仪。如克莱斯勒公司配备有用于切诺基 2.5L 和 4.0L 多点燃油喷射(MPl)发动机的 DRB Ⅱ 测试仪,大众系列车型有专用的 V. A. G1551 和 V. A. G1552 专用检测仪,宝马系列车型有专用的 BMWSystemTester 专用检测仪等。实际工作当中,很多维修企业常用一些通用型检测仪,如笛威-红盒子(SNAPONSCANNER)、深圳市三原电子有限公司生产的 HY222 系列“修车王”等汽车故障电脑诊断仪。这些诊断仪可对各种不同车型的故障进行检测。

1 V. A. G1551/V. A. G1552 大众车系专用检测仪

V. A. G1551 检测仪如图 6-1 所示。

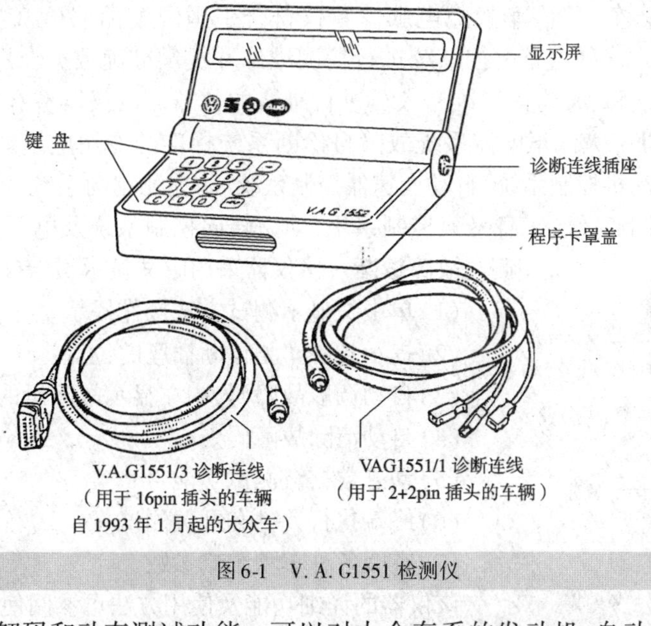

图 6-1　V. A. G1551 检测仪

该仪器具有解码和动态测试功能。可以对大众车系的发动机、自动变速器、ABS、SRS、自动空调、音响及防盗等所有电控系统进行综合检测。其中 V. A. G1551 为英文界面,具有打印功能;V. A. G1552 既有英文界面,也有中文界面,操作相对简捷,便于携带,但不具有打印功能。这两种仪器具有以下功能；

(1)读取电脑版本型号。读取所测电控系统的电脑版本型号、系统类型、发动机类型、适用配置的设定号及服务站代码等。

(2)读取故障码。读取电脑控制系统存储的故障码及故障码内容。

(3)测试执行元件。驱动执行元件单独工作,检测执行元件工作是否正常。

(4)基本调整。电控系统某些基本运行参数的设定。

(5)清除故障码。清除控制电脑中记忆的故障码。

(6)控制单元编码。根据车辆使用的国家、地区和发动机、变速器及其他配置输入适当的设定号(CODINGNUMBER 控制单元编码)。

(7)读取数据流。读取控制电脑的运行数据(以数据组形式显示)。

(8)读取独立通道数据。读取控制电脑的运行数据(以单通道数据显示)。

(9)通道匹配。根据厂方要求和实际需要修改和输入某些设定值。

(10)登录。

(11)设定服务站代码。

在使用检测仪的以上功能对大众系列汽车进行故障诊断之前,由于不同车型配备的系统不同,不同系统配备的控制电脑型号不同,应仔细阅读操作说明书及技术手册。

2 HY222 系列“修车王”汽车故障电脑诊断仪

“修车王”电脑诊断仪如图 6-2 所示。

HY222 系列“修车王”汽车故障电脑诊断仪符合中国国家标准(GB/T 16739.1～3—1997),它可对世界上多种汽车电控系统进行检测维修并提供准确数据,是一种既能检测诊断汽车电控系统的故障,又能指导维修人员进行维修的仪器。该仪器备有各种车系专用的OBD、OBD-I、OBD-Ⅱ三大汽车电控系统故障自诊断系统标准的专用电缆线和诊断座插头,可对电控汽车的发动机控制系统、自动变速器控制系统、防抱死制动系统、安全气囊系统、中央空调系统、巡航控制系统、车身悬架控制系统、动力转向控制系统及电子仪表系统进行检测与故障诊断。该仪器采用中文显示,具有以下功能:

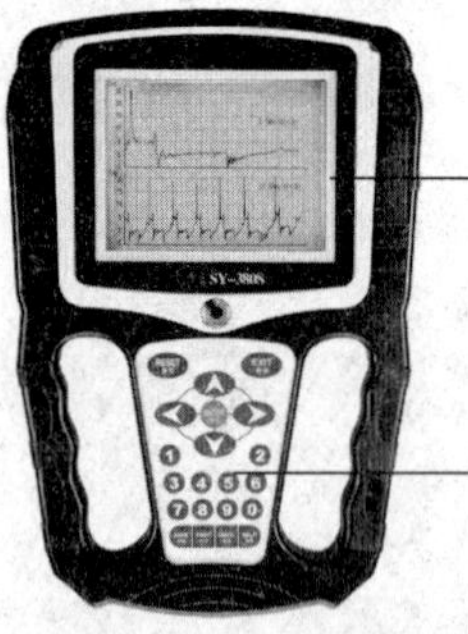

图 6-2　“修车王”电脑诊断仪

(1)单中文显示测试方法操作提示。

(2)提示各种车型诊断插座的位置。

(3)自动调取故障码,中文显示故障码的内容。

(4)自动清除故障码。

(5)动态数据流测试功能。

(6)终端执行元件和开关测试。

(7)查阅各种车型维修参数。

该仪器的详细功能及使用方法可参阅使用说明书。

3 X-431 超级电眼睛

X-431 超级电眼睛如图 6-3 所示。

X-431 超级电眼睛是元征最新一代汽车诊断电脑,它是汽车电子应用技术和信息网络技术完美集成的产品。并且 X-431 率先采用“开放式汽车诊断平台”技术。该技术代表了当今世界汽车诊断技术的最高水平,同时也是汽车诊断技术的最终发展方向。它在具备读汽车故障码、读动态数据流和动作测试、显示传感器波形、控制电脑编码等功能的同时,还具备 PDA 的功能。

二 多功能汽车专用数字电表功能及使用简介

多功能数字电表如图 6-4 所示。

图 6-3 X-431 超级电眼睛

图 6-4 多功能数字电表

在电控汽车的检测及故障诊断中,经常需要检测电压、电流、电阻等参数,但微机控制系统一般是不允许采用指针式万用表来进行测量的,因为测量过程将会造成电脑及传感器的损坏,只能采用高阻抗的数字电表。同时故障诊断还需要检测转速、闭角、百分比、频率、压力、时间、电容、电感、温度及半导体元件等,这些参数用一般数字万用表是无法检测的,必须采用多功能汽车专用数字电表。笛威 TWAY9206、TWAY9406A 等即为多功能汽车专用数字电表。下面以 TWAY9406A 多功能汽车用数字电表为例介绍这类数字电表的主要功能:

(1)检测汽车发电机最高输出电压及最大输出电流。

(2)电器微小漏电压、漏电流测量,并具备记忆锁定功能。

(3)进行故障码读取,代替显示灯跨接的方法,并可以声响计数及显示电压值。

(4)测试线路中的电压降及阻抗。

(5)检测电路中接点的压降或触点的压降,判断线路接触情况是否良好。

(6)温度检测。

(7)发动机转速检测。

(8)测量电磁线圈工作时导通/关断百分比。

(9)检测空气流量计、进气压力及大气压力传感器、冷却液温度传感器及进气温度传感器、氧传感器、怠速控制电动机、车速传感器、点火信号发生器、爆震传感器等。

(10)电路断路、短路检测,声响指示。

(11)点火系高压电路技术状况检测。

(12)测试中最大值、最小值显示及锁定。

(13)发电机整流二极管动态检测,并有字幕显示。

(14)交直流电压、电流检测,并具有600V安全过压保护功能。

(15)自动关机功能。

(16)具有动态测试氧传感器变动率、电压变动值显示及声响提示(±0.45V 判断)功能。

(17)具有检测干扰信号源,检测超强应用功能。

(18)精确测试频率、时间(ms)功能,并具有突触发相位及 Hi/Lo 准位功能。

该类电表的具体使用方法,请参见使用说明书。

三 示波器功能及使用简介

图6-5　示波器

汽车电控系统工作中,由各种传感器或装置向电脑输送各种控制电信号,由电脑综合判断处理后再向各种执行元件输出各种控制电信号。这些输入和输出电信号基本上有两类:一是模拟信号,一是数字信号。

在系统工作时,我们可通过示波器(图6-5)将上述各种信号的波形显示出来,通过对波形的变化分析来判断故障。有的示波器还可把波形储存记忆起来,成为备用资料。当采用双踪示波器测试时,还可将两种信号波形同时显示出来,加以分析对比。因此在现代汽车电控系统的检测诊断中,示波器是一种很重要的检测仪器,是必备设备之一。

示波器的具体使用方法,可参见示波器使用说明书。

四 多功能信号模拟检测仪功能及使用简介

这类仪器也是汽车电控系统检测诊断中重要的设备,其基本功用是可以模拟发动机控制系统的全部传感器的输出值,对传感器及线路故障进行诊断。

例如,通过调故障码显示出是冷却液温度传感器信号不良的故障,但究竟是传感器故障还是传感器至电脑配线故障或是电脑故障,需作进一步诊断。此时我们可通过信号模拟检测仪模拟冷却液温度传感器的信号代替冷却液温度传感器向电脑输送的信号,如果发动机工作状况改善,故障症状消失,即可判断为冷却液温度传感器的故障;若故障症状无改善,可直接由电脑相应端子将信号输入,若故障症状消失,即为冷却液温度传感器至电脑配线故障;若故障症状无改善,则可判定电脑本身故障。PRI 公司生产的 SST111 汽车多功能信号模拟检测仪和国内生产的“车博士”都为该类型仪器。

SST111 有以下检测功能:

(1)模拟一个三线电压传感器信号。如进气压力传感器(MAP)、空气流量计(MAF)、节气门位置传感器(TPS)等,都属此类传感器。SST111 可模拟上述传感器产生连续的直流电压信号并显示出来。

(2)模拟氧传感器的信号。SST111 可产生一个 0.15V 的恒定连续电压信号来模拟稀混合气(空燃比过大)状态下氧传感器所产生的信号;也可产生一个 0.85V 的恒定连续电压信号来模拟浓混合气(空燃比过小)状态下氧传感器所产生的信号。

(3)模拟电阻型(双线)传感器信号。进气温度传感器(MAT)、冷却液温度传感器(ECT)等均属此类传感器。SST111 可根据需要选择各种不同的阻值范围。

(4)模拟频率传感器所发出的频率信号(DC)。SST111 可根据需要输出不同频率的信号。

(5)模拟爆震传感器信号。SST111 可产生不同频率的连续爆震信号。

(6)模拟车速传感器信号。SST111 可产生不同频率的车速传感器信号(AC)。

(7)检查电路的连续性。将仪器的红黑两测试笔接到线路两端,当线路接通时,仪器中蜂鸣器发声,表示线路正常。

(8)数字式万用表功能。可测直流电压、交流电压、电阻、频率等,还可以检测氧传感器等。

使用 SST111 仪器模拟传感器信号,可判断故障是出在传感器还是线路或电脑内部。当由 SST111 代替传感器输入相应的信号后,发动机工作状况有好转,即是传感器的问题。若无好转则是线路或电脑内部故障。

利用 SST111 还可以用来控制发动机的工作状况。代替冷却液温度传感器可控制发动机开环或闭环工作;代替节气门位置传感器可控制怠速燃油混合比;代替大气压力传感器可控制空燃比及点火正时在高海拔和正常设置之间的转换;代替氧传感器可控制不同的空燃比;代替进气压力传感器可控制点火正时及空燃比;代替爆震传感器可控制点火正时。

汽车多功能信号模拟检测仪,在现代电控汽车的检测与故障诊断中的作用是十分重要的。

五 发动机分析仪简介

发动机分析仪如图 6-6 所示。

发动机是汽车的心脏,是汽车动力的来源。发动机技术状况的好坏,直接影响到汽车的动力性、排放等性能指标,因而发动机综合性能检测也越来越成为汽车检测的重点。发动机综合性能检测的仪器中应用最为广泛的就是发动机综合分析仪，简称发动机分析仪。它能对发动机进行不解体试验，测定发动机的各种技术参数。配有标准数据及专家分析系统的发动机分析仪，还能自动将测得的参数与标准数据比较，判断发动机的状况好坏。目前发动机分析仪已经成为现代汽车诊断技术中的关键设备。发动机分析仪一般包括以下功能：

(1)发动机动力性检测，即无外载测功。

(2)发动机单缸动力性检测，即单缸转速降或汽缸均匀性。

(3)点火系统参数检测，如点火提前角、重叠角、闭合角及点火线圈一次、二次侧点火波形等。

(4)起动系统参数及汽缸相对压力检测。

(5)充电系统检测。

(6)进气歧管真空压力波形检测。

(7)柴油机供油系统参数检测。

(8)汽车各传感器参数检测。

(9)有的发动机分析仪还具有汽车故障解码、汽车排气分析等功能。

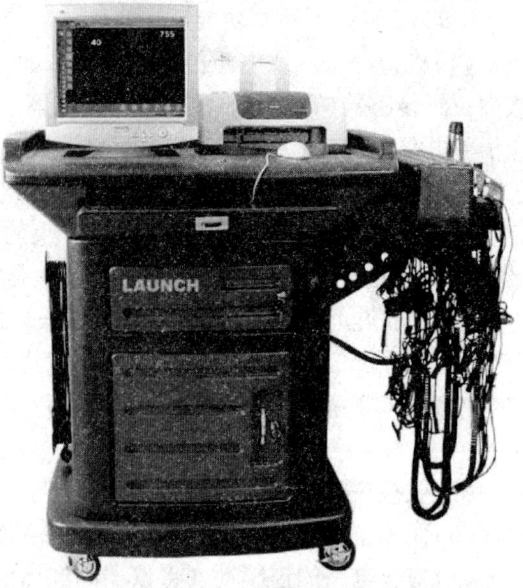

图6-6 发动机分析仪

目前国内常见的发动机分析仪有深圳元征的EA-1000型、西安凌翔的FZ2000型、石家庄华燕汽车检测设备厂的HFZF2000型、济南无线电六厂的QFC-5X型等国产品牌以及HUMAN(凯文)、BOSCH(博世)、BEAR(大熊)等进口品牌。不同型号的发动机分析仪在结构、使用方法等方面都存在一定的差异，大家在使用时要注意区别，以免造成不必要的损失。

任务实施

一 任务实施准备

(1)多媒体教室。

(2)汽车常用诊断仪各一套(解码器、示波器、OTC专用诊断仪等)。

(3)本田F22-B发动机试验台架一台(带OBD-II)，大众PASSTB5发动机试验台架一台。

二 任务实施步骤

(1)准备相关的诊断仪和发动机。

(2)起动发动机运行 10min 左右(发动机达到热机状态)。

(3)接上 X43-1 解码器,读取故障码并清除故障码。

(4)读取发动机数据流。

(5)拔掉发动机上的某一个传感器,读取故障码。

(6)接上该传感器,清除故障码,然后再读取是否有故障码。

(7)用示波器测量点火信号和曲轴位置传感器信号。

任务二 OBD-Ⅱ的简介

任务导入

在电控汽车的故障诊断中,面对品种各异的汽车,面对形形色色的故障,维修人员要用各种各样的检测设备,配上形状各异的诊断插头,对照纷繁复杂的维修资料,在发动机舱内、翼子板内侧、仪表板壳内、乘客侧下等许多位置寻找诊断接口,读取故障信息。这对维修人员的检修工作来说,是不是太劳心费神了?

学习指引

OBD 中文翻译为"车载自动诊断系统"。这个系统将从发动机的运行状况随时监控汽车是否尾气超标,一旦超标,会马上发出警示。当系统出现故障时,故障(MIL)灯或检查发动机(Check Engine)警告灯亮,同时动力总成控制模块(PCM)将故障信息存入存储器,通过一定的程序可以将故障码从 PCM 中读出。根据故障码的提示,维修人员能迅速准确地确定故障的性质和部位。

相关知识

一 OBD-II 的含义

车载诊断系统 OBD-II 程序在美国的颁布实施,给汽车专业人士的诊断带来了空前的便利。任何维修人员都可使用同一设备,对所有根据标准生产的汽车在同一位置通过同样的诊断接口进行故障诊断。随着经济全球化和汽车国际化程度越来越高,中国的维修人员将越来越深切感受到 OBD-II 强大的技术魅力。

"OBD-II"是"on—Board Diag—nositics II",即 II 型车载诊断系统的缩写。为使汽车排放和驱动性相关故障的诊断标准化,从 1996 年开始,凡在美国销售的全部新车,其诊断仪器、故障编码和检修步骤必须相似,即符合 OBD-II 程序规定。随着经济全球化和汽车国际化的程度越来越高,作为驱动性和排放诊断基础,OBD-II 系统将得到越来越广泛的实施和应用。OBD-II 程序使得汽车故障诊断简单而统一,维修人员不需专门学习每一个厂家的新系统,可以说,OBD-II 给维修人员的诊断检修工作带来了空前的便利。

二 OBD-II 的作用

在 OBD-II 计划实施之后,任一技师可以使用同一个诊断仪器诊断任何根据标准生产的汽车。OBD-II 成熟的功能之一是当系统点亮故障灯时,记录下全部传感器和驱动器的数据,可以最大程度地满足诊断维修的需要。面对各国日益严格的汽车排放法规,OBD-II 监视排放控制系统效率的目标是:随着汽车运行中效率的降低,根据联邦测试步骤,当汽车排放水平已达到新车排放标准的 1.5 倍时,点亮故障灯并存储故障码。此外,OBD-II 还要求配置某些附加的传感器硬件,例如附加的加热氧传感器,装在催化转换器排气的下游。采用更精密曲轴位置传感器或凸轮轴位置传感器,以便更精确地检测是否缺火,全部车型配置一个新的 16 针诊断接口。这样一来,计算机的能力大大提高,不仅能够跟踪部件的损坏,而且满足了汽车排放的严格限制。

三 OBD 的发展

OBD 技术最早起源于 20 世纪 80 年代的美国,初期的 OBD 技术,是通过恰当的技术方式提醒驾驶人发生的失效或是故障。欧盟和日本在 2000 年以后引入 OBD 技术,2004 年之后,汽车发达国家的 OBD 技术进行第三个阶段。欧洲和美国在 OBD 检测的项目和限值方面,存在一定差别,具体差别内容不再详述。美国 OBD 监控的目的在于成为高排放标准车辆之前发现故障;欧洲 OBD 监控的目的在于发现高排放车辆。我国导入的 OBD 技术,将在三个阶段以后等效采用欧洲 OBD 系统的相关规定。

四 未来的 OBD-III

OBD-II 虽然可以诊断出排放相关故障,但是无法保证驾驶人接受 MIL 的警告并对车辆故障及时修复。为此以无线传输故障信息为主要特征的新一代 OBD 系统,即 OBD-III 正在发展当中。OBD-III 系统能够利用小型车载无线收发系统,通过无线蜂窝通信、卫星通信或者 GPS 系统将车辆的 VIN 故障码及所在位置等信息自动通告管理部门。管理部门根据该车辆排放问题的等级对其发出指令,包括去何处维修的建议、解决排放问题的时限等。这些信息可在相关法规的基础上,对维护不当而造成过多排放污染的车辆惩罚。

OBD-III 不仅需要相关通信技术、标准和法规的不断成熟,对 OBD 系统诊断功能本身的准确性和可靠性也是一个更高的要求。目前 OBD-III 仍然处于发展阶段,也因此有很多有趣的设想。

五 OBD-II 的特点

(1)OBD-II 具有广泛的监测器功能,特别能监测汽车动力系统的运行工况。

(2)具有统一的诊断座和统一的故障代码:OBD-II 诊断座双排共 16 针,安装在仪表板的下方,故障代码由五位英文字母和数字共同组成。

(3)具有行车记录技术数据变化的功能。

(4)具有重新显现所记忆故障的功能。

(5)具有用仪器直接读取和清除故障码的功能,当然还有部分年款的部分车型,仍然采用可以用人工方法调取第二代故障码。

六 OBD-II 的标准化

OBD-II 程序的设计要求避免系统之间的混淆,这不仅要求使用标准的 16 针诊断接口,还要使用特定的编码及在制造商的文件中对部件的说明,这是为了达到以下几方面的统一和标准化。

(1)通用术语和缩写词。例如,为计算机提供曲轴位置和转速信息的装置称为曲轴位置传感器,缩写均为"CKP",计算机统一都称为"PCM"。

(2)通用数据诊断接口。每车都装有一标准形状和尺寸的 16 针诊断接口,每针的信号分配相同,并位于相同的位置,装在仪表板之下,在仪表板的左边与汽车中心线右 300mm 之间的某处。应当注意的是,诊断接口的某些端子,指定为特定的信号。而其他端子则可让制造商使用,或在当前型号的车上尚未使用。

(3)通用诊断测试模式。这些测试模式,对全部 OBD-II 汽车都是通用的,使用 OBD – II 扫描工具就可测试。

(4)通用扫描工具。满足 OBD-II 要求的扫描工具,必经能访问和解释任何车型与排放相关的诊断故障码,扫描工具有线束可与标准的 16 针插接器相接。

(5)通用诊断故障码。在对上海别克、广州雅阁等汽车进行故障诊断时,自诊断系统都可以显示标准 OBD-II 故障代码,如"PO125"、"PO204",分别代表有转速信号时发动机 5min 内没达到 10℃和 4 号喷油嘴输出驱动器不正确地响应控制信号。

(6)标准化协议。要求制造商使用相同的多路通信语言,进行 PCM 与其传感器和执行器间的通信,以及诊断工具之间诊断信息的发送与接收。

OBD-II 标准要求发动机管理系统对每一受监视的电路,根据专门设置的运行条件,如暖机周期、驱动周期、OBD-II 行程、OBD-II 驱动周期和相似条件等,在监视序列检测其故障,位置故障代码,点亮和熄灭故障灯,以及消去故障代码。在这里,所谓监视序列是一个运行过程,是一个用来测试规定系统功能或部件的操作。例如计算机可在减速时打开或关闭 EGR 阀,并监视 MAP 传感器,以观察 EGR 阀是否在工作;或在巡航时,计算机打开或关闭炭罐净化,以观察氧传感器的信号,这样就可以同时测试两个部件。

DLC 诊断座为统一 16PIN 脚，并装置在驾驶侧仪表板下方，DLCPIN 脚说明见表 6-1。

资料传输线有两个标准：

ISO = 欧洲统一标准 利用 7#、15#脚	（INTERNATION STANDARDS ） （ORGANIZA TION 1941-2）
SAE = 美国统一标准 利用 2#、10#脚	（SAE-JI850）

标准 PIN 脚功用：OBD-II-DLC 接头，如图 6-7 所示。

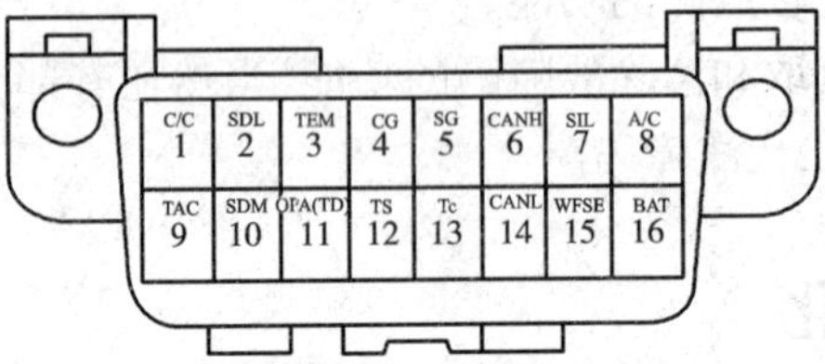

图 6-7　OBD-Ⅱ诊断插头

DLC PIN 脚说明　　表 6-1

1#	提供制造厂应用	9#	提供制造厂应用
2#	SAEJ 1850 所制定的资料传输线	10#	SAE 制造厂所制定的资料传输线
3#	提供制造厂应用	11#	提供制造厂应用
4#	接车身搭铁	12#	提供制造厂应用
5#	信号回路搭铁	13#	提供制造厂应用
6#	提供制造厂应用	14#	提供制造厂应用
7#	ISO-9141-2 所制定的资料传输线 K	15#	ISO-9141-2 所制定的资料传输线 L
8#	提供制造厂应用	16#	接蓄电池正电源

七 诊断设备

1 扫描工具

OBD-II 条例规定了故障代码，大量的发动机管理的传感器信号、计算机命令等，并可通过一个通用的扫描工具读出。扫描工具可给出大量重要的维修信息，但很多维修人员并没使用其全部功能，仅用于读取故障码。实际上，扫描工具所提供的数据，多数可用于查出故障所在。

特别有效的故障排除方法是同时使用扫描工具和四气体（HC、CO、O_2 和 CO_2）或五气体（外加 NO_X）红外线式尾气分析仪。这样可对传感器信号或计算机命令信息与实际尾管的排气相比较，看看这些读数的逻辑结果是否合理。

2 实验室示波器

只要扫描工具正常,它就告诉用户发动机工作情况,但读者仍然不能"看到"问题或者因"假信号"发生得太快,扫描工具显示不出来,或者 OBD-II 系统根本就没有编程识别这种差异。针对这种情况,使用实验室示波器非常有效,示波器有台式,也有手持式。用模拟示波器检查点火系统的故障已有几十年历史了,但它与现代实验室示波器完全是不同的类型。传统模拟示波器要求所显示的信号是一个重复的周期信号,而实验室示波器是对这一信号的实时显示。因为取样的频率高,所以信号的每一重要细节都被显示出来,这样高的速度可在发动机运转时识别出任何可造成故障的信号。如果需要,任何时间都可重看波形,因为这些波形都可存于内存中。

典型的现代实验室示波器具有双线或多线功能。即同时可在屏幕上看到两个或多个单独的信号。这样就可观察一个信号如何影响另一个信号。例如可将氧传感器电压信号输入到通道 A,将喷油器脉冲输入到通道 B,然后观察脉冲是否响应氧传感器信号的变化。

可将实验室示波器看成一个高速可视电压表。能够看到清晰的信号波形,在图形上能捕捉到瞬间干扰、尖峰脉冲、噪声和所测部件的不正常波形。

八 OBD-II 故障码的意义和分类

SAEJ2010 规定了一个 5 位标准故障代码,第 1 位是字母,后面 4 位是数字。

首位字母表示设置故障码的系统。当前分配的字母有 4 个:"P"代表动力系统,"B"代表车身,"C"代表底盘,"U"代表未定义的系统。

第 2 位字符是 0、1、2 或 3,意义如下:

0——SAE(美国汽车工程师协会)定义的通用故障码;

1——汽车厂家定义的扩展故障码;

2 或 3——随系统字符(P,B,C 或 U)的不同而不同。动力系统故障码(P)的 2 或 3 由 SAE 留作将来使用;车身或底盘故障码的 2 为厂家保留,车身或底盘故障码的 3 由 SAE 保留。

第 3 位字符表示出故障的系统:

1——燃油或空气计量故障;

2——燃油或空气计量故障;

3——点火故障或发动机缺火;

4——辅助排放控制系统故障;

5——汽车或怠速控制系统故障;

6——电脑或输出电路故障;

7——变速器控制系统;

8——变速器控制系统。

最后两位字符表示触发故障码的条件。不同的传感器、执行器和电路分配了不同区段的数字,区段中较小的数字表示通用故障,即通用故障码;较大的数字表示扩展码,提供了更具体的信息,如电压低或高、响应慢,或信号超出范围。

故障码前2个字分别代表下列不同含义,见表6-2。

故障码前2个字母代表的含义　　表6-2

P0	发动机变速器电脑控制系统,由SAE统一制定的故障码
P1	发动机变速器电脑控制系统,由厂家各自制定的故障码
P2	发动机变速器电脑控制系统,预留故障码
P3	发动机变速器电脑控制系统,预留故障码
C0	底盘电脑控制系统,由SAE统一制定的故障码
C1	底盘电脑控制系统,由各厂家各自制定的故障码
C2	底盘电脑控制系统,预留故障码
C3	底盘电脑控制系统,预留故障码
B0	车身电脑控制系统,由SAE统一制定的故障码
B1	车身电脑控制系统,由各厂家各自制定的故障码
B2	车身电脑控制系统,预留故障码
B3	车电脑控制系统,预留故障码
U0	网路连接相关故障码
U1	网路连接相关故障码
U2	网路连接相关故障码
U3	网路连接相关故障码
P01XX	燃油和空气检测系统
P02XX	燃油和空气检测系统
P03XX	点火系统
P04XX	废气控制系统
P05XX	车速怠速控制系统
P06XX	电脑控制系统
P07XX	变速器控制系统
P08XX	变速器控制系统
P09XX	SAE预留的故障码
P00XX	SAE预留的故障码
P01XX	以后是由厂家自行制定的一部分
P11XX	燃油和空气检测系统
P12XX	燃油和空气检测系统
P13XX	点火系统
P14XX	废气控制系统

续上表

P15XX	怠速车速控制系统
P16XX	电脑控制系统
P17XX	变速器控制系统
P18XX	变速器控制系统
P19XX	SAE 预留的故障码
P10XX	SAE 预留的故障码

任务实施

一 任务实施准备

(1)多媒体教室。
(2)X-431 一套。
(3)本田雅阁整车一台。

二 任务实施步骤

(1)起动汽车,让汽车运行 10min。
(2)读取发动机数据流。
(3)读取故障码后清除故障码。
(4)拔掉某个传感器线束,重新读取故障码。
(5)装好传感器线束,清除故障码。
(6)再次读取故障码。

任务三 普通故障诊断流程

任务导入

一台丰田 5A 发动机无法起动,检查发现发动机不点火,先读取发动机故障码,发现无故障码,说明电控系统无故障,怀疑是电路部分出现问题。测量点火器与喷油器电源线,无 12V 电压,确定电源电路有故障,检查主继电器,主继电器工作正常,检查主继电器至点火器的导线是否导通,发现不导通,用中跨线跨接电源给点火器,能点火,说明故障部位是导线断路,找到故障部位后,重新连接好后,故障排除。

学习指引

快速准确地诊断发动机电控系统的故障，是正确维修发动机电控系统的前提，是维修技术的重要组成部分，概括起来，发动机电控系统的故障诊断方法主要有故障码诊断法、故障征兆模拟法、查故障征兆一览表法、用专用或通用仪器检测技术参数法等。

相关知识

一 发动机电控系统故障诊断方法

快速准确地诊断发动机电控系统的故障，是正确维修发动机电控系统的前提，是维修技术的重要组成部分，概括起来，发动机电控系统的故障诊断方法主要有故障码诊断法、故障征兆模拟法、查故障征兆一览表法、用专用或通用仪器检测技术参数法等。

（一）故障码诊断法

现代汽车电子控制系统都具有故障自诊断功能，当系统出现故障时，ECU 会使"CHECK ENGINE"（检查发动机警告）灯点亮，同时将故障码信息存入存储器。检修人员可以通过一定的程序将故障码从 ECU 中调出，根据故障码所显示的内容，迅速准确地确定故障的性质和部位，有针对性地去检查有关部位、元件和线路，将故障排除。因此调取故障码诊断电控系统故障是检修现代汽车很重要的基本方法。故障被诊断出并排除后，还需将存储器内所存储的故障码清除，不同车型调取和清除故障码的方法不尽相同，具体可以参照有关章节的内容。通用公司（GM）故障码见表 6-3。

通用公司（GM）故障码表　　表 6-3

OBD-II 码	OBD-I 码	诊 断 内 容
P0101	34	空气流量计电路不良
P0112	23	进气温度传感器电压信号太高
P0113	25	进气温度传感器电压信号太低
P0116		发动机冷却液温度电压信号不良
P0117	15	发动机冷却液温度电压信号太高
P0118	14	发动机冷却液温度电压信号太低
P0123	21	节气门位置传感器电压太高
P0125		发动机无法进入闭合回路
P0131	44	氧信号太低，混合比太稀
P0132	45	氧信号太高，混合比太浓
P0133		前侧氧传感器变动率慢

续上表

OBD-II 码	OBD-I 码	诊断内容
P0134	13	氧传感器断线或不变动
P0135		前侧氧传感器信号干扰
P0137		后侧氧传感器信号太低
P0138		后侧氧传感器信号太高
P0140		后侧氧传感器线路断线
P0151		前侧辅助氧电压太低,混合比太稀
P0152		前侧辅助氧电压太高,混合比太浓
P0153		前侧辅助氧信号变动率太慢
P0154		前侧辅助氧传感器断线
P0155		前侧辅助氧传感器干扰
P0158		后侧辅助氧电压太高,混合比太浓
P0160		后侧辅助氧传感器电压信号不良
P0161		后侧辅助氧传感器电压信号电路干扰
P0171		供油修正一直太稀
P0172		前氧供油修正太浓或太稀
P0174		前辅助氧传感器供油修正太稀
P0175		前辅助氧传感器供油修正太浓
P0300		点火系统间歇性不点火
P0321	17	曲轴位置传感器或参考信号(REF)不良
P0325		爆震传感器信号不良
P0341	18	凸轮轴位置传感器或曲轴位置传感器信号不良
P0342	41	凸轮轴位置传感器信号不良
P0401	54	废气再循环电磁阀电路不良
P0420		后氧传感器不良或催化转换器不良
P0501		实际车速在 30km/h 以上,但无车速信号
P0502		发动机 3000r/min 以上,但无车速信号
P0703		液力变矩器电路、制动开关电路不良
P0705		变速器挡位开关电路不良
P0712		变速器温度传感器电压太高
P0713		变速器温度传感器电压太低
P0740	39	液力变矩器电磁阀不良
P0755		换挡电磁阀“B”电路不良
P1114		发动机冷却液温度传感器间歇性短路
P1115		发动机冷却液温度传感器间歇性开路

续上表

OBD-II码	OBD-I码	诊断内容
P1133		前氧传感器电压没有变动
P1153		前辅助氧传感器电压一直没变动
P1158		后辅助氧传感器电压高,混合比过浓
P1257	57	涡轮增压电磁阀不良
P1350	42	EST电路不良
P1361	42	旁路电路不良
P1403	75	EGR第1组电磁阀不良
P1404	76	EGR第2组电磁阀不良
P1405	77	EGR第3组电磁阀不良
P1406		EGR位置传感器不良
P1530	69	冷媒压力开关信号不良
P1531	66	冷媒压力太低或开关不良
P1550		恒速控制电动机不良
P1558	63	恒速控制位置传感器不良
P1561	61	恒速大气电磁阀不良
P1562	62	恒速真空电磁阀不良
P1565	65	恒速控制位置传感器不良
P1567	67	恒速控制开关不良
P1568	68	恒速位置电压信号不良
P1571		ABS负荷信号不良
P1573		ABS负荷电路不良
P1599	99	恒速控制电源不良
P1619		机油指示灯归零电路不良
P1623	51	电脑EPROM不良
P1626	58	防盗控制在发动机发动后汽油泵电路开路
P1629	58	防盗控制在起动时汽油泵电路开路
P1630		电源电压低于9V或高于17.3V
P1640	26	炭罐阀、风扇继电器、液力变矩器(TCC)电脑阀电路不良
P1650	56	换挡电磁阀A和B、液力变矩器(TCC)的主油压阀、EGR阀电路不良
P1670	56	空调继电器、风扇继电器、故障灯电路不良

(二)故障征兆模拟法

在利用故障码诊断法进行故障诊断时,有时读不出故障码,但故障却确实存在,且没有明显的故障征兆。在这种情况下,故障征兆模拟法就是一种行之有效的方法。这种方法是在充分分析故障的基础上,模拟与用户车辆出现故障时相同或相似的条件和环境,在停车条件下,向车辆上施加外部作用,通过故障征兆的再现,进行故障原因和部位的诊断。

故障征兆模拟法的要点是:在模拟试验时,不仅要验证故障征兆,而且要将发生故障的部位或零件及原因同时诊断出来。要做到这一点,在连接试验器和开始试验之前,必须预先把可能发生故障的电路范围缩小,然后再进行故障征兆的模拟试验。判定被试验的电路是否正常,同时也验证了故障征兆。故障征兆模拟法的特点是适合于振动、高温和渗水(受潮)可能引起的难以再现的故障的诊断,而且无须专用的仪器设备,就可直接准确地判断出故障的部位和原因。缺点是速度相对较慢,对维修人员的技术素质和基础理论要求较高,诊断时必须耐心仔细,否则很容易把故障错过。故障征兆模拟法又可分为振动法、加热法、水淋法及电器全通法四种。在缩小故障可能出现的范围时,如果有故障征兆一览表的话,可以参阅。

1 振动法

当振动可能是故障的主要原因时,可使用振动法。振动法主要检查插接器(线束接插件)、配线、零件与传感器,在检查过程中,观察是否再现故障征兆。

(1)插接器。在垂直和水平方向轻轻摇动各个插接器。

(2)配线。在垂直和水平方向轻轻摇动配线和插接器的插接头。振动支架和穿过开口的插接器体都是应仔细检查的部位。

(3)零部件和传感器。用手指轻轻拍打装有传感器的零件,检查是否失灵。在检查时要注意不要用力拍打继电器,否则可能会使继电器开路,产生新的故障。

2 加热法

当怀疑某一部位是因为受热而引起的故障时,可用电吹风或类似工具加热可能引起故障的零件或传感器,检查是否出现故障。在使用加热法时应注意:

(1)加热温度不能高于60℃(温度限制在不致损坏电子器件的范围内)。

(2)不可直接加热ECU中的零件。

3 水淋法

当故障可能是雨天或在高湿度环境下引起时,可使用水淋法,用水喷在车辆上,检查是否出现故障。检查时注意:

(1)不可将水直接喷在发动机零部件上,应喷在散热器前面,间接改变温度和湿度。

(2)不可将水直接喷在电子器件上。

(3)如果车辆漏水,漏入的水可能侵入ECU,当试验车辆有漏水故障时,必须特别注意。

4 电器全部接通法

当怀疑故障可能是用电负荷过大引起时,可使用此方法。接通所有电气负载,包括加热器鼓风机、前照灯、后窗除雾器、空调以及音响等,检查是否出现故障。

(三)参照流程图法

流程图是用来表示从开始到结束的维修步骤,如图6-8所示。

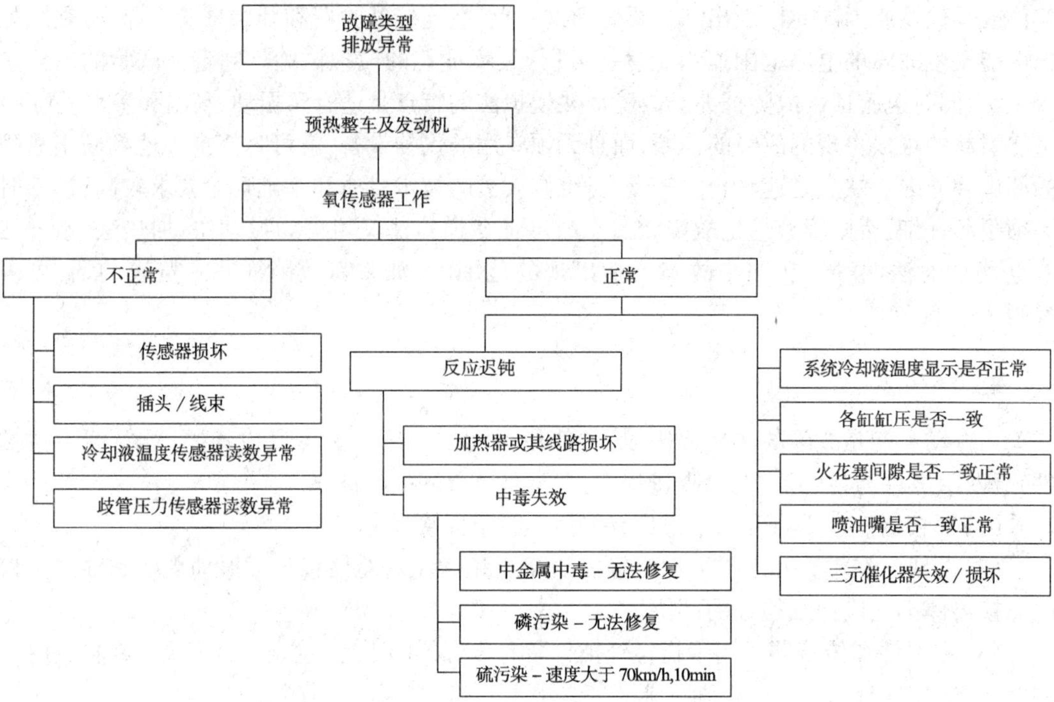

图6-8　故障检修流程图

(四)用专用或通用仪器检测技术参数

在没有专用电脑故障诊断仪,不知故障码和故障码含义,无故障征兆一览表可供参考时,如果知道ECU各插接器各脚的技术参数和各传感器、执行器的技术参数,用万用表、示波器或发动机分析仪等检测技术参数也是故障诊断的行之有效的方法。特别值得注意的是各大汽车公司电控燃油喷射系统使用的传感器和执行器的技术参数基本相同,尤其是同一汽车公司的不同车型和同一车型不同年代款式的技术参数基本不变,在车型不断更新,车别繁多,维修技术资料难以跟上的情况下,用万用表检测技术参数法甚至是最有效的方法。只需根据已知资料的经验数据,就可以快速而又准确地诊断故障,这是用万用表检测技术参数法的最大优点。例如对于负温度系数的冷却液温度传感器而言,其电压输出一般为0.32～4.7V(－30～139℃),电阻值在正常室温下(20℃)为11～13kΩ,热机时小于1kΩ,如果用万用表测量的电压或电阻值超过此范围,则说明冷却液温度传感器出现故障。另外,在使用其他方法进行故障诊断时,在一定程度上也需要测量技术参数。因此,这种方法也是故障诊断的基本方法。该方法的缺点是要求维修人员有较丰富的经验,对发动机电控系统的各元件插接器的各接脚的作用有明确了解。各种车型插接器的作用和符号及技术参数可参考相关的技术手册。

二 发动机电控系统故障诊断的一般程序

虽然通过自诊断系统可以调出故障码,能使维修人员对系统故障的范围有初步的了解,并帮助其分析判断和排除故障。但是,要找到发生故障的具体部位或直接引发故障的原因,还需要作进一步的诊断。因此,要求维修人员熟悉汽车电控系统的工作原理,了解各种传感器、执行器的功能、结构和工作原理,掌握测试仪器的使用方法,并且根据系统线路图进行综合分析和解决问题。例如:一台发动机突然出现功率不足,调出故障码可以知道故障检查的范围,但如果要解决问题,还需细致地检查与该故障有关的所有装置和接线。如果盲目地去拆卸或更换某些元件,有时不仅不能排除故障,还会增加新的故障,既费时又不经济。

所谓故障分析,是指故障出现后或故障范围确定后,经推理、检测、试验等过程,将故障的范围进一步缩小,最终分析确定发生故障的原因和出现故障的装置的方法。它是进行正确维修的前提条件。如果只找到出现故障的装置,而没有找到产生故障的原因,即使更换了装置,还会出现同一故障,而且造成经济上的损失。

电控汽车的故障诊断像传统汽车一样,也要按一定的程序进行,切忌杂乱无序,顾此而失彼,使本来很小的故障,由于操作不当而引发更大的故障。

进行电控汽车故障分析,应遵循询问、查阅、直观检查、基本检查、调取故障码、检测和试验的过程规律,采用逐一排除的方法,将确定故障的范围一步步缩小,最终找到故障位置。

(一)询问

为了准确判断故障发生的位置,首先询问客户,了解车型和生产年份、故障发生的时间、故障的状况、发生故障时的环境条件、进行了哪些操作、是否已进行检修以及动过哪些部位等。同时,还要了解汽车以前是否进行过维修及维修部位。通过信息收集,可以帮助初步估计故障发生的原因和部位,排除不必要的干扰,明确查找的目标。

(二)查阅

在对汽车进行检测前,一定要掌握该车的有关数据、所要检查部件的准确位置、接线图、接线和检测方法以及检测仪器的使用。进口汽车的车型很多,发展很快,即使同一厂家、同一牌号的汽车,其控制系统也因生产年份不同而大不一样。在不具备第一手材料的情况下,盲目地检查可能带来意料不到的后果。

(三)直观检查

这是故障分析最基本的检查,可以确定前面两步骤对故障的估计是否正确。其内容包括:

(1)看:看是否有部件丢失,电线是否脱线,接线器是否接合,有无接错线,各种软管的连接状况等。

(2)听:起动发动机,检查是否有漏气、杂音,可能产生故障的部件能否正常工作等。

(3)摸:通过触摸检查某些部件是否在正常工作,接线是否牢固,软管是否断裂等。

通过以上检查可以帮助确认前面的判断,排除非电控系统故障的可能性。作为电控系统故障的辅助检查,此项程序不容忽视。它可以有助于在后面的检查中,很快地找到故障的根本原因,节省大量的时间。

(四)基本检查

基本检查主要包括基本怠速和基本点火正时的检查与调整。在进行基本检查时,必须使发动机冷却液温度达到正常工作温度(80℃以上),同时,关闭车上所有附加电器装置,如空调、除霜等。还应在散热器风扇未动作时执行检查与调整,以免风扇动作的电源消耗,影响怠速的正确性。微机控制的直接点火系统(DIS),其基本点火角度大多为固定式的,无法也无须再作调整,故只作点火正时的检查。在通用公司、福特公司和丰田公司的某些车辆中,还需跨接诊断接头,使系统进入场地维修模式(Field Service Mode)状态,再实施基本检查。不同的车种,其进行基本检查的步骤不尽相同。

(五)调取故障码

按照该车所要求的操作程序进入自诊断状态,调取故障码,以作为故障判断的依据。故障码可帮助简捷地找到故障发生的部位。得到故障码后,还要判断所显示的故障是否存在,与当前的故障现象是否有关,是否因没有清除故障码所致。要注意:并非电控汽车上的所有故障都能用故障码显示,有时还需采用其他方法进行故障分析。例如:利用尾气分析仪,通过检测废气中 CO 和 HC 的浓度,可以帮助判断点火和喷油器等故障。

(六)检测

只有在进行检测后才能最终判定故障的位置和找到产生故障的原因。检测包括的内容很多,如信号检测、数据检测、压力检测、执行器动作检测等。检测涉及到的检测仪器也较复杂,要求能够正确选择和使用检测仪器,并谨慎、准确地与电控系统连接。

(七)试验

正确地判断出故障,进行维修后还要进行试验,以确认所出现故障确已被排除,并检查维修后的效果等。在汽车彻底维修好后,要进行故障码的清除工作。

任务实施

一 任务实施准备

(1)丰田 5A 发动机实验台架。
(2)试灯。
(3)万用表。

(4)导线。

(5)电工胶布。

二 任务实施步骤

(一)故障设置

(1)断开主继电器熔断丝。

(2)断开主继电器搭铁线。

(3)断开主继电器至喷油器电路。

(二)故障分析

主继电器无电源无搭铁,主继电器不工作,ECU、点火器、喷油器、油泵等不工作,发动机无法起动。首先检查发动机是否有点火和喷油,如果不点火不喷油,则检查喷油器与点火器是否有电源。如无电源电压,则重点检查主继电器。主继电器工作需要电源与搭铁,如两条件都满足,则检查继电器是否有故障。如无电源与搭铁,则用检查导线是否有断路及接触不良的现象。电路图如图 6-9 所示。

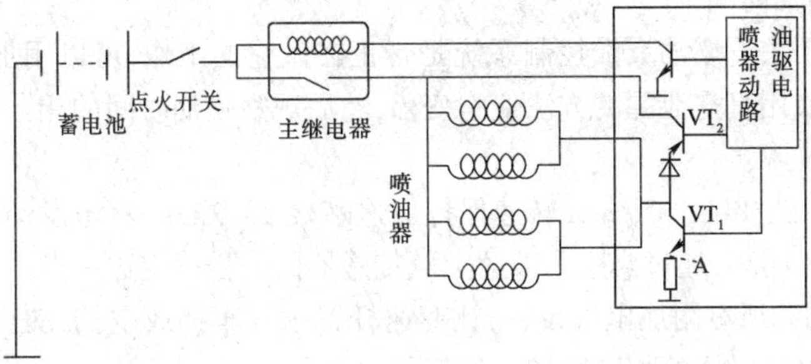

图 6-9 喷油器电路

知识拓展

波形分析法

信号波形分析法是用示波器对电喷发动机控制系统中电信号的波形进行检测,并通过对测得的波形进行分析来判断故障的一种方法。这种方法主要用于判断传感器或电脑的故障,特别是产生脉冲电信号的传感器(如车速传感器、爆震传感器等),它弥补了其他仪器无法对脉冲电信号进行全面检测和分析的缺陷。此外,由于示波器的反应速度极快,因而对于传感器或线路的瞬时故障也可以从其信号波形的瞬时异常上反映出来。

信号波形分析法适用范围广,不受车型及电喷发动机种类的限制。该方法的缺点是技术难度较大,要求操作者有较高的知识和技术水平,不但要熟练使用示波器,还要熟悉各种信号的标准波形,并能从实际波形和标准波形的差别中分析出故障所在。

下面以饱和开关型(PFI/SFI)喷油器驱动器波进行分析,如图 6-10 所示。

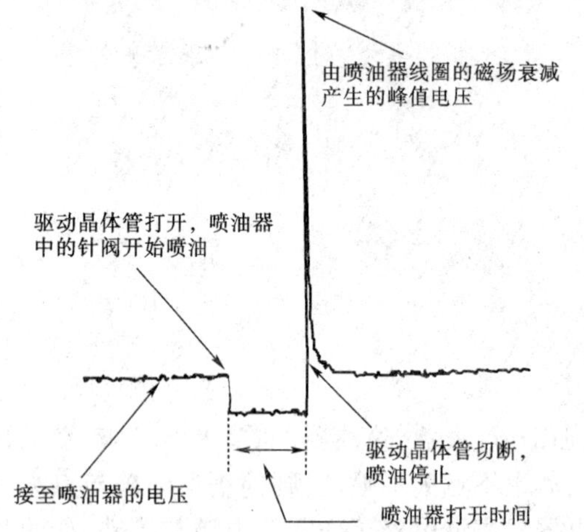

图 6-10　喷油器工作波形

饱和开关型喷油驱动器主要在美国和其他国家生产汽车的多点燃油喷射系统中使用,这种型式的喷油器驱动器用于组成顺序喷射的系统中,在节气门体燃油喷射(TBI)系统上应用不多。

从饱和开关型喷油驱动器的波形上读取喷油时间是相当容易的,当发动机控制电脑(PCM)搭铁电路接通后,喷油驱动器开始喷油(见波形左侧的说明框),当控制电脑断开控制电路时,电磁场会发生突变,这个线圈突变的电磁场产生了峰值(看波形右侧的说明框),汽车示波器可以用数字的方式在显示屏上与波形一起显示出喷油时间,所以不再需要手工计算出"喷油时间"了。

可以用这张图去看燃油反馈控制系统是否正在做它的工作,可以用加入丙烷的方法人为的加浓混合气或用真空泄漏的方法使它变稀,然后观察喷油时间的相互变化。

喷油器测试步骤:

(1)起动发动机,以 2500r/min 转速保持加速踏板 2~3min,直至发动机完全热机,同时燃油反馈系统进入闭环,通过观察示波器上氧传感器的信号确定这一点。

(2)关掉空调和所有附属电气设备,让变速杆置于停车挡或空挡,缓慢加速并观察在加速时喷油驱动器喷油时间的相应增加。

①从进气管中加入丙烷,使混合气变浓,如果系统工作正常,喷油驱动器喷油时间将缩短,它试图对浓的混合气进行修正(高的传感器电压)。

②造成真空泄漏,使混合气变稀,如果系统工作正常,喷油驱动器喷油时间将延长,它试图对稀的混合气进行补偿(低的氧传感器电压)。

③提高发动机转速至 2500r/min,并保持稳定,在许多燃油喷射系统中,当该系统控制混合气时,喷油驱动器的喷油时间性能被调节(改变)的从稍长至稍短。通常喷油驱动器喷油时间在正常全浓(高氧传感器电压)至全稀(低的氧传感器电压)范围内仅在 0.25~0.5ms 的范围内变化。

如果加入丙烷或造成真空泄漏,然后观察喷油驱动器喷油时间的变化,发现喷油时间不变化,可能有以下两种情况:

(1)系统运行在开环怠速状况,一些较新的汽车(大部分 1988 年和以后)系统在怠速状态暂时或完全忽略氧传感器信号,当第一次遇上这种情况时,它也许会使你感到惊讶,提高发动机转速至约 1800r/min,然后试着再加入丙烷或造成真空泄漏,大多数系统在达到这个转速之前将回到闭环,那么,这个试验就可以进行下去了。

(2)氧传感器可能是坏的。如果氧传感器或控制电脑不能察觉混合气的变化,那么喷油驱动器的喷射时间就不能改变,在检查喷油驱动器喷射时间之前,应该先确认氧传感器是否正常。

当燃油反馈控制正常时,喷油驱动器喷射时间会随着驾驶条件和氧传感器输出的信号而变化(增加或减少),通常喷油驱动器的喷射时间在怠速时1~6ms到冷起动或节气门全开时的6~35ms变化。

与驾驶状况的要求相比,氧传感器输入电压对喷油驱动器喷射时间的影响相对要小。与输入电脑参数相比,氧传感器的输入电压对控制的作用,更像"燃油修正"仪器。喷油驱动器喷射时间大多数是用空气流量计或进气压力传感器、转速和其他控制电脑输入信号计算出来的,输入控制电脑的氧传感器电压信号是为了提高催化剂的效率,虽然氧传感器在喷油驱动器上只是相对小的改变脉冲宽度,这样小的变化就可以区别出行驶性能的好坏,以及排除试验的通过或失效。

匝数较少的喷油器线圈通常产生较短的关断峰值电压,或甚至不出现尖峰,关断尖峰随不同汽车制造商和发动机系列而不同,参考波形是最好的比较样本。正常的范围是30~100V,有些喷油驱动器的峰值被钳位二极管限制在30~60V,可以用尖峰上的平顶代替顶点来确认峰值,在这种情况下匝数少的喷油器线圈并不减少峰值的高度,除非它的线圈匝数太少了。

任务四　电控发动机与检修

任务导入

和传统发动机一样,电控汽油发动机常见故障可分为:①发动机不能起动;②发动机起动困难;③发动机怠速运转不良;④发动机加速性能不良;⑤发动机动力不足;⑥发动机失速;⑦发动机油耗过大;⑧发动机点火不正常等几大类。每一类故障又表现出不同的故障现象,且各自有不同的故障原因。和传统发动机不同的是,除了机械故障对发动机的影响外,电控汽油发动机还有电控系统的影响。尽管就总体而言,电控发动机的故障无非也是机械、油路、气路、电路几方面,但故障的诊断和故障的原因却复杂了许多。

学习指引

发动机电控部分故障比较常见,遇到电控故障我们应该如何去诊断呢?为了便于诊断,这里给出丰田车系电控汽油发动机常见故障及原因以供参考。所列元器件除其本身外,还包括其相应的电路。

相关知识

一　发动机不能起动

(一)故障现象

发动机不能转动或发动机能转动但不能起动。

(二)故障原因

(1)点火开关不良。
(2)起动机继电器不良。
(3)起动机不良。
(4)空挡起动开关不良(仅对自动变速器)、防盗门锁控制系统不良。
(5)点火系统(分电器、点火线圈、点火信号电路)不良。
(6)EFI 主继电器不良。
(7)空气流量计不良。
(8)喷油器不良。
(9)燃油泵不良。
(10)燃油质量不良。
(11)ISC 阀电路不良。
(12)开关状态信号电路不良。
(13)燃油压力调节器不良。
(14)冷起动喷油器不良。
(15)汽缸压缩不良。
(16)ECU 不良。

(三)故障诊断与排除方法

(1)对发动机不能转动的情况,首先检查蓄电池是否完好;电源线的连接是否牢固;熔断丝是否完好,如不正常,则需进行检修或更换。

(2)检查起动系统,即点火开关、起动机、空挡起动开关(仅对自动变速器)、线路及连接情况,必要时进行更换。

(3)检查门锁防盗系统。因为防盗装置起作用时,发动机不能起动。

(4)检查故障码,按故障码表查找故障原因。

(5)如没有故障码,踩下加速踏板起动发动机,能起动,说明怠速控制阀有故障或其线路、空气管路有故障。

(6)检查进气管路、加机油口盖、机油尺、各软管的连接、曲轴箱强制通风装置等有无漏气或破裂,加以排除。

(7)检查高压火花,如不正常,则需检查高压线、分电器、点火线圈、点火器等点火系统元件。

(8)检查点火正时及其控制系统,如不正常,需进行调整、检修。

(9)检查燃油情况和燃油压力,进而检查燃油泵、燃油压力调节器等燃油系统元件。检查燃油压力时,可以将检查插接器的端子 +B 和 FP 短接(丰田车系),这时,在冷起动喷油器进油软管处应能感到明显的压力。

(10)检查空气流量计中的燃油泵开关:在空气流量计测量板张开时,测量 FC 和 El 端子的连接情况,如不正常,则需检查空气流量计。

(11)检查火花塞,必要时检查汽缸压力和气门间隙,如果火花塞都是湿的,就需检查喷油器电阻和有无漏油、喷油器线路有无短路、冷起动喷油器有无漏油。

(12)检查线路连接情况。

(13)检查 ECU。检查时,可以采用零件替换法,用一个完好的 ECU 来进行对比。

二 发动机常温起动困难

(一)故障现象

发动机常温下起动困难。

(二)故障原因

(1)燃油质量不合格。

(2)起动机信号电路不良。

(3)点火系统(点火线圈、火花塞、分电器、点火信号电路)不良。

(4)ISC 阀不良。

(5)燃油泵不良。

(6)喷油器工作不良。

(7)冷起动喷油器漏油。

(8)冷却液温度传感器不良。

(9)进气温度传感器不良。

(10)EGR 控制系统工作不良。

(11)开关信号状态电路信号不良。

(12)燃油压力调节器不良。

(13)汽缸压缩不良。

(14)机械和其他故障。

(15)ECU 故障。

(三)故障诊断与排除方法

(1)检查燃油质量,选用合格的燃油。

(2)检查故障码,按故障码进行诊断。

(3)检查起动机及其控制电路。

(4)检查各连接软管、进气系统是否漏气,并加以排除。

(5)检查点火系统工作情况,进而检查各元器件是否正常。

(6)检查点火正时,如有问题,须进行调整。

(7)检查燃油系统:燃油压力是否正常,燃油泵、喷油器能否正常工作等。

(8)检查空气流量计。

(9)检查火花塞,必要时检查汽缸压力和气门间隙。如火花塞是湿的,则须检查喷油器和冷起动喷油器是否漏油,有否短路等。

(10)检查系统电路、冷却液温度传感器、ECU 电源等是否正常。

(11)检查 ECU(可采用零件替换法)。

三 发动机怠速不稳

(一)故障现象

发动机怠速低且不稳定,同时有发抖现象。

(二)故障原因

(1)怠速调整不当(过低)。

(2)燃油质量不合格。

(3)空气滤清器堵塞。

(4)点火系统工作不良。

(5)冷却液温度传感器不良。

(6)空气流量传感器不良。

(7)EGR 控制系统电路不良。

(8)燃油泵不良。

(9)ISC 阀电路不良。

(10)喷油器工作不良(控制信号不良;个别缸喷油器不工作或工作不良)。

(11)冷起动喷油器泄漏。

(12)喷油压力过低。

(13)进气系统漏气。

(14)汽缸压缩不良。

(15)机械和其他故障。

(16)ECU 故障。

(三)故障诊断与排除方法

(1)检查故障码,按故障码查找故障原因。
(2)检查进气管路有无漏气(PCV 阀软管、各连接软管、机油尺等)。
(3)检查空气滤清器是否堵塞,必要时更换滤芯。
(4)检查怠速转速是否过低,如果过低就进行正确调整。
(5)检查点火正时,必要时进行调整。
(6)检查火花塞,必要时检查汽缸压力和气门间隙。
(7)检查冷起动喷油器和冷起动喷油器定时开关。
(8)检查燃油压力(燃油泵、燃油压力调节器、滤清器)。
(9)检查喷油器喷射状况和电阻。
(10)检查系统电路、冷却液温度传感器、空气流量计、ECU 电源等。
(11)检查 ECU。

四 加速不良

(一)故障现象

踩下加速踏板,发动机转速不能随之升高或发生明显抖动。

(二)故障原因

(1)离合器故障。
(2)松开制动踏板后制动器有抱死。
(3)变速器故障。
(4)燃油质量不合格。
(5)燃油泵工作不良。
(6)喷油器不良。
(7)油路不良。
(8)燃油压力调节器不良。
(9)空气流量计不良。
(10)冷却液温度传感器不良。
(11)进气温度传感器不良。
(12)节气门位置传感器不良。
(13)点火系统工作不良。
(14)开关信号电路不良。
(15)漏真空。

(16)节气门拉杆工作不良。
(17)汽缸压缩不良。
(18)机械和其他故障。
(19)ECU 故障。

(三)故障诊断与排除方法

(1)检查离合器有无打滑、制动器有无发卡、发咬。
(2)检查变速器是否有故障。
(3)检查节气门联动机构,应不发卡。
(4)检查进气管路是否漏气。
(5)检查高压火花强弱,进而检查高压电路。
(6)检查故障码,按照故障码查找故障原因。
(7)检查点火正时,必要时进行调整。
(8)检查燃油压力(燃油泵、燃油压力调节器、滤清器)。
(9)检查喷油器喷油情况。
(10)检查火花塞,必要时检查汽缸压力和气门间隙。
(11)检查系统电路、冷却液温度传感器、空气流量计、ECU 电源等。
(12)检查 ECU。

五 发动机失速

(一)故障现象

发动机运转时转速忽高忽低,控制加速踏板不起作用。

(二)故障原因

(1)燃油泵不良。
(2)燃油质量不合格。
(3)漏真空。
(4)ISC 阀控制不良。
(5)空气流量传感器不良。
(6)冷却液温度传感器不良。
(7)空气温度传感器不良。
(8)喷油器不良。
(9)燃油压力调节器不良。
(10)油路不良。
(11)点火系统工作不良。

(12)点火正时失准。

(13)汽缸压缩不良。

(14)ECU 故障。

(三)故障诊断与排除方法

(1)检查故障码,按照故障码查找故障原因。

(2)检查各软管、PCV 阀软管、EGR、机油尺、机油滤清器盖等进气管路是否漏气。

(3)检查对喷油器的燃油供给情况:燃油箱中的燃油和燃油管路内的燃油压力,如果不正常,则说明燃油泵、滤清器、燃油压力调节器、燃油管路、电路开路继电器、熔断丝等有故障。

(4)检查空气滤清器,必要时更换滤芯。

(5)检查怠速转速,如果不正常,则说明点火正时及其控制电路有故障。

(6)检查点火正时,必要时进行调整。

(7)检查火花塞,必要时检查汽缸压力和气门间隙。

(8)检查冷起动喷油器和起动喷油器定时开关。

(9)检查燃油压力:燃油泵、燃油压力调节器、滤清器等。

(10)检查喷油器的喷射状态和电阻。

(11)用汽车专用数字电表检查系统线路连接情况和 ECU 电源,检查空气流量计、冷却液温度传感器、进气温度传感器、喷油信号等。

(12)检查 ECU。

六 发动机油耗过大

(一)故障现象

发动机运转时的燃油消耗超过正常水平,经济性差。

(二)故障原因

(1)漏油。

(2)燃油质量不合格。

(3)喷油器不良。

(4)燃油泵不良。

(5)冷起动喷油器不良。

(6)冷却液温度传感器不良。

(7)进气温度传感器不良。

(8)空气流量计不良。

(9)节气门位置传感器不良。

(10)ISC 阀控制电路不良。
(11)空挡起动开关不良。
(12)燃油压力调节器不良。
(13)火花塞不良。
(14)点火绕组二次绕组不良。
(15)分电器不良。
(16)点火正时失准。
(17)配气相位失准。
(18)节气门拉杆不良。
(19)冷却风扇系统不良。
(20)氧传感器不良。
(21)A/C 信号电路不良。
(22)EGR 电路不良。
(23)燃油切断系统不良。
(24)汽缸压缩不良。
(25)松开制动器后仍抱死。
(26)变速器故障。
(27)机械和其他故障。
(28)ECU 故障。

(三)故障诊断与排除方法

(1)检查油路是否漏油。
(2)检查加速踏板联动机构是否正常。
(3)检查制动器有无发卡、发咬。
(4)检查燃油质量,应选用合格的燃油。
(5)检查故障码,按照故障码查找故障原因。
(6)检查进气管路有否漏气。
(7)检查点火正时,必要时进行调整。
(8)检查高压火花强弱,如果火花较弱,则须检查高压电路。
(9)检查对喷油器的供油情况:检查燃油箱中的燃油和燃油压力,如果发现不正常,就须检查燃油泵、燃油压力调节器、滤清器、电路开路继电器和燃油管路等。
(10)检查火花塞,必要时检查汽缸压力和气门间隙。
(11)检查冷起动喷油器泄漏情况,因为泄漏过多会直接造成燃油消耗过大。
(12)检查喷油器的喷油状态和电阻。
(13)检查配气相位。
(14)检查空气流量计。
(15)检查节气门位置传感器。

(16)检查冷却液温度传感器和进气温度传感器。

(17)检查 EGR 阀。

(18)检查氧传感器。

(19)检查燃油切断系统。

(20)检查 ISC 阀及其控制电路。

(21)检查 A/C 信号开关电路。

(22)检查空挡起动开关电路。

(23)检查冷却风扇控制系统。

(24)检查自动变速器。

(25)用多功能汽车专用数字电表检查系统线路、ECU 电源、喷油控制信号等。

(26)检查 ECU。

七 电控发动机故障排除实例

(一)实例一

故障现象:一辆采用 D 型 EFI 发动机的丰田汽车,怠速时排气管大量冒黑烟,而高速运转时工作正常。

故障检查与排除:接通故障自诊断系统,故障灯报警,利用检码器检出的故障码是 26(混合气过浓)。根据高速工作正常、怠速排气管大量冒黑烟的现象,初步判断怠速时不该工作的装置在供油,而与此相关的是冷起动喷油器。但将冷起动喷油器断电、断油后,故障依旧。检测汽缸压力亦属正常。利用真空表测量进气压力传感器软管(应接进气门后方)处的进气管真空度 ΔP_x 时,发现只有 30kPa,而测量进气门另一侧管口处(通炭罐,应接进气门前方)的进气管真空度 ΔP_x 时,其值为 60kPa,与正常情况正好相反。将两根软管的接头互相调换,并消除故障码,经试车,故障排除。

故障分析:进气管真空度 ΔP_x 是汽油喷射发动机决定喷油量的唯一依据。正常情况应是怠速时节气门基本关闭,其后方与发动机汽缸相接,应处于较高的真空状态;而其前方通过空气滤清器与大气相通,应处于较低的真空状态。该车由于进气压力传感器的软管接头与炭罐软管接头互相错接,使其错取了节气门前方的信号,导致喷油量加大,造成怠速冒黑烟;而高速时节气门前、后的压力几乎相等,故工作正常。

(二)实例二

故障现象:一辆捷达汽车,在供油系统正常情况下,发动机不能起动。

故障检查:经检查,飞轮能转,蓄电池端电压不低于 9.6V,说明起动机、蓄电池均正常。于是,重点应检查点火系统。该车点火系统由装在分电器内的霍尔传感器提供点火信号,输入 ECU,再由 ECU 控制点火线圈一次绕组电流的通断,使二次绕组产生点火高压。用万用表电阻挡测量点火线圈一次绕组,即接柱 1(绿色线)和接柱 A(黑色线)之间的电阻,其值为

0.6Ω左右（正常值为0.52～0.76Ω）；测二次绕组，即接柱A（黑色线）和高压线接头之间的电阻，其值为3000Ω左右（正常值为2400～3500Ω），说明点火线圈正常。接着，拔下分电器盖中心高压线，并将其搭铁，拆下分电器，用万用表直流电压挡测试霍尔传感器的1和2(0)两端电压。在闭合点火开关时，用手沿旋转方向（工作时的方向）慢转分电器轴，同时观察电压变化情况，测试结果不符合要求（正常时表针应在0～2V之间变化），说明霍尔传感器损坏。

故障排除：更换霍尔传感器后，电压表指示正常。装复试车，发动机能顺利起动，故障被排除。

故障分析：由于霍尔传感器损坏，ECU接收不到点火信号，故而点火线圈不能产生高压电，发动机当然就不能起动。

（三）实例三

故障现象：一辆丰田汽车，使用中发动机经常突然熄火，熄火后难以起动。

故障检查与排除：首先检查电脑控制部分的电路和元件以及点火系统的低、高压线路，结果均正常，只是发现蓄电池电压偏低。接着检查供油系统，没有发现渗漏处，但用油压表测量供油系统的压力时，发现油压比正常值低（电子燃油喷射装置正常压力为265～304kPa）。为此，又检查燃油压力调节器、各缸喷油器及滤清器，上述零件性能都良好。最后，拆下电动燃油泵进行空转试验也无异常，但进行负荷测试时出现转速不够或停转现象。将其分解后，发现燃油泵的换向器烧蚀严重，且两电刷磨损严重，其与换向器的接触面过小且太脏。换上一对新电刷，并清洁换向器后装复试验，发动机在各种工况下运转均正常。此外，又换了一只新的蓄电池，装车后发动机一次起动着车，随后行驶几万千米未再发生上述故障。

故障分析：由于该车电动燃油泵的电刷磨损严重，长度不足，弹簧不能将其压紧在换向器上，且换向器表面烧蚀、脏污，致使电刷和换向器接触不良，电动燃油泵的工作电流便不稳定，供油时多时少甚至中断，而形成上述故障。

（四）实例四

故障现象：一辆本田雅阁汽车（装用2.2L电控汽油喷射发动机），发动机经过拆装后，工作时故障指示灯常亮，怠速不稳，且开启空调后转速明显下降。

故障检查与排除：该车装有自诊断系统，故障指示灯常亮故障可借助其电脑自检系统帮助检查。先找出自检短接插头（仪表板右下方数据链路插接器中一个单独的双脚插头）将其两上插脚用导线连接。然后，将点火钥匙转至"ON"位置（不用起动发动机），这时故障指示灯开始闪烁，读出其故障码为10，查对该车资料得知故障码10为进气温度传感器故障。于是，打开发动机罩，找出进气温度传感器（在进气歧管中部）发现温度传感器插头的两根导线拉得很紧，怀疑是布线不好造成的，但经整理后故障仍没排除。再把温度传感器从进气歧管上拆下，发现温度传感器已烧成黑色且感应芯也已变形凸起。温度传感器工作在低温环境中且无大电流通过，为何会被烧成这样：当检查怠速控制阀时，才发现怠速控制阀就在温度传感器附近，且两者的插头一模一样，只是怠速控制阀的插头导线明显比温度传感器的导线长，估计是装发动机时把两者的插头相互插错了。将两者的插头相互调换后，更换烧坏的温度传感器，起动发动机，故障现象消失，发动机在各种转速均能平稳运转。

故障分析：由于装复发动机时，将温度传感器和怠速控制阀的插头相互插错，致使温度传感器因通过较大电流而烧坏；同时，因怠速控制阀不起作用而使怠速不稳。

（五）实例五

故障现象：一辆本田雅阁汽车（装2.2L电控汽油发动机），行驶时加速无力，最高车速只有60km/h。

故障检查与排除：调取故障码，显示代码为5，即进气压力传感器工作不良。用电压表检查该传感器电源电压为5V，属正常范围，搭铁也可靠，唯信号线无电信号输出。进一步检查发现，传感器输出插头断裂。修好插头，故障排除。

故障分析：进气压力传感器的作用是将进气歧管内的真空度转换为电信号，其值随节气门开度大小而变化。ECU则根据此值结合其他因素而改变喷油量。在正常情况下，节气门开度小时，汽缸内进气量少，歧管真空度大，ECU控制喷油器减少喷油量；而节气门开度大时，汽缸内进气量增多，歧管真空度降低，ECU控制喷油器使喷油量增多。如果该传感器无电信号输出，则ECU会自动运用备用程序，按照预先设置的固定值控制喷油，使发动机维持运转。在此例故障中，当进气压力传感器信号中断后，便由ECU的这种功能维持发动机运转，故汽车加速无力，车速达不到设计值。

（六）实例六

故障现象：一辆别克世纪牌汽车（装用V6电控发动机）行驶时动力不足，加速不良。检查发动机，怠速时抖动严重，急加速时进气管回火。

故障检查与排除：首先清洗空气滤清器，更换火花塞和滤清器，但故障依旧。又使用燃油喷射系统清洁剂，用专用设备输送到进气歧管，起动发动机，对电喷装置进行自动清洗，仍未起作用。拆下喷油器，用专用设备清洗也不奏效。后来拆下空气滤清器，用手堵住节气门体的进口滤网，以减少主通道的进气面积，使混合气变浓，结果怠速变稳，加速不再回火，这说明故障的直接原因是混合气过稀。于是先测试燃油压力，将燃油压力计用三通接头接在燃油压力调节器和喷油器之间的管路上，起动发动机并改变转速，所测压力值在正常范围之内（255～290kPa）。考虑到空气流量计是影响空燃比的重要因素，便拔下插头试验。拔下插头之后，发动机能以稳定的怠速运转，加速也有所好转。随即从节气阀体上拆下空气流量计检查，热线未断，但热线上有积垢。为清除积垢，使用化油器清洗剂直接喷洗，清洗后装复试验，发动机运转正常，故障彻底排除。

故障分析：通用汽车公司生产的小客车使用的空气流量计是旁通热线式。在空气流量计的热线积垢之后，传给ECU的电压信号便会失准，这是因为污物会影响热辐射，使冷却效应降低。当空气流量增大时，热线温度降低缓慢，其电阻值的变化量也相应减少，因而桥压和流过热线的电流不能相应地增加，以致传给ECU的信号电压偏低，造成混合气过稀。虽然热线式空气流量计都加装了烧净电路，在每次停机时，ECU 会自动给热线高温加热 1s，以烧掉热线上的污物和尘土，但是由于使用的燃油品质低，进气管产生回火，使过多的杂质和积炭胶结在金属铂丝上，单靠加温热线的净化装置难以清除，因此，必须拆下空气流量计直接喷洗，方能恢复其正常功能。

(七)实例七

故障现象：一辆日产蓝鸟汽车，发动机型号为 CAl8i 型，采用单点喷射，电控点火系统(ECCS)。怠速和低速正常，但加速不良，发动机喘振，行驶起来车子前后窜动。

故障检查与排除：实际试车，怠速还算稳定，小节气门也还可以；只是节气门再开大一点，发动机即开始喘振，当时发动机转速约为 2400r/min。该车工作时，感觉上好像燃油不时被切断了一样。用听诊器抵在喷嘴上探听，转速下降时喷嘴果然停止动作。但检查不出有什么异常。清洗单点喷射器，检查了电路，也没有好转。参阅使用说明书，该车共有 5 种自诊断模式。ECU 上有一个诊断模式选择开关，用一字螺丝刀顺时针方向旋到底，待红色 LED 灯闪烁(若选择模式 3 就闪烁 3 次)，然后将诊断模式选择开关逆时针拧回原位，ECU 即进入相应的诊断模式。如果在诊断模式 3 的状态下再进入诊断模式 4，故障码就被清除。我们利用模式 3 进行诊断，红色 LED 灯亮 1 次，绿色 LED 灯亮 2 次，反复循环，显示故障码为 12，表示空气流量计信号不良。再用模式 5 诊断，绿色 LED 灯亮 2 次，反复循环，也表示空气流量计不良。测量空气流量计信号电压，不论在何种转速下都是 0V。检查传感器供电和搭铁均正常，断定空气流量计损坏。更换后试车，发动机转速可以相应升高，但是在起车的瞬间发动机仍有轻微喘息。

检查油压，怠速时为 10kPa，加速时稍高一点，没有问题，点火正时角度也正常。再用万用表测量怠速触点导通情况，发现不能导通，说明节气门位置传感器有故障。重新调整节气门位置传感器，使触点正常闭合后，汽车加速有力，故障排除。

故障分析：这辆车采用开关式节气门位置传感器，其怠速触点起到特别重要的作用。只要怠速触点一打开，ECU 就根据当时的冷却液温度进行燃料补偿，类似于加速泵的作用。由于怠速触点不能导通，这样在加速时就得不到足够的燃料补偿，必然产生喘振。

(八)实例八

故障现象：一辆 1992 年款美国丰田凌志 LS400 型汽车(装用 UCFl0L 型 V8 电控发动机)，发动机怠速不稳，加速无力，但仪表板上的故障指示灯未亮。

故障检查与排除：根据故障现象，考虑可能是发动机有些缸工作不良。通过断火试验发现，发动机 1、4、6、7 缸不工作，这 4 个缸的火花塞不跳火，由于 LS400 型汽车的点火系统为两路点火系统：1 路控制 1、4、6、7 缸，2 路控制 2、3、5、8 缸，并且它们各有独立的点火线圈、点火器和分电盘等。

经过进一步检查，发现 1 号点火线圈无高压火产生。由于起动发动机后故障指示灯不亮，且调取故障码时，显示无故障存储。因此，基本排除了控制系统(ECU、点火器等)和线路方面发生故障的可能性。继续检测点火线圈电阻是否有问题，但阻值都在标准值范围内(冷车时:一次绕组 0.40 ~ 0.50Ω,二次绕组 10.2 ~ 13.8kΩ)。以上检查都没发现问题,考虑到点火线圈的铁芯损坏也会造成高压无火,更换点火线圈后,故障排除。

故障分析:ECU 根据转速等相关信号,向点火器发出点火指令 IGF。点火器便切断点火线圈的一次电流,并将产生的反电动势转换成信号 IGF 送至 ECU。ECU 收到 IG-F 信号后,就认为点火已完成,而实际是否点火,ECU 并不知晓。如果 ECU 没有收到点火确认信号(ICF),它将在切断喷油的同时点亮故障指示灯,并将故障进行记录,以提示驾驶人和汽车维修人员。而点火线圈二次高压电的产生是靠互感作用,因此,即使线圈正常,如果线圈中间缠绕的铁芯出了问题,也会造成互感电压过低或消失。

习题及思考题

1. 用示波器测量曲轴位置传感器信号,观察不同转速下的波形变化;然后用铁片遮住信号盘,观察波形的变化情况。对比正常波形和干扰波形。

2. 发动机电控系统故障诊断的基本方法有哪几种?试述它们各自的特点。

3. 一辆丰田汽车,行驶乏力,加速时消声器放炮,试用故障征兆一览表法对该故障进行诊断。

4. 简述电控发动机故障诊断的一般程序。

5. 试述发动机电控系统故障诊断的基本程序。

6. 简述发动机电控系统检测诊断的一般程序。

7. 故障征兆的模拟试验方法有哪些?

参考文献

[1] BOSCH. 汽油机管理系统[M]. 吴森,等,译. 北京:北京理工大学出版社,2009.

[2] 日本自动车技术会. 汽车工程手册[M]. 中国汽车工程学会,译. 北京:北京理工大学出版社,2010.

[3] 鲁植雄,刘奕贯. 汽车电喷发动机波形分析图解[M]. 南京:江苏科学技术出版社, 2006.

[4] 宋福昌. 汽车传感器识别与检测图解[M]. 2 版. 北京: 电子工业出版社,2009.

[5] 中国汽车工程学会. 2008 世界汽车技术发展跟踪研究[J]. 北京:北京理工大学出版社,2008.

[6] 徐家龙. 柴油机电控喷油技术[M]. 北京:人民交通出版社,2004.

[7] J. 玛瑞克,H. P 特拉汉(德), Y. 苏左克, I. 约克莫瑞(日). 汽车传感器[M]. 左治江,等,译. 北京:化学工业出版社,2004.

[8] Ronald K. Jurgen. 汽车电子手册[M]. 鲁植雄,等,译. 北京:电子工业出版社, 2010.

[9] BOSCH. 汽车工程手册[M]. 3 版. 魏春源,译. 北京:北京理工大学出版社,2009.